ポジティブ心理学入門

「よい生き方」を科学的に考える方法

クリストファー・ピーターソン ㊟著
Christopher Peterson

宇野カオリ ㊟訳
Kaori Uno

A Primer in
Positive
Psychology

春秋社

はじめに

ポジティブ心理学がはっきりとした形として存在しているのはつい近年の一九九八年からのことである。だが、「何が人生を最も生きる価値のあるものにするのか」ということについて、ポジティブ心理学に関連した理論や研究は今や十分に出揃っている。それだけで大学教養課程の一学期間のクラスに適した一冊の本が書けてしまうほどだ。

まさに、本書がその一冊、というわけだ。私は本書を大学教養課程の学生諸君に読んでもらえることを念頭に置いて書いたつもりだ。以前に心理学を学んだことがある人もいれば、そうでない人もいるだろう。いずれにせよ、本書で扱っている題材は取っつきやすいものばかりだし、願わくは、面白くてためになるものであってほしいと思っている。

このポジティブ心理学という新しい分野について書くにあたり、私は一般的な心理学の観点から書いたつもりだ。ポジティブ心理学は心理学であり、心理学は科学である。私は本書の中で、快感や幸せをはじめ、仕事や愛に関する話題に至るまでカバーしながら、よい生き方について探求する科学にしっかりと向き合うよう心がけたつもりだ。

本書はまた、ポジティブ心理学に対して世間の関心が高まっていることに応じて、一般の方々にも読んでもらえるように書いたものだ。あるいはもしかすると、批判的にものごとを考えるように教師からきちんと指導を受ける心理学の学生よりも、一般の方々を強く意識したかもしれない。心理学者が何を知っていて、何を知らないのか、そのようなことが平易にバランスよく書かれたものは、一般の読者にこそ必要とされると思うからだ。

こう書いている私は誰か？　私はアメリカの中西部で育ったベビー・ブーム世代の人間だ。私はアメリカのイリノイ大学で学び、それからさらにコロラド大学で学び、最後にペンシルベニア大学で学んだ。私は一九八六年からミシガン大学で心理学の教授をしているが、そこで二万人以上の学生を相手に、心理学入門、精神病理学、心理学研究法、そしてもちろんポジティブ心理学を教えている。

私は以前は臨床心理学演習プログラムのディレクターをしていたが、今ではポジティブ心理学者として知られている。私は心理学者として、大半の年月を、うつ病や、絶望や、士気喪失に関する研究に費やしてきた。今や私は、人の幸せや、徳性や、目標などに関する研究を行う、違うタイプの心理学者となった。

「物理学者は先人に依存するが、社会科学者は先人の顔を踏みつける」と言われている。私の場合は話が異なる。ポジティブ心理学運営委員会のメンバーとして、ミハイ・チクセントミハイ、エド・ディーナー、キャサリーン・ホール・ジェイミソン、ジョージ・バイヤン、そして誰にもましてマーティン・セリグマンなど、ポジティブ心理学を初期の頃から方向づけてきた何人かの素晴らしい学者と肩を並べ、共に仕事をすることが叶ってきたからだ。

本書の執筆は順調に進んだ。協力してくれた皆に感謝している。

本書は、クリストファー・ピーターソン著、*A Primer in Positive Psychology*, Oxford University Press, 2006 の邦訳『実践入門ポジティブ・サイコロジー』（二〇一〇年、春秋社刊）の翻訳を改め、『ポジティブ心理学入門』と改題し、刊行するものである。

ポジティブ心理学入門――「よい生き方」を科学的に考える方法　目次

ポジティブ心理学入門——「よい生き方」を科学的に考える方法

学ぶことを愛し
一生懸命に仕事をし
人と仲良くやっていくことを
教えてくれた私の両親に
愛と感謝と共に
この本を捧げる

第1章　ポジティブ心理学とは何か？

教育の主たる目的は、若者に正しいことの中に喜びを見出すよう教えることである。

――プラトン

できれば、あなたが生まれた日のことについて、ご両親と話してみるとよい。どのようにして生まれたのかとか、いつ、どこで生まれたのかとかではなくて、ご両親があなたを最初に抱いたときに何を考え、どう感じたのかを、だ。

そのとき、あなたのご両親には、不安と期待とが入り混じった気持ちがものすごい勢いで駆けめぐったのではないかと思う。その不安な気持ちの中には、あなたが健康で安全にすごせるかどうか、あなたをちゃんと世話できるかどうか、といった不安が含まれていたはずだ。期待する気持ちの中には、あなたが幸せに成長してくれること、充実した人生を送ってくれること、あなたがスキルや才能に恵まれ、その能力を有意義に使えるよう学んでくれること、いつか自分の家族や友人を持ってくれること、社会の中で価値ある一員になってくれることなどが含まれていたことだろう。

さて、その日がいつ来るのであれ、あなたの人生の最期について考えてみてほしい。その最期の瞬間に、あなた自身の人生を振り返る時間があるとしよう。あなたが最も満足に感じるのはどんなことだろうか？　そして最も後悔することは？　きっとそのときに考えたり、感じたりすることは、あなたのご両親が数十年前に考えたり感じたりしたことと、それほど大差はないのではないかと思う。

あなたの人生はよい、充実した人生だっただろうか？　たとえ困難なときでも、あなたは最大限の努力をしただろうか？　あなたの人生において、あなたを愛してくれた人がいて、その愛に報いるようあなたが愛した人がいただろうか？　地域社会がもっとよくなるよう、あなたは自分から働きかけただろうか？

あなたが後悔することには、もっとポテトチップスを食べておけばよかったとか、もっと長時間働いておけばよかったとか、テレビでドラマの再放送（しかも一〇回目の再放送）を観ておけばよかったなどということが含まれるとは思えない。あるいはまた、人生でもっと近道をすればよかったとか、人のことなんかよりも自分のことをもっと優先してやっておけばよかったとか、人生の意味について一度も考えたことがなかった、などと後悔することもないのではないかと思う。

ポジティブ心理学とは、私たちが生まれてから死ぬまで、またその間のあらゆる出来事について、**人生でよい方向に向かうことについて科学的に研究する学問**である。

ポジティブ心理学とは、心理学において新たに命名されたアプローチであり、**人生を最も生きる価値のあるものにする事柄を研究の主題として、真剣に取り組む学問**である。誰もが皆、人生山あり谷ありで、ポジティブ心理学は人生にそんな谷があることを否定するものではない。人生におけるよいことは悪いことと同じくらい本物で、両方とも心理学者が同等に注目するに値するものだ。

＊ポジティブ心理学——とても長い過去を持つ、とても短い歴史の話

「心理学には長い過去があるが、短い歴史しかない」

これは、ヘルマン・エビングハウスによる、心理学に関する簡潔な描写だ。心理学が正式な学問として存続しているのは一〇〇年余りのことであるが、心理学の扱う永続的な諸問題をめぐっては、哲学者や神学者、また一般の人々によって何世紀もの間議論されてきた、ということだ。

ここで、エビングハウスの言葉を借りて、「ポジティブ心理学には長い過去があるが、と

ても短い歴史しかない」と断言することにしたい。この分野が「ポジティブ心理学」と呼ばれるようになったのは、私の研究仲間であるマーティン・セリグマンが、アメリカ心理学会会長の役職にあったときに、発議の一つとしてそう命名したことによる。

ポジティブ心理学が生まれた背景の一つに、第二次世界大戦以降の心理学は、人間の疾患とその治療法に注目することに力を傾けすぎてきた、というセリグマン自身の認識がある。病理学に注目したことによる収穫は相当なもので、精神的疾患に対する理解や治療、予防に関しては多大な進歩が見られた。少し以前には恐ろしいほど手に負えなかった一〇数もの疾患について、今では心理学的・薬理学的に効果的な治療法が存在している。

けれども、このように病理面が強調されたことで、今まで代償が伴ってきた。多くの科学的な心理学は、人が人として、よりよい生き方をするためにはどうしたらよいのか、という研究を無視し続けてきた。よい生き方について語ることは、通俗心理学の担い手や、自己啓発系の語り手、はてはエセ教祖たちに比べてもほとんどしてこなかった。

ポジティブ心理学は、今こそバランスの悪さを修正し、疾病モデルについてまん延している前提に挑戦するときである、と提唱する。ポジティブ心理学は、人間の弱さと同じくらい強さに注目し、最悪のものを修復するのと同じくらい最高のものを築き上げることに関心を持ち、苦悩のどん底にある人の心の傷を癒そうとするのと同じくらい健康な人の人生を充実したものにすることに注意を向けようではないか、と提唱しているのだ。

人間の諸問題に関する心理学の過去の問題意識はもちろん理解できるものだ。それはこれからもなくなることはないし、またなくなるべきではない。ポジティブ心理学者が主張しているのは、過去六〇年間における心理学が不完全なものだ、ということだけなのだ。この提議は単純なものに聞こえるかもしれないが、実は視点の大転回を要するものなのである。

ポジティブ心理学が推進する最も基本的な前提とは、人間の善良さや優秀さは、病気や障害や苦悩と同じくらい本物だ、というものだ。過去にも現在にも、心理学の研究の中には、ポジティブ心理学の研究として主張できるような、数多くの優れた研究が存在している。

ポジティブ心理学のとても長い歴史は、少なくとも、西洋は古代ギリシャのアテナイの哲学者から、東洋は孔子や老子にまで及ぶ。これらの偉大な思想家の書物の中から、現代のポジティブ心理学者による同じ問いを見出すことができる。よい生き方をするとはどういうことだろうか？　よいことをすればその報いはあるのだろうか？　幸せになるとはどういう意味なのだろうか？　幸せを直接追い求めることは可能なのだろうか？　あるいは、充足感というのは、他のことを追求するときの副産物なのだろうか？　他人が、そして社会全体が果たす役割とは何なのだろうか？

今日のポジティブ心理学者もまた、意味のある人生について重要視しており、それは精神的追求によってでも、世俗的追求によってでも見出すことができる、と主張している。意味のある人生を追求するということで、ポジティブ心理学は、宗教の心理学——**生きる意味と**

目的を探求する心理学――を中心に据えているが、これは心理学という学問の歴史からすると、およそあり得なかったことなのだ。

心理学の世界においては、ポジティブ心理学の前提は、ポジティブ心理学が発議された一九九八年よりはるか以前に提示されていた。初期の頃、心理学者は、天才や、才能豊かな人間について、普通の人間の人生を充実したものにすることと同様に大きな関心を持っていた。今日のポジティブ心理学者は、幸せやウェルビーイングの概念を考案したとか、これらの概念に関する理論的説明を初めて提示したとか、そこに科学的な研究を導入したなどと主張してはいない。

むしろ、今日のポジティブ心理学が貢献していることは、今まで孤立していた理論や研究に包括的用語を与えてきたこと、そして、心理学において独自に探求するに値する**「何が人生を生きる価値のあるものにするのか」**という議論を意識的にしてきたことだろう。このようなポジティブ心理学による貢献は、少なくともすべての心理学が「何が悪いのか」に関する研究と同時に「何がよいのか」に関する研究をも包括できるようになる日まで続いていくことだろう。

＊ポジティブ心理学についてよくある質問

ポジティブ心理学を批判する人がいないわけではない。現時点まで、ポジティブ心理学者は批判を歓迎しているが、それは、人々がそれだけこの分野に注目しているということであるし、もっと重要なこととしては、寄せられる批判からポジティブ心理学者自身が学べるからだ。私がここ数年の間に、ポジティブ心理学について出会ったよくある質問のいくつかをここに記してみよう。中には一般の人から寄せられた質問もあるし、私の研究仲間から提起されたものもある。

■ポジティブ心理学は、ただの幸福学なのだろうか？

ポジティブ心理学が有力なメディアに取り上げられるとき、どんな番組や記事のレイアウト担当者でも、ポジティブ心理学に関する話題にスマイリーフェイスの図柄を添えて、読者に向けて、勘違いの栄光の中で顔を輝かせてニコニコ笑うように仕向けずにはいられないようだ。このスマイリーフェイスは、ポジティブ心理学と人間の幸福に関する研究（これはまさしく、うわべだけの軽薄な「幸福」なのだが）とを同一視させてしまうもので、人々にひどい誤解を与えてしまう恐れのあるものだ。

笑顔になるのを見るのはもちろん楽しい。だが、笑顔は、人生を最も生きる価値のあるものにする、あらゆる要因の確実な指標にはならない。人は、充実した活動に深く関与しているとき、言葉を心から伝えようとしているとき、何か英雄的な行いをしているとき、自分が笑顔かどうかも分からず、そのような瞬間に「楽しい」と感じているかどうかさえ分からないのだ。ポジティブ心理学では、こうした事柄のすべてが中心的な関心事となっている。**ポジティブ心理学は、幸福学の範ちゅうを超えたもの**なのだ。

人間の快感や幸せは、確かに、ポジティブ心理学にとって大きな関心事でありながらも、スマイリーフェイスの発信するメッセージよりもっと複雑なものだ。ポジティブ心理学者は、ポジティブな特性や気質――親切心、好奇心、チームワークなどの特徴――についても、価値観、興味、才能、能力などと同様に研究している。また、友情、結婚、家族、教育、宗教など、よい人生の実現を可能にする社会的制度についても研究を行っている。

■ポジティブ心理学は、教会の日曜学校のお説教以上のものだろうか？

ポジティブ心理学のいくつかの発見は、一度明らかにされてしまえば常識的なものに見えなくもない。たとえば、「他者の存在はとても大切だ」「幸せはお金では買えない」といったものがそうだ。生きる目的を持って生きている人はすでにそのように生きているし、むしろ順調にやっている、というのが現状だ。

ポジティブ心理学はよい人生について、またよい人生を実現することについて、すでに知られていること以上に何かを付与してくれるのだろうか？

皆さんはロバート・フルガムの有名な本『人生に必要な知恵はすべて幼稚園の砂場で学ん

だ』と、その大変な波及効果についてご存知のことと思う。「ポジティブ心理学が教えることはすべて、ほとんどの人にとって、すでに幼稚園で、教会の日曜学校で、おばあちゃんの膝の上で学んだことだ」と誰かが断言するのは、単に時間の問題であるようにも見える。

さて、第一にはこれは間違っている。常識と自明性は、いつも何かが起きた後に主張されるものだからだ。読者の皆さんはこの本を読み進めながら、ポジティブ心理学によるどんな発見に驚きを覚えるか、自分で判断できるようになるだろう。特に驚くようなこともないという場合には、さらに深く探求するためにこう問うてみることをお勧めする——「それはどういう意味？」。

ここで、ポジティブ心理学の基本的な前提を覚えておくとよいだろう。それは、人間の善良さや優秀さは、人間の欠陥や欠点と同じくらい本物だ、ということだ。直感と違った発見にあまり過度に注目することは、ともすれば人々が順調にやっていることを無視することにもつながってしまい、人間の条件について奇異な見方をする結果に終わってしまう。

人間の活動におけるいくつかの本当の奇跡は、心理学者からはわずかにしか注目されていない。たとえば、大半の車の運転手が、高速道路をものすごいスピードでずっと飛ばしながらも無事故で走り抜けることを考えてみるとよい。タバコをやめる大半の人が、プロの指導者の助けを借りずに自力で禁煙に成功することを考えてみるとよい。ほぼすべての子供たちが、系統立った指導も受けずに言語を習得することを考えてみるとよい。トラウマになるような出来事を経験した大半の人が、その影響から回復することを考えてみるとよい。

ポジティブ心理学者は、もっと大きな文化こそ、よい人生の条件について何か熟知しているのではないかと期待している。その事実が正しければ、ポジティブ心理学による数多くの発見は驚くようなことでもないだろう。だがそこには重要な例外がある。現代のアメリカで広くはびこっている、「幸せになるために必要なものは、ルックスとたくさんのお金だけ」という信念を考えてみるとよい。これは（おそらくは）パリス・ヒルトン嬢には当てはまるかもしれないが、人々がよい人生を追求する場合にはほとんど間違った公式であることが、関連の研究からはっきりと示されている。

ポジティブ心理学では、昔ながらの知恵を分類して調べていく必要があるが、これこそ、科学的な方法が必要不可欠な部分でもあるのだ。

■ポジティブ心理学は、人間の苦しみについて無関心なのだろうか？

人間の諸問題について研究している心理学者は、人間の苦しみを取り除くために誠心誠意研究に取り組んでいる。この善意に伴う暗黙の帰結は、ウェルビーイングを当然のこととして考える、ということだろう。実際に、幸せで、健康で、才能に恵まれた人々についての研究というのは、問題中心型の心理学が目指すところから方向転換するものであることから、後ろめたいぜいたくのようにも見える。

ここで、ポジティブ心理学の視点から、私は異なる可能性を提案したい。それは、ウェルビーイングについてよりよく理解することで、心理学者が、苦しんでいる人もそうでない人も含めて、あらゆる人を助けることにつながるのではないか、という可能性だ。苦しみとウェルビーイングは、両方共に人間の条件の一部を構成するものであるし、心理学者の誰もがその両方と関わるべきなのだ。

心理学者のシェリー・テイラーは、悲惨で深刻な人生の出来事である乳がんの診断について、その影響による抑うつに関する調査として始まった研究について説明している。彼女の研究の問題点は、十分な数の抑うつ患者を特定するのが困難であったことだった。ほとんどの患者は、テイラーが「下向きの社会的比較」と名づけた過程（誰か自分よりもっとひどい経験をした人のことを考えること）によって、自分の診断結果を受けとめることができたのだった。

「確かに私は乳がんだけど、もしかしたら、今よりももっとひどい状況になっていたかもしれない……何といっても、若い頃になっていたらもっと苦しかったかもしれない……必要な手術は乳腺切除ではなくて乳腺腫瘤摘出だったかもしれないし、乳腺切除は一つではなくて二つになっていたかもしれない……私は化学療法の副作用には一番よく耐えられる……私には支えてくれる家族がいる……」

テイラー以前の心理学者だったら、このような女性は現実から目をそらしているだけだと結論づけられたかもしれない。だが、彼女たちはちゃんと現実を直視し、頭脳明晰で、落ち着いていた。彼女たちが否定した唯一のものは**絶望**であった。テイラーは、これは人間の本来持つ重要な側面であると結論づけることで、ポジティブ心理学の前提を予示したのだった。

■ハッピーな人はバカか？

私たちの共通の文化には、幸せと愚かさとを結びつけるような固定観念が満ち溢れている。希望を持つなんてバカバカしいと一蹴したければ、そんな人を「ポリアンナ」と呼ぶ。幸せなんて考えが甘いと言いたければ、そんな人を「ニヤけたうすらバカ」と呼ぶ。あるいはアンブローズ・ビアスの『悪魔の辞書』における定義を考えてみるとよい。

楽観主義（名詞）……醜いものも含めてあらゆるものが美しく、特に悪も含めてあらゆるものが善であり、誤ったものも含めてあらゆるものが正しいとする主義または信念。これは逆境に陥るという不運に最もよく慣れている人々が最も強く固執するものであり、笑顔をまねたうすら笑いを浮かべながら説明する、というのが最も好ましいやり方だ。盲目的な信仰であるため、反証の光が届かない――これは知的な病であり、死以外にはいかなる治療法も効果がない。遺伝性のものであるが、幸い伝染はしない。

科学の文献にさえも同じような格言を見つけることができるが、悲しみに満ちた人の方が賢い人であるというのが結論で、この命題について私は第4章で詳しく検討している。

このような固定観念の一部は、人生は悲劇的で、人間の条件は陰々滅々とした出来事で覆われているという考え方から生じたといえよう。フロイトはある程度の責任を持ってこう述べている――人々は自己の真の動機を自覚していないが、それはセックスと攻撃性に帰着するものであり、いかなるポジティブなものや幸せなものも防衛にすぎず、せいぜいよくても昇華で、最悪の場合は妄想である、と。

しかしながら、研究結果は反対の結論を示すことになる。研究者が「幸せな」人と「不幸せな」人のそれぞれの特徴について、本人たちからの自己報告に加えて、彼らをよく知る人々による、より客観的だと思われる報告から解明された特徴と比較してみたところ、「幸せな」人の方がほとんどの場合に成功している、というのだ。つまり、**「幸せな」人の方が学校でも職場でも成功しており、周囲の人々とよりよい関係を築いており、もっと長生きしていたりさえする**のだ。

ポジティブな感情を経験することが、実際に知能面でも利益につながることがポジティブ心理学者によって証明されている。ポジティブな感情状態にある人は、より柔軟で、創造的なのだ。

私は、すこぶる元気な人が、自分の幸せを他人の前でタイミング悪く振りまく場合には、ともすれば迷惑者ともなることを認めている。あるひどい知らせを受け取った後で「元気出しなよ、明るい面を見ようよ」などと言ってくる人に出くわしたときなど、誰もがそんな思いを経験したことがあるのではないだろうか。そんな瞬間、そこには明るい面もへったくれもないし、元気一杯の人が押しつけてくる元気さはありがた迷惑なものだ。こうした人たちがバカなのかどうかは分からないが、とにかく鈍感なのだ。だが、私がここで強調したいのは、すべての幸せな人がそれほど鈍感なわけではない、ということだ。

■ポジティブ心理学は価値を含むものだろうか？

ポジティブ心理学の目標は、何かを指示することではなく、ものごとを記述し、説明することにある。ポジティブな経験や、ポジティブな特性や、よい制度といった特定のテーマが研究される**べき**である、と明言していることを考えると、確かにポジティブ心理学の根底をなす前提には指示的な側面がある。だが、いったん研究が始まるやいなや、研究は冷静に、かつ公平に行われる必要がある。よい人生を実現する道というのは経験による問題だ。実際、ポジティブに思えるものがいつも望ましいのかという問題も経験によることなのだ。

楽観性に関する私独自の研究では、ポジティブ思考が多くの利益（幸福感、健康、さまざまな成果を伴う成功など）につながることが立証されている。だが一つ、注目すべきマイナス面がある。それは、**楽観的思考がリスクを過小評価することに結びつく**ことだ。

人はいつも楽観的でなくてはならないのだろうか？　暴風雨の悪天候の中で飛行機を離陸

させるべきかどうか判断を下そうとしているパイロットや航空管制官であれば、経験に基づく答えとしてはもちろん「ノー」だ。経験によるデータは、人に注意と冷静さを促すが、これはいわば「悲観」だ。

ポジティブ心理学の課題は、研究対象の現象について、可能な限り最も客観的な事実を提供することにある。それによって、一般の人々や社会全体が、どのような状況において、どのような目標を目指すべきか、十分な情報を得た上で決定できるようになる。ポジティブ心理学が提供するすべてのニュースが陽気で明るいというわけではないが、よい生き方について適度に含みのある考え方を提供するという意味では、まさに価値あるものになるだろう。

■他のすべての心理学は「ネガティブ」なのだろうか?

ポジティブ心理学にまつわるその他の障害物として、「ポジティブ心理学」という包括的用語自体の問題がある。数多くの心理学者がキャリアとしてやってきたことが「ネガティブな心理学」として片づけられてしまうように聞こえるからだ。このように「ポジティブ」「ネガティブ」と無批判に並列させることは残念なことだし、ポジティブ心理学者は決して他の心理学に対する侮蔑を意図してはいない。

私はむしろ、人間の疾病などの問題について重点的に取り組んでいる研究について説明するときには、「従来型の心理学」という名称を使いたい。すでに強調したように、従来の心理学は重要で、必要なものである。

■たちの悪い連中については？

何か人気のあるものに関わることの問題点は、それが人気がある、ということだ。ポジティブ心理学の周辺では、ものすごく大きな勢いに乗った動きが出現してきており、ときに私自身、この行進を導くのを手伝っているのか、または単にこの暴走に遅れずについて行っているだけなのか分からなくなることがある。

アメリカでは、通俗心理学の本やメディア記事、また最近ではオーディオテープやＤＶＤといった視聴覚教材やウェブサイトなど、心理学からちょっとばかり知識を拝借して、生き方指南の処世訓へと話を膨らませるという長い伝統がある。通俗心理学は最も上手に**「心理学を安売りする」**ことに成功したのであり、そのような企てのうちのいくつかには、確かに一般大衆にとって価値あるものもある。だが、娯楽以外には何ら役に立たない、という心理学への風刺がときどき持ち上がったりもするのだ。

今日、テレビやラジオで活躍する世界で最も有名な心理学者が、私の知る限りでは心理学の専門家としての訓練を受けたこともない連中ばかりという状況は、さすがに何かが間違っていると言わざるを得ないだろう。

ポジティブ心理学に群がる、たちの悪い連中には、ポジティブ心理学者による入念な研究から明らかになった理論や発見を台なしにして（ここで私が「世に広めて」とは言っていないことに注意してほしい）、暫定的に一般化した理論としてではなく（それならまだ許せるが）、それを単純な真理として関心を持つ人に紹介してしまうような、ありとあらゆる人間が含まれる。

大手書店の「心理学」コーナーに行ってみると、そのような事例をたくさん目にすることだろう。『幸せになる（または「仕事で成功する」「健康になる」「ゴルフでハンディゼロになる」）ための5つの（または「7つの」「9つの」）簡単なステップ』などというタイトルの本には注意した方がよい。

たちの悪い人間であることを決定するのは、有名人であることや、利潤追求動機が入り込むことではない。何だかんだ言っても結局、私だって読者のあなたにこの本を買っていただきたかったわけだ。けれども同時に、読者の皆さんには、この本に書いてあることをその通りに読むだけではなくて、書かれていない言外のことも読み取ってほしいと望んでいる。私はこの本が、あなたに考える糧や、暫定的なアクションプランを提供することを約束するが、だからといってあなたにとって効果があるかどうかは分からない。いずれにせよ、効果を出すには懸命な努力を要するものなのだ。

ポジティブ心理学に群がるたちの悪い連中は、何も悪い動機を持っているわけではないのかもしれない。私が思うには、連中の多くはおそらく単純にポジティブ好きで、他の人もポジティブになれるよう望んでいるだけなのだろう。唯一の罪は、自分に都合のよいとき以外は、科学について、見て見ぬふりをしてしまうことだ。

だからこそ、ポジティブ心理学はイデオロギー運動でも世俗宗教でもない、といくら強調してもしすぎることはないのだ。ポジティブ心理学は、お金持ちになるためのキャンペーンでもなければ、自己啓発系の語り手による呪文でもない。そんなものは私たちの世界にすでに嫌というほど溢れ返っている。

確かに、ポジティブ心理学が探究すべきよい生き方については、すでに実に多くの人が知見を与えてくれている。けれども何かをポジティブ「心理学」と呼ぶことに関しては、こうしたさまざまな知見について、心理学という科学的手法を用いて調べ、**何が事実で、何が事実でないかを見定めること**にこそ重点を置く必要がある。

私が警告を発するたちの悪い連中中は、ポジティブ心理学の実際の研究結果からはほど遠くかけ離れた活動をしていたり、実現できもしないことを約束したり、多くの人が直面する本当の問題をうまく言いくるめたりすることで、ポジティブ心理学のレベルを落とす（少なくとも信用を傷つける）脅威となっている。また、もっとずるいことには、ポジティブ心理学を口先だけで軽薄に広めることで、人間が不幸になるのが単に選択と意志の問題だと思わせてしまうという危険を冒している。

■ポジティブ心理学者になるには、ハッピーでなければならないのだろうか？

この質問はすべてのポジティブ心理学者には該当しないかもしれないが、私のことをいくぶん気難しい人間だと知っている私の友人や同僚からは頻繁に寄せられる質問だ。

すでに述べたように、ポジティブ心理学とは**ニコニコ笑顔の元気さだけを扱うものではない**。そして実際、ポジティブ心理学が研究対象とする**真の幸せ**には、単なるポジティブな感情以上のものが含まれているのだ。

ポジティブ心理学は大変重要な分野であり、最高に明るい人たちの間だけで信用されるような研究として終わってしまうにはあまりにももったいない分野である。

＊ポジティブ心理学の柱

さて、よい生き方について説明し、理解するための包括的な図式は、ポジティブ心理学の枠組みの中に見出すことができる。ポジティブ心理学は次の三つの関連テーマに分類して説明できる。

（a）ポジティブな主観的経験（幸福感、快感、満足感、充実感）
（b）ポジティブな個人的特性（強みとしての徳性、才能、興味、価値観）

(c) ポジティブな制度（家族、学校、職場、共同体、社会）

ポジティブな制度は、ポジティブな特性の発達や発現を促進し、それがまた同様にポジティブな主観的経験を促進する。経験、特性、制度が調和している場合には、事態はもっと単純である。実際、よい人生とは、もしかするとこれら三つのすべての領域がよい方向に作用することを表したものかもしれない。

第3章と第4章では第一の柱であるポジティブな主観的経験について取り上げている。第5章から第9章までは第二の柱である個人のポジティブな特性に焦点を当てている。第10章からは第三の柱であるよい制度について、対人関係（友情や愛）に注目して話を始めるが、これらの制度については第11章でよりマクロなレベルで話が続く。最終章ではポジティブ心理学の予測可能な未来像について垣間見ることにしたい。

本書の各章には、その章で説明されている概念に関する論拠に沿ったエクササイズが含まれているが、それをあなた自身が実際に試してみることを強くお勧めしたい。本書で扱うエクササイズは「おざなりの」エクササイズではない。エクササイズが意図された通りの効果を発揮するかどうかは分からないし、実験するという精神を持ってアプローチすべきエクササイズである。

エクササイズ1——自分の「遺産」を書いてみる

この章を始めるにあたり「自分の人生における最期の瞬間を思い描いて、自分がどのような生き方をしてきたのかをじっくりと考える様子を想像してみてほしい」とあなたにお願いしたことを思い出してほしい。このエクササイズはそんなお願いをきちんとした形にしたものだ。自分のこれからの人生がどのようなものであってほしいかを考え、亡き後は最も親しい人たちに自分がどのような人間として記憶されたいかを考えてみてほしいのだ。その人たちはあなたのどんな業績について語ってくれるだろうか？ その人たちはあなた自身のどんな強みを列挙してくれるだろうか？ 要するに、あなたの「遺産」は何だろうか？

このエクササイズに際しては、謙遜したり、不真面目になったりすべきではない。また、決して空想にふけったりすべきではない。夢や希望というものは、私たちがそれを実現しようとして何かをやらない限り実現しないものだ。自分の遺産について書いたものを読み返してみて、可能な限り、その遺産を現実のものにするための計画があるかどうか、自分に問うてみよう。より端的に言えば、あなたの現在の生活において、その計画を実行に移すことができているかどうか、ということだ。

心理学者のハワード・ガードナーは、プロのジャーナリストに関する研究で、ジャーナリストとしての専門的能力と道徳的卓越性とが融合したニュース記事、つまり彼が「よい仕事」と呼ぶものについて興味を持った。ジャーナリズムは明確な形で表明された倫理規定に基づく分野であるが、そのような規定は近年になって崩壊してしまった、とほとんどの人が声を揃えることだろう。その理由の一つは、巨額な資金がニュースビジネスに流れ込んだことによる。ジャーナリストは速報を押さえるために常に競争してきたのだが、現在では競争が大きな利害関係と絡んでおり、倫理的価値観を覆す可能性があるのだ。

ガードナーは、若いジャーナリストを対象に面接を行ったのだが、その全員がジャーナリズムにおける倫理の重要性を認識しており、事件を取材する際の正しいあり方について混乱を示す者はいなかった。だが、彼らは同時に、ジャーナリストとしてのキャリアの初期には、よい仕事をするための「余裕を持つ」ことができなかったと嘆いた。後々になって、自分の氏名入りの記事を書いたり、重役として角部屋を持ったり、高い給料をもらったり、うるさく監視されることなく必要経費を使えるなど、彼らがもっと地位を確立してから「初めて」よい仕事ができるようになるのだった。

私は、ガードナーが心理学の会合でこの研究について説明するのを聞いたのだが、聴衆は皆、若いジャーナリストたちの愚かな様子に含み笑いをした。だが、仕事のみならず、日常生活において聴衆全員に当てはまるもっと大きな論点に気がついた途端、彼らは笑うのをやめたのだった。**よい仕事**とは、その気になったらすぐにひねることのできる水道の蛇口のようなものではなく、**適切な才能や習慣を育んだ一生涯の成果であり、道徳観を含むもの**だ。

私は他の学者と同様、娯楽小説を読んだり、料理を学んだり、写真のレッスンを受けたり、ジムに通ったりといった数多くの小さな楽しみを後回しにして青春時代をすごしてきた。こうしたことは全部、そのうち時間ができたらやろう——大学を卒業したら、教職を得たら、大学教授として終身在職権を得たら……。私は幸いにも、自分で時間を作らない限り、時間などまったくないのだ、ということに途中で気がついた。そうやって、私の残りの人生が始まったのだが、こうした気づきこそが、自分の遺産について考え、それをどのように実現させるかを考えるときに大切なものだ。

あなたが書いたものはひとまず置いておいて、でもそれを失くさないようにしよう。今から一年後、そして今から五年後に、もう一度それを読み返してみよう。あなたは自分の目標に向かって前進しただろうか？　その間に新しい目標ができたのであれば、遠慮なく修正してみよう。それは何しろ、**自分の**遺産なのだから。

ここに、私の学生の一人が書いた遺産がある。

彼はよき人間であった。

彼はよき夫であった。彼は妻を心から愛していた。あらゆる夫婦同様、夫婦ゲンカをすることもあったが、何があっても、彼は相手のよい面に目を向けた。

彼はよき父親であった。彼にとって子供は一番大切な存在だった。彼はいつも忍耐強く、協力的で、フェアだった。子供たちは父親の愛を一度も疑うことはなかった。疑う必要もなかったからだ。

彼はよき社員であった。彼は仕事をよくこなしたのだが、それは仕事が好きだったからではなく、それが正しい行いであったからだ。彼が定年退職したときには、友人や、同僚や、上司から、彼に感謝の言葉が溢れるほど寄せられた。

彼はよき市民であった。彼はいつも惜しみなく人々に援助の手を差し伸べた。彼は若い頃、低所得家族の住む家を修理する支援プログラムで働いて週末の時間を費やした。後に彼は教会の活動にもっと積極的に参加するようになり、時間の許す限り、問題を抱える青少年のための日帰り旅行を引率した。

概して、彼は人生を愛した男であった。そして、人生も彼を愛したのだった。

第2章 ポジティブ心理学について学ぶとは——スポーツ観戦ではないということ

私が学ぶならば、いかによく死に、いかによく生きるかについて私に教えてくれる……そんな学問のみを追求する。
——ミシェル・ド・モンテーニュ

ポジティブ心理学のクラスが開講されるようになったのは一九九〇年代からにすぎない。最も初期の頃のクラスは、ペンシルベニア大学でマーティン・セリグマンによって開講された、大学生と大学院生向けの小さなセミナーであった。私はミシガン大学を休職して、二〇〇〇年九月に彼と合流し、その後三年間、それらのクラスを彼と共同で受け持った。当初、それらのクラスはよくあるタイプのセミナーだと思われていた——課題図書を与え、クラス内で議論し、課題文を書く、というような。

だが、セリグマンはこれらのクラスを、後に**「真面目な自己紹介」**と呼ぶようになる方法で始めることを思いついた。

ほとんどのセミナーは、学生が次のように自己紹介することから始まる。

「私の名前はジェニファーです。私は心理学を勉強している大学二年生ですが、それは一年目の医学部進学課程のクラスで死ぬほど苦しんだからで、成績平均点も壊滅的だったからです。私がこのクラスを受講しているのは、自分の時間割にちょうど都合がいいからです」

このような自己紹介は、大学生にとっては陳腐に聞こえるほどお馴染みのものだ。だが、セリグマンは、**「ニッキの物語」**としてその後知られるようになる、当時五歳だった彼の娘とある日の午後に極めて重要な出会いをしたという、異なるタイプの自己紹介をしながらポジティブ心理学の最初のクラスを切り出した。

何年もの間、セリグマンは自称「不機嫌な人間」であった――時間に急き、仕事中心で、たわいもない世間話に耐えられなかった。彼の妻のマンディーと子供たちはいきいきしており、楽しげで、他人に馴染むのがうまかったため、セリグマンはまるで「太陽の光で輝いている家の中を歩き回る雨雲」のような存在であった。

ある日の午後、彼は庭で真剣に雑草取りをしていた――彼があらゆることに真剣に取り組むのと同じように。小さなニッキは彼を手伝っていたのだが、空中に雑草を放り投げたり、踊ったり、歌ったりしていた。多くの皆さんには、このようなことは庭の雑草取りに実に似つかわしい光景として映ると思うのだが、セリグマンにとっては気が散るものであったため、彼は娘を怒鳴りつけた。彼女は歩いて去っていき、そして数分後に戻ってきた。

「パパ、お話があるの」

「何だね、ニッキ？」

「パパ、私の五歳のお誕生日の前のこと、覚えてる？　三歳から五歳になるまで、わたし駄々っ子だったでしょ。毎日ぐずぐず言って。五歳の誕生日のとき、わたしもう泣き言は言わないって決めたの。それは今までやったことのなかで一番難しいことだったわ。でもわたしがぐずぐず言うのをやめることができたのだから、パパもそんなに機嫌が悪いのをやめられるでしょ」

その瞬間、セリグマンに一つの気づきが訪れた。実際には二つの気づきだった。一つ目は、個人的な洞察だった――子供を育てるというのは、子供の欠点を直したり、何でも間違っていることを正そうとしたりすることではない。むしろ、子供の強みを見つけ、それを伸ばしてあげようとすることだ。ニッキの場合、そのような強みは、自分自身を向上させようとする早熟な意志と、気難しい自分の父親に挑み、父親の内にも同じ意志を見出そうとする能力とを含むものであった。

二つ目は、ポジティブ心理学へとつながった心理学者としての洞察であった。既存の心理学は、こうした注目すべき**人間の強み**について、ほとんど関心を払ってこなかった。このような強みはどこに由来するのだろうか？　それらはどうすれば強化されるのだろうか？　ニッキについて「泣き言を言わない子」と説明してしまうと、彼女の本質を大きく見誤ることになる。どんな人に関してでも、その人の持つ（または持たない）弱点や欠点に関して説明すると、人間の条件の半分――人生を生きる価値のあるものにする、明らかによい方の半分――を無視することになる。そして、確かに、庭の雑草は最終的に取り除かれたのであり、セリグマンは以前に比べて不機嫌な人ではなくなったのだ。ニッキはそのまま明るく彼女らしくあり続けたし、一〇代になってさえ、あの日の午後と同じ彼女のままであり続けたのだった。

セリグマンが、最初のポジティブ心理学のクラスで、学生たちにニッキの物語を伝えることで意図したことは、抑うつ、絶望、障害など、彼が人生の大半を費やして研究し、教えてきたことと対立するかのように見える主題について、明確に表明することであった。

だが、クラスで取り入れられたのは、そうした主題だけではなく、彼自身と彼の家族についての真面目な紹介だった。そこには自分の子供から与えられた人生のアドバイスを真剣に受けとめる、子供への愛情に満ちた父親の姿があった。そこにはよりよい人間になろうと決心した子供の姿があった。そこには人間の最高の姿についての物語があった。

こうしたことは、その後のあらゆる交流のための枠組みを作るのに何とよい方法だろうかと思う。セリグマンが不機嫌な状態に戻るようなときでさえも、彼の学生たちはニッキの物語を記憶にとどめ、冷静でおしゃべり嫌いな教授というだけではない側面を知っておくことができるからだ。

以来、私たちが教えてきたポジティブ心理学のすべてのクラスで、自分がとりわけ最高の状態であったときの人生の出来事について、ニッキの物語と同じような話を伝えるようにと学生全員に課題を与えてきた。また、学生たちの成功談や話術の巧みさに関心があるのではなく、むしろ**強みとしての徳性**《キャラクター・ストレングス》に関心があるのだとも言い添えるようにしている。

＊「クール」であることは敵

私は、セリグマンをはじめとする七人の研究仲間と共に、数々のエクササイズを一緒にまとめて、フィラデルフィア市郊外の高校一年生の普通学級の教師が教えるポジティブ心理学のクラスに提供した。私たちの最終目標は、このようなクラスが生徒たちのウェルビーイングや学業成績に与える効果を評価することにあったのだが、そのクラスに登録しなかった生徒たちも比較対象として観察した。

人がよい生き方について最もよく学べるのは、人生を一生懸命生きることによってだと思う。この高校一年生たちが、毎週、課外で行ったエクササイズの数々は、よい生き方をするための重要な構成要素であった。社会心理学者のカート・レーウィンの言葉に、「心理学的現象を理解する最もよい方法は、それを試して変えようとすることだ」というのがある。本当に何かを理解したいと思うならば、自分でそれを試してみて、変えてみようとすることだというのが、私たちが今までに学んだことだ。

私たちが接した高校一年生たちは頭がよく有能な生徒たちで、学校は一流校だった。ものごとを批判的に考えることが常に奨励されており、そのような姿勢も頻繁に見受けられた。また、生徒たちには大いに自主性が重んじられていた。こういったことはどれもよいことなのだが、同時にポジティブ心理学のクラスの原理を丸ごと脅かすというマイナス面をも含んでいた。実際、いかなる人のための、いかなるポジティブ心理学のエクササイズにも当てはまる一般的な教訓がここには含まれている。

こうしたエクササイズに対して、シニカルに、または心半分ここにあらず、といった状態で臨むならば、エクササイズはもちろん効果がないのだが、私たちの研究では、少なくとも何人かの生徒がまさにこれをやってしまうのだ。ものごとを批判的に考えるよう学校教育で徹底的に鍛えられたことで、何ごともそのまま批判するようになってしまっているのだ。そのような生徒は疑い深く、目新しい上に一見くだらなく見えるようなものを試してみることを恐れているようにも見えた。

私たちの研究プロジェクト仲間の一人であったスワースモア・カレッジの心理学者バリ

ー・シュワルツは、このポジティブ心理学のエクササイズにとって障害となるのは**「クールであること」**だと述べている。誰かの考え方について何が正しいかではなく、むしろ何が間違っているかを指摘すること。そのときに熱意を表に見せないこと。自分が人にバカにされるようなことは一切やらないこと。総じて、生徒たちはクールでありすぎたため、自分がハッピーになれたかもしれないことを試せなかったのだった。

しかし、ここにはもう一つの問題がある。

「僕自身がハッピーになろうと望まない限り、先生が私をハッピーにするなんて無理な話ですよ！」

ある高校生が私にこう言ったことがあるのだが、これはクールであるというよりもむしろ、子供（そして大半の大人）が、自分の幸せは意図的に作為されるものではなく、偶然に起きる、自然発生的なものであるよう望んでいるためだと考えられる。

＊いくつかの事例

ここで注意しておくが、ポジティブ心理学エクササイズの全部が全部、意図された通りに効果を発揮するというわけではない。だが、多くのエクササイズは確実に効果をもたらしているわけで、効果がなかったからといってがっかりすることはない。むしろ、なぜ効果がなかったのかについて興味が沸くものだし、失敗は成功と同じくらい何かを教えてくれるものでもある。ここで、効果のあったエクササイズとなかったエクササイズとを比較してみることにしよう。

■「感謝の手紙」対「ゆるしの手紙」

アメリカ社会は、自分によくしてくれた人たちに正式に感謝の意を表現する方法としての「感謝の儀式」に乏しいように見える。両親、友人、先生、コーチ、チームメイト、雇用主など、あなたに特別に親切にしてくれたのに、一度も感謝の気持ちを表したことがない人たちのことを考えてみるとよい。そのうちの一人に感謝の手紙を書いて、なぜあなたが感謝しているのかを具体的な言葉で書いてみるのだ。できれば相手に手紙を直接手渡して、あなたの目の前でその相手に手紙を読み上げてもらおう。それが無理なら、手紙をメールかファックスで送るかして、その後に電話をしてフォローするというやり方もある。

私が感謝の手紙をたくさん扱ってきた経験からいえることは、手紙を受け取る側が感動し、多く感涙にむせぶほどで、手紙を送る側も満足するという意味で、一〇〇パーセントの確率で**効果がある**ということだ。手紙は、母親や父親、友人、配偶者、教師、上司、兄弟姉妹に送られる（面白いことに、大学生は自分の彼氏や彼女にはめったに手紙を送らない。もしかすると感謝するなんて当たり前すぎてそうしないのか、または例の青年期の「クールさ」が尾を引いてのことなのかもしれない）。

感謝の手紙を送ることで生じるよい気持ち（幸福感）は確実に作り出せることが研究結果から明らかとなっているが、感謝の手紙による幸福感の作用は、数週間後には消えてなくなってしまう。だが、これはよく考えてみれば、驚くことでもがっかりすることでもない。感謝の手紙はドラマチックな出来事ではあるが、人生を変えるような出来事ではない。これはもちろん、あなたがそのような手紙をあえて毎週一通ずつ、永遠に送り続けるというのであれば話は別だ——その場合には、あなたは自分の人生を変えたのであり、手紙の受け取り手の数が尽きてなくならない限り、永久に人生が変わり続けることを期待することもできるだろう。確かに、**習慣的に他人に感謝している人は、そうでない人よりももっと幸せだ**ということが知られている。

感謝の手紙のエクササイズから得られた経験に勇気づけられ、私は感謝の手紙と類似したエクササイズで、もう一つのポジティブな感情である「ゆるし」に関するエクササイズを発案した。

ゆるしは自己の憎しみを解消し、自己を不幸な過去から解放してくれるものだ。実際、ゆるしは美徳の女王と言われている——人をゆるす者は、ゆるさない者よりもずっと心が平静で、他にも多くのポジティブな強みを見せる。それでもゆるすことは困難かもしれないし、ゆるしがもたらす利益にもかかわらずゆるさない、という強力な理由を持つ人がいるかもしれないが、それはそれとして尊重されるべきだろう。

私が学生たちに、ゆるしの手紙を作成するよう指示した際には、手紙を仮のものとして書くように言い、その手紙を本当に送りたい場合以外には送らないように、そして、そのゆるしが誠実なものである場合にのみ送るように言った。その他の注意点は感謝の手紙と似たようなものだ。

しかし、このエクササイズは完全な失敗に終わった――というのも、学生のほぼ全員が、今までゆるしを乞うたこともない相手にいきなり手紙を送るのは、よい感情よりもむしろ悪い感情を刺激してしまうと感じたからだった。振り返ってみると、学生たちは多くの場合、自分自身がその痛みを悪化させる原因を作ってしまったと考えており（つらかった恋人との別れなど）、相手を「ゆるす」ということは、自分が共謀者ではなく、罪のない犠牲者であったことを意味するからだった。実際に、ゆるしの手紙を送った二〇人の学生のうち一人は、「手紙を送ってしまった自分のことがいまだにゆるせない」と報告したのだった。

このエクササイズは成功しなかったが大変勉強になるもので、ゆるすことの本質をめぐる活発な議論のきっかけともなった。意見の一致を見たのは、ゆるしとは、まず謝ることから始めるのが一番よい、ということだった。というわけで、私自身まだ試していないものの、将来的にクラスで試してみようと計画しているもっと有益なエクササイズは、学生たちに

「謝罪の手紙」を書かせることである。

■「楽しい活動」対「慈善活動」

ポジティブ心理学における確固たる発見の一つに、自分自身のための楽しみを追い求める姿勢よりも、**他人の幸せを考えることのできる姿勢を持っている方が、長い目で見て高い満足度が得られる、**というのがある。たとえば、マーティン・セリグマンは「楽しい活動対慈善活動」と呼ぶエクササイズを開発したのだが、このエクササイズはたとえ短期的にでも数多くのケースで成果を上げている。

このエクササイズは、友人と遊んで時間をすごすとか、映画を観るとか、チョコレートパフェを食べるなど、大半の人が共通して愉快だ（楽しい）と感じる事柄に対して、ご近所の高齢者のために雪かきをしてあげるとか、弟妹の宿題を手伝ってあげるとか、家族のために洗濯をするなど、大半の人が共通して他の人のために役立つと考える事柄（慈善）に関する事例が、短い話し合いと共にクラスで紹介される。

学生たちはその次の週に、自分たちで選んだ愉快な活動の一つと、これもやはり自分たちで選んだ慈善活動の一つとを実際に実行してみるよう指示される。コインを投げて、まず楽しい活動か慈善活動か、そのどちらから取り組むのかを決めて、それぞれの活動に同じくらいの時間を費やしてみるとよい。それから学生たちは、それぞれの活動に対する自分たちの反応を比較対照して、短いレポートを書くようにと指示される。

ほぼ例外なく、このエクササイズは生き方に関するいくつかの教訓を示唆してくれるものだ。楽しいことは一時的には気持ちのよいものだが、それは束の間の気持ちよさであり、それにひきかえ慈善のための行為は楽しみが長続きするものだ。

マーティン・セリグマンは、一流校であるペンシルベニア大学のウォートンビジネススクール（アメリカの不動産王、ドナルド・トランプの母校）に入学した彼の学生の一人が、このエクササイズに人生を変えるほどの効果を見出したという話を好んでくり返し語っている。

私は経済学と会計学の授業が特に好きというわけではありません。それどころか大嫌いです。けれども私はウォートン校にいるのだから高収入が得られる仕事に就けるのだ、と常に自分に言い聞かせていました。そうしたら私は楽しいことができるし、楽しめるものを買うこともできると。そうしたら私は幸せになれるのだと。私が今、この瞬間に幸せになれること、そして高価な楽しみについて過大評価していて、それは根本的には本当に利己的なものなのだと今まで気がつきませんでした。ただ誰かを助けるだけで素晴らしい、と感じたのです。

私は読者の皆さんに、これらのエクササイズに対して実験の精神をもってアプローチしてもらいたいとお願いしたのだが、実験の一部として、エクササイズの結果が実際にどのような意味を持つのかを公平に観察してみることをお勧めしたい。「楽しい活動対慈善活動」エクササイズから得た明白な教訓をそのまま額面通りに受け取ってもよいものだろうか？　それとも学生たちがフィードバックしてくれた結論に対して、思わず偏見をもって接してしまっただろうか？　学生たちは、私やセリグマンによるポジティブ心理学の授業が始まって五分後には、この授業がプレイボーイマンションのような快楽を追求する場所ではないことを理解するのだった。

私は「楽しい活動対慈善活動」エクササイズについて、より厳密な評価を行う必要があると認識している。当面の間はあなた自身で試してみて、自分自身の正直な反応を確かめることができればそれでよいと思う。

■時間の贈り物

この章の初めの方で紹介した「自分が最高のときの物語」を覚えているだろうか？　私はこれに工夫を凝らして、「時間の贈り物」と呼ぶエクササイズを作成した。自分が愛する人たちに捧げることのできる、最も価値ある贈り物とはいったい何だろうか？

私が教えているポジティブ心理学のクラスでは、オー・ヘンリーの短編小説『賢者の贈り物』について詳しく話しながらこのエクササイズを紹介している。この物語の中では、若い夫婦が互いに贈り物をするのだが、それは互いが個人的に最も大切にしているものの犠牲の上でのみ可能な贈り物だった、というものだ。

見ず知らずの人のために自分の命を危険にさらすような立場を経験するようなことは、多くの人にとってそうはない。けれども、私たちは皆、完全には再生できないがゆえに永遠に大切な贈り物を持っている。その贈り物とは、自分自身の**時間**だ。私にとって最高の先生や友人について考えるとき、その人たち全員に共通しているのは、私のために時間を惜しげもなく与えてくれたことだ。重要なのは、その人たちが**何を与えてくれたかではなく、どのように時間を与えてくれたか**である。

実際のエクササイズは簡単に説明できるものだ。

あなたが気にかけている人のことを考えてみよう。その人のために自分の時間を与えるしかなく、また実際に時間のかかることだとすると、あなたは何をしてあげられるだろうか？　確かに、お金や品物の贈り物を伴うような親切な行為もあるが、このエクササイズでは、いわば時間が絶対不可欠なものだ。その相手と一緒に何かをするのでも、または相手のために自分で何かをするのでもよいが、相手のために時間の贈り物をすることを計画して実行してみよう。よい贈り物ができるよう、そのために必要なだけの時間を十分にかけ、時間をはしょらないようにしよう。自分の腕時計を外してしまうことさえ考えてもよい。とにかく、あなたがどれだけの時間を費やしたかは、贈り物を受け取る相手に話してはいけない。贈り物自体がそれを物語るようにしてみよう。

このエクササイズは波乱に富んだ成功を収めた。エクササイズが指示通りに行われるとすると、大半の人は、相手に好意的にしてあげることで気持ちよく感じられることだろう。だが多くの場合、敵は時間そのものだったりする――人によっては与えられるほどの十分な時間がない人がいるのだ。ある一つの場で時間を費やせば、その他の場が必然的におろそかになってしまうことは人生ではよくあることだ。

人は無から時間を生み出すことはできない。使って損をしたという選択肢などあり得ないような「かけがえのない時間」という資源をいかに効果的に活用するか、注意して使い方を選ぶ必要がある。

■三つのよいこと

自分が最も感謝することについて立ち止まって考えてみるよう人々に依頼し、その効果について調査したいくつかの研究グループがある。この心理学的介入に関する詳細は研究によって異なるものの、その結果は常に同じものだ――それは、日常的に自分がありがたいと思う事柄を数えることで、自分の人生がより幸せに、より満足できるようになる、というものだ。

私たちの研究グループではこのエクササイズの独自版を「三つのよいこと」と呼んでいるのだが、それは毎日、一日の終わりに、その日うまくいった三つのことを書きとめる作業を伴うからだ。この指示にしたがって実験を行ってみて発見したことは、たとえば人々に一〇のよいことを書きとめるよう頼んだときには、三つと頼んだときほどはうまくいかなかった。さらに、ありがたいと思うことについて一日の始めに数えるよう頼んだときには、一日の終わりにそうするよう頼んだときと比べるとほとんど効果がなかった。

私たちはまた、それぞれの出来事がなぜよい出来事であったのかを簡単に説明するよう人々に頼むことにしている。それは単に、よい出来事を数え上げるときでさえ、人はそうした出来事に特に注意を払っているわけではないかもしれないからだ。大半の人にとっては「能力はコメントを必要としない」わけだが、これは人々が通常、よいことは自分の身に当然起きるべきだと決め込んでいることを意味している。

だからこそ、よいことについてはあまり考えず、思慮深い（意識的な）感謝の気持ちがもたらす潜在的な利益を見逃しているのだ。よいことについて説明を求めることで、**より深い**思考へと人々を導くことになる。

このエクササイズについての指示は次の通りだ。

毎日、一日の終わりに、夕食の後、または眠りに就く前に、その日うまくいった三つの出来事を書きとめてみよう。それを一週間、毎晩同じようにやってみよう。あなたが書きとめる三つのことは、重要性が比較的低いものでもよいし（「今日は夫が仕事帰りに、私の大好きなアイスクリームをデザートに買ってきてくれた」）、または高いものでもよい（「私の姉が健康な男の赤ちゃんを出産したばかりだ」）。

それぞれポジティブな出来事を書き出した後、次の問いにあなた自身の言葉で答えてみよう。「このよいことはなぜ起きたのだろう？」。たとえば、あなたの夫がアイスクリームを買ってきてくれたことについて、「彼は本当に思いやりのある人だから」または「私が職場から彼に忘れずに電話して、帰りにお店に立ち寄ってくれるよう念を押したから」と推測するかもしれない。なぜ、あなたのお姉さんが健康な男の赤ちゃんを産むことができたかと問えば、「神さまが姉を見守っていてくれたから」または「姉は、妊娠中にきちんとした生活をしていたから」と説明するかもしれない。

このエクササイズに関する私たち独自の調査では、自分がありがたいと思う事柄を数え上げることで、引き続き最長で六ヶ月間、**幸福感が増大すると同時に抑うつの症状が軽減する**ことを発見した。この発見におけるただし書きとしては、指示された一週間という期間を超えてこのエクササイズを続けた実験参加者には長期的な効果が見られた、ということだ。これは明らかにエクササイズがやりやすかったためだろう。この研究に参加した人の六〇パーセントが、六ヶ月をすぎても、ありがたいと思う事柄をまだ数え続けていると報告したからだ。

参加者の何人かは、このエクササイズを自分たちの結婚生活に取り入れて新しい日課にしたと私たちに話してくれた。一日の終わりに、自分がありがたいと思うことをパートナーと共有するのだ。幸せな気持ちで眠りに就くことができれば、たぶん同じように幸せな気持ちで目覚めることだってできるだろう。あなたが幸せな気持ちでいる人の隣で眠りに就くことができれば、それもまたよいことだ。

■よいチームメイトになる

次のエクササイズは、「よいチームメイトになること」の重要性とその満足度、より一般的には、社会的責任と市民性（社会参加）による満足度を裏づけるものだ。少なくとも現代のアメリカでは、追従者《フォロワー》ではなく先導者《リーダー》になること、自分のやり方に従うこと、そして自分の思い通りにやることが奨励されている。

しかしながらその結果、最悪の状態においては、あらゆるものが互いに競い合う社会なのであり、最高の状態においては、中心部が音も立てずに空洞化している社会なのだ。人々は共通の利害のために力を合わせて働くよりも、「独りボウリング」（第11章のエクササイズを参照）をする人になりがちだ。

このような傾向に逆らって、「よき市民性」というものを作り上げるにはどうしたらよいだろうか？　一つの方法としては、若者に集団への参加を促すことだ。必ずしもリーダーとしてではなく、下で仕える者としての経験を早くから積んでおくことは、市民として社会に一生涯関与していくための基礎を築くものだ。

市民性とチームワークというのは、むしろ抽象的に聞こえるかもしれないが、私は最高のチームメイトや、大好きなグループのメンバーのことを考えてみるよう学生たちに促すことで、具体的かつ興味深いレベルでこのテーマにアプローチすることができた。

たとえば、私は学生たちに、マイケル・ジョーダンのことを考えてみるよう促すことがある。彼は、私の世代の最も偉大なバスケットボール選手で、一九九〇年代には六つのプロタイトルの受賞者にもなっている。米プロバスケットボール協会（ＮＢＡ）とナイキ社のマーケティング戦略はあったものの、ジョーダンは独力でこれらのタイトルを勝ち取ったのではなく、彼の最高の親友であるスコッティ・ピッペンを含むチームの一メンバーとして受賞したのだった。

一九九〇年代、ピッペンのバスケットボールの技術については「ジョーダンがいなければピッペンは一度も勝利を収めることができなかった」という意見によって一蹴《いっしゅう》されるのを聞くのが一般的だった。だが、今になって思い返せば、ピッペンがいなければジョーダンもほとんど勝てなかったという見方もまた、まったく正しいのだ。

普通の人々においては、自分のいかなる活動領域においても「ジョーダンのように」なれる人はそうはいないものの、ピッペンのようになりたいと望むことはそれほど突飛なことではない。これを受けて、私の学生たちに次のエクササイズをやってみるよう指導している。


あなたが継続的に活動を続けているグループで、かつ、そのグループ内でリーダーではないというグループの一つを選んでみよう。周囲に明かすことなく、今後一ヶ月の間、自分ができる範囲で、グループ内の最高のメンバー（チームメイト）になると決意してみよう。

あなたはそのグループの中でどのように行動すべきか、詳しいことはグループの特徴によって決まるだろうが、よいチームメイトであるために求められるのはおよそ次のような点と考えられる。

・文字通り、また比喩的にも、グループの集まりに姿を見せること
・愚痴を言ったり、仲間との関係をぶち壊そうとしたり、嫉妬したりしないこと
・自分の分担以上に働くこと
・促されてやるのではなく、率先して奉仕すること
・チームメイトのよい側面を指摘するような言葉を広めること

・目標達成のためにグループ全体はもちろんのこと、リーダーを助けること

あなたが実際に何を行ったか、それによってどのように感じたかを記録しておこう。

このエクササイズは私の学生たちの間ではいつも非常にうまくいった。学生たちはこのエクササイズが目新しいだけではなく、チームのことを第一に考えて、目標に向かってどう前進していくかを考えることで元気づけられると報告してくれた。チームの中で、自分がピッペンのような役割を演じることを受け入れた私の学生たちは、多くの状況で自分たちのチームメイトによって認められ重宝されたが、いくつかの状況ではそうはいかなかった。それでも大半の学生は、自分たちの努力が軽視されてもそれは本当に大した問題ではなかったと言った。その学生たちにとっては、グループ全体の成功や、団結や、士気高揚という形で確かな見返りがあったからだ。

エクササイズ2——Have a Good Day《どうぞよい一日を》

「どうぞよい一日を」というのは会話を始めるきっかけとなる言葉で、私たちが日常的に耳にするものだが、この言葉に込められた願いを真剣に受け取ったときのことを考えてみよう。

本当によい一日をすごすためには実際に何をすればよいのだろうか？　人によってその答えは異なるかもしれないが、だからこそこのエクササイズには二つのステップがあるのだ。

まずは、あなたが、**自分**にとってどうやったらよい一日になるのかを見つけ出す必要がある。ここであなたは、自分自身の日常について、よい日についても、またあまりよくない日についても、注意深く観察してみて、何か関連する特徴が見つかるかどうか確かめてみる必要がある。次に、何か特徴が見つかったと仮定した上で、よい一日を実現できる要因を最大限に引き出すのと同時に、よい一日を台なしにする要因を最小限に抑えるようにすることで、自分の未来をどのように変えられるかを考えてみよう。

このエクササイズでは、よい一日を実現するための単純な前提、つまり、自分にとってのよい一日に関する要因を特定して、その要因を意識することでよい一日を実現する、という前提に注目していただきたい。そして、すぐに具体的な活動に取り組むよう、あなたに提案したいと思っている。

よい一日というのは、あなたが電話でお母さんと話した（または話さなかった）日のことだとか、運動した日のことだとか、特別に日記に書きとめた日のことだなどと特定することができれば、そこからとても実践的な教訓が学べるだろう——そういう日をもっと増やして、そうではない日を減らせばよい……と、これは当たり前のことなのだが。

このエクササイズが陳腐なものにならずに済んでいるのは、「よい一日にするにはどうしたらよいのか」と、今まで立ち止まって考えたことなど一度もなかったという人が多いからかもしれない。また、よい一日とはどういう日かと抽象的に深く考えてみたとしても、その答えは実際には正しいものではないかもしれないのだ。

そこで、ノートかメモ用紙を用意するか、エクセル・スプレッドシートを作成して、あなたの一日の行動を記録してみよう。一時間刻みで記録するのがやりやすい人もいれば、その日の主な活動を中心に記録する方がよい人もいるだろう。とにかく、一日の終わりに、その日の全体的な評価を書き込んでみよう。

10点＝自分の人生で最高の一日だった
9点＝特別によい一日だった
8点＝素晴らしい一日だった
7点＝とてもよい一日だった
6点＝よい一日だった
5点＝平均か普通の一日だった
4点＝平均以下の一日だった
3点＝ひどい一日だった
2点＝とてもひどい一日だった

1点＝自分の人生で最悪の一日だった

少なくとも二週間、できれば一ヶ月間、このエクササイズを続けてみてほしい（もちろん週末も含めて。あと、「よい日」が週末だけだからといって、このエクササイズを週末にだけやるなどということのないように）。エクササイズの期間が終わるまで自分の記録を見返してはいけないが、エクササイズが終わったら記録に戻ってみて、何日か、また何週間かの単位で現れるパターンを見つけてみよう。この期間にあなたが何をやったか（またはやらなかったか）に注目して、よい日と悪い日とを比較してみよう。このエクササイズを試してみた人は皆、すぐにはっきりとしたパターンが見つかったと報告しており、場合によっては自分で驚いてしまうようなパターンを見出したのだった。

私の場合、よい一日というのは、職場で（専門職大学院に入学を希望している学生のための推薦状を発送したなど）、または自宅で（リビングルームに掃除機をかけたなど）、ずっと頭に引っかかっていたことをやり終えた日だということを発見した。念のために言っておくと、こうした活動が私を至福の状態に導いてくれることはなかったものの、明らかによい一日を実現するための一因となっていたのだった。それにひきかえ、私にとっての悪い日というのは、何もやり終えることができなかった日で、他に何が起きようと、または自分がどれほど優れた研究プロジェクトを数多く手がけていようとも、そんなことはどうにも関係なくなってしまうのだった。

そういうことで、私は毎日、何かをやり遂げようと決心したのだが、この作戦はここ一年はうまくいっている。特に、私のもっと大きな目標や研究プロジェクトについて、その都度終えられるような小さな目標や段階に分割する形で捉え直してみたのはよかった。

読者の皆さんにとってのよい一日に関する法則は、私のように仕事志向のものではないと思っているが、自分自身の法則を見つけて、その法則にしたがって自分自身の作戦を立てることこそが、このエクササイズの要点なのだ。いったん自分自身の法則や作戦が分かったら、あなたの普通の一日を変えてみよう——もちろん、常識的に調整した上でだが。

Have a Good Day!《どうぞよい一日を!》

第3章　気持ちよさとポジティブな経験

人は人生を悲しみの多い憂き世としてではなく、幸せな時間と考えるべきだ。人は自分の仕事に喜びを見出すべきだ。仕事を生活の糧、生活のすべてであるなどと考えることなく。

人は精力的であり、覚醒しており、趣があり、快感に敏感な人であるべきだ。酒色にふける人とか、好事家などという汚名を被ることなく、人生をとことんまで楽しめる人であるべきだ。

心理学的観点から見たよい生き方について、このように特徴づけることを考えてみよう。また、誰が提案したのかも考えてみてほしい。アリストテレスではない。孔子でもない。マズローでも、セリグマンでも、チクセントミハイでもない。

正しくは、一九五六年に雑誌『プレイボーイ』の哲学の一部としてこう明言したヒュー・

ヘフナーだ。読者の皆さんは『プレイボーイ』誌が裸の若い女性に執着したバカげた雑誌だと思っているかもしれない。けれどもこのような話をすることは、この章を始めるにあたってはうってつけの方法なのだ。そこには幸福感や喜び、意識の覚醒、快感といったポジティブな経験が扱われており、現在のポジティブ心理学者によって研究されている数多くのテーマへの言及があるからだ。人生を一生懸命生きるというのは、熱意や、元気さや、みなぎる活力が意味するところそのものであるわけで、女性のおっぱいを中心にして一生懸命生きるのか、何か他のものを中心にして生きるのか、といったことは問題ではないのだ。

読者の皆さんの中には、ヒュー・ヘフナーの言う、気持ちよさを得る具体的な秘訣に対して反感を覚える人もいるだろう。それは、多くの人があわせ持っている感覚と、いわゆる感覚に溺れてしまうこととの両面性を浮き彫りにしているからだ。何世紀も前に「七つの大罪」として特定された、憤怒、嫉妬、暴食、強欲、色欲、傲慢《ごうまん》、怠惰といった罪は、快楽の核心について伝えている——たとえそれらが、恥辱や罪で覆われたものだとしても。

私はこの章で、快感と、それに関連したポジティブな経験について述べるが、読者の皆さんには、**気持ちよいと感じる心理状態における道徳的な文脈**をいつも念頭にとどめておいてもらいたい。これはポジティブ心理学が、幸福感についてあからさまに注目していることに対して批判を受ける可能性があるからで、これこそが、ポジティブ心理学は、快楽主義や巷の幸福学よりもっと広義な分野なのだ、と私がこれまで長々と述べてきた理由の一つなのだ。

＊快感

快感とは、香水や、背中のマッサージによって引き起こされる、身体における**生の感覚**から、ベートーベンの第九や、サスペンス映画の結末によってもたらされる**高次の**脳の快感、さらには、自分のひいきにしている政党の立候補者や、地元のサッカーチームの勝利によって生み出される達成の快感に至るまで、主観的でポジティブな心理的状態を包括している。

快感は、強烈で、興奮を引き起こし、鋭い場合があるが、この場合には「歓喜」とか「エクスタシー」と呼ぶ。あるいは、静かで、落ち着いており、広がりを見せることもあるが、その場合は「満足」とか「安らぎ」と表現する。いずれにせよ、快感とは気持ちがよくなるものだ。絶えず求め続けない限り、少なくとも大半の人は快感が沸き起こってきたときに深く味わうものであり、それを持続または強化させようとする。心理学者のポール・ローズンの観察では、快感は生存するために役に立っており、おそらく人間が存在すること自体にも役に立っているのかもしれない、ということだ。

より高次の快感については、その役割という観点からはそれほど簡単に説明できるものではない。人間にはなぜ、音楽や、夕焼けや、クイズや、ゲームを楽しんだりする能力が備わっていなければならないのだろうか？　心理学者のバーバラ・フレドリクソンはこの問いを

「ポジティブ感情の効用とは何か？」と称した。その答えは、フレドリクソンや、他のポジティブ心理学者の研究から明らかになってきているのだが、より高次の感情が安全信号を出し、後々によい結果を生むために利用できる心理的スキルを構築し、強固にする機会を与える可能性があるから、という点に集約されている。

この仮説は何十年も前に、数多くの哺乳類の子供たちが遊び戯れる機能に関して、動物行動学者（自然環境の中で動物を研究する生物学者）が理論化したことから予見されていた。哺乳類の子供たちが無鉄砲に遊ぶことを通して、くり返し練習しながら習得していく特定の行動こそが、まさに後々に成長してから狩猟をしたり、捕食者から逃げたり、支配的なヒエラルキーを築いたりするのに利用されるスキルなのだ。

ときおり例外はあるものの、快感というテーマは何年もの間、心理学者によって無視され続けてきた。だが、このテーマに取り組んでいる心理学者は、必ずと言ってよいほど、人間の種の生物学的進化における快感の役割について強調する立場に帰着する。

ポジティブ心理学が、**「人生を最も生きる価値のあるものにするのは何か」**という問題を対象とする研究だとすれば、快感についての研究は、**「生きることを可能にするのは何か」**という問題を対象とする補助的な研究と考えてもよいだろう。食べる、交尾する、子孫を育てるといった、人間の祖先が直面した**生存**という重要な課題を考えてみたらよい。これらの活動に快感が伴うことで、人間の祖先が個として、また種として、生存と繁栄のために長期にわたって行わなければならなかったことについて、短期間に成し遂げられるようにする可能性を高めたことは単なる偶然ではないだろう。

快感が単に生物学的だと言っているのではない。人間の身体は進化したが、文化に対する適合能力も同様に進化したのだ。つまり、人間は本質的に社会的な存在であり、社会化していく過程を経て、世代を超えて伝達される、共有された文化における一員なのだ。

ここに、快感について、ポジティブ心理学で解明されていることをいくつか述べてみよう。まず、快感とは、経験的に言えば、**質的**なものであると同時に**量的**なものである。つまり、快感にはいくつかの異なる種類があり、それぞれに程度が認められる。また、快楽とは多次元的なものだ。快感について、直ちにこうだ、と決めることができたとしても、ポジティブな感情とネガティブな感情を同時に経験するというのもまた事実なのだ。

さらに、快感は、刺激を加えるか減じるかによって生じる。チーズバーガーを食べることと、膀胱を空にすることとを対比させてみたらよい。両方とも快感を生じさせるが、違う種類のものだ。後者については**「快適さの快感」**と呼ぶ人がいるが、この種の快感は、それがないときにかえってよく分かる傾向にある。エアコンが日常的には利用できなかった時代を覚えている年配読者の方ならご経験がおありと思うが、蒸し暑い日にエアコンの効いた部屋に入ったときにはどんなに気持ちよかったことだろうか。今日では多くの人が（故障した場合はもちろん別だが)、エアコンを当たり前のように考えている。明らかな快楽から、単なる安楽へと変化したのである。

人は多くの場合、今この場での快感に意識を向けるものの、過去に関して(記憶において)快感を経験することもあるし、未来に関して(希望を抱くという意味で)快感を経験する場合もある。過去の快感について考えるとき、人間の記憶は、**直接の経験における強烈さに加えて、その経験がどう完結したか**によって左右される。これは**ピーク・エンド理論**といって、その発案者で心理学者のダニエル・カーネマンによって名づけられた理論だ。ピーク・エンド理論が示しているのは、過去に遡って回顧する快感は、その個々の瞬間をそのまま忠実に総括したものではない、という事実だ。

実験参加者に関しては、ある者は快適な状況で(面白い映画を鑑賞するなど)、またある者は不快な状況で(痛みを伴う医療処置を受けるなど)と、いろいろと身近な状況において研究されてきた。実験参加者は、快・不快の感覚を経験している間に、継続的に快か不快かを評価し、さらに実験が終わった後に評価の要約を提供する。このような研究の数々から導き出された結論は一貫したもので、ピーク・エンド理論を裏づけるものであった——実験参加者による評価の要約は、実験中の経験に対する最も極端な評価と、実験が終わる直前の評価との平均値を厳密に示すものであった。快適または不快な経験がどれくらい長く続いたかは本質的に見落とされた。カーネマンはこの現象を**デュレーション・ネグレクト**(継続時間の無視)と呼んだが、これはポジティブな経験に関する心理学の研究において、くり返し問題となるテーマである。

ピーク・エンド理論については興味深いことが示唆されている。カーネマンらは、何人かの人の手を、氷のように冷たい水の中に六〇秒間ずっと浸しておく（これは不快だが危険ではない）という実験をした。他の実験参加者は、同じような冷たい水に同じ時間、手を浸しておくよう要求されたが、さらにそのままもう三〇秒間、手を浸しておくよう指示された。この延長の間、実験参加者には知らされないまま、少しばかりつらくないようにと水の温度が一度上げられた。数分後、全体的な経験について評価してもらったときに、第二の条件下（合計九〇秒間、冷たい水の中に手を浸す）で経験した人は、第一の条件下（六〇秒間、冷たい水の中に手を浸す）で経験した人に比べて、不快感が少なかったという評価をした。これは、それぞれ異なる終わり方を経験したからで、第二の条件下にあった人は、快感が増すような終わり方をしたからだった。

カーネマンはこれらの結果について、人が経験したことについて行う回顧的な評価が誤っていることを示すという意味で「がっかりするものだった」と称した。だが、こうした結果は、カーネマンのように、本当の快感は瞬間的に存在するものだと考える場合に限り誤りなのであって、全体的な快感というのは**瞬間の総計**であるに違いないのだ。

このような発見が実際に意味するところとはつまり、自分の快感について、クライマックスとよいフィナーレとを構築すべきだ、ということだ。そうすることで、後々に、快感について考えるときに、自分の記憶が特定の好ましい方向へと**偏ったもの**になる、というわけなのだ。

デュレーション・ネグレクトは、快感について立証された**順応する**というもう一つの現象について、単に人々が気づいていないために起きるのかもしれない。快感を生み出す同様の刺激をくり返し経験するとき、快感はそれに応じてますます減少していく。順応は誰にとっても馴染みのある経験だ。快感への順応は大変広く知られたものであり、学者は人々が**「快楽（満足）の踏み車」**で生活すること、つまり、相対的にニュートラルな段階に絶えず戻るために、感情面における状況を改善することに継続的に順応するようにして生活するよう提案している。

順応について最もよく引用される研究の一つに、フィリップ・ブリックマンらによって何年か前に報告された調査がある。彼らは、過去に、各人最低でも五万ドルを当て、中には一〇〇万ドルもの宝くじを当てたことのある二二州の宝くじの当選者たちにインタビューをした。当選者たちは、過去、現在、（予期される）未来それぞれの幸福感について、0（＝まったく幸せではない）から5（＝大変幸せだ）までの尺度で評価すること、そして友人と話したり、冗談を聞いたり、雑誌を読んだりという日常的な活動において楽しみを感じたことについて、再び0から5までの尺度で評価するよう依頼された。ブリックマンらはまた、宝くじには当たらなかったものの、当選者たちと同じ近所に住んでいる五八人の人にもインタビューをした。その結果、宝くじの当選者は、対照被験者（普通の人）に比べると、**現在の幸福感と未来の幸福感に関しては、かろうじてやや幸福なだけ**であった。そして、日常的な活動においては、当選者は普通の人に比べて**「より少ない」楽しみしか見出すことができなかった**のである。

ブリックマンらはさらに、前年に事故に遭い、手足が永久に麻痺してしまった二九人の人をインタビューした。その人たちの現在の人生に対する満足度は2・96と評価され、これは宝くじの当選者たち（4・00）よりも低い値だったのだが、予想していたよりも低い値ではなかったかもしれない。そして、その人たちが予期する未来の幸福感と、日常活動における楽しみの度合いは、宝くじの当選者たちが示したものよりやや高い値を示した。

これらの結果は、よい幸運に恵まれる人とそうでない人双方において順応が起きたことを意味している。それにしてもなぜ人は順応するのだろうか？

ここで、二つの関連する回答が妥当だろう。まず、順応することで、感覚を生じさせる外的刺激から自分が圧倒されないよう防御してくれる。快感は苦痛と同じくらい気を散らす要因になることがあるが、それらの経験は短時間のもので、かつ調節されたものだ。自分がこの先生きていくために、自分の元の人生へと引き戻してくれるというのは、生存の観点からするとよいことなのだ。

第二に、順応することで、自分を取り巻く環境の**変化**に対して特に敏感になるが、ともすればその部分に生存活動が見受けられる。実際、私たちの感覚機能の多くは、快感と苦痛とを生じさせるだけではなく、順応を示す。たとえば、私たちは皆、部屋の明るさの度合いや、背景の騒音などに比較的速く順応する。

もちろん知っての通り、順応することで、特定の快感を経験する能力が永久に変わる、ということはない。仮に変わってしまうならば、自分はクッキーを食べるなら一個でいい、詩を読むなら一編でいい、夕焼けを見るなら一生に一度でいいなどとは思わないだろう。つまり明らかに、いったん十分な時間が経てば、人はより多くを求めてくり返し戻ってくるのである。

＊ポジティブ感情

心理学者は、ポジティブな気持ちについて、快い感覚をはじめ、情動、感情、気分などに至るまでその全種類を分類した。快感は多くの場合に短い時間だけ持続するもので、特定の刺激（実際には特定の感覚器官）に結びついており、むしろ単純なものだ——砂糖が甘いことは誰も何も学ぶ必要のないことだ。

心理学者は**感情**について、主観的な気持ちだけでなく、生理的な興奮や、思考や行為に関する特徴的パターンをも伴う、もっと複雑なものと捉えている。「感情」(emotion)という言葉は「運動」(motion)という言葉と同じ語源に由来しているが、これは、感情が私たちの中を動き回り、おそらくは私たちを駆り立てるものであるという概念を伝えている。**「感情」には始まりと終わりがあるが、それらは束の間の「感覚」に比べてもっと持続性のあるもの**だ。

感情に関する代表的な定義とは、感情が特定の行動の性質と結びついている、というものだ(これを**「特有の行動傾向」**という)。恐怖は私たちを「逃げたい」と思うように仕向け、怒りは「攻撃したい」と思うように仕向け、嫌悪は「嘔吐したい」と思うように仕向ける。対照的に、ポジティブな感情は、そのような特有の行動傾向とは結びついていない。たとえば、喜びのようなポジティブ感情は人を活動的にするかもしれないが、それはもっと漠然とした、広がりを見せる方向性でのことだ。

その他の相違点としては、ネガティブ感情は生命が脅かされるような状況において経験されるが、ポジティブ感情はもちろんそんなことはない。感情について進化論的に説明するとすれば、切羽詰った状況では、ポジティブ感情によって生存の見返りを得ることは難しい、ということが指摘される。

さらにもう一つの相違点としては、今日までの研究者が、異なる複数のポジティブ感情について、それらの基礎を成す生理的機能を区別できていない、ということがある。重ねて言うが、感情に関する代表的な定義は、「感情が生理学上の特定のパターンと関連している」というものであり、ポジティブ感情はこの特徴からは外れているのだ。

心理学におけるポジティブ感情への関心は、心理学者のバーバラ・フレドリクソンによる近年の理論化によって活気づいてきた。ポジティブ感情をネガティブ感情の枠組みに入れてしまおうとするよりも、喜び、興味、満足感、愛情といったポジティブ感情はそれ自体として独自に研究されるべきだ、とフレドリクソンは論じている。ポジティブ感情とは、異なるように感じるだけではなく、異なるように機能するものなのだ。

すでに強調したことだが、ネガティブ感情は危険について警告してくれる。私たちがネガティブ感情を経験するとき、どのように反応するかという選択肢は狭まり、いかなる危険信号をも回避しようとして慌てて行動する。対照的に、ポジティブ感情は安全信号を出すものであり、それに対する特有の反応とは、選択肢を狭めるものではなく、ポジティブ感情に基づいて**「拡張」**し、その上に**「形成」**されるものである。よって、ポジティブ感情の進化論的な見返りは、**今この場ではなく、未来に存在している**ことになる。

ポジティブ感情を実験室の中で経験するよう依頼された実験参加者は、より幅広い注意力や、より優れた作業記憶（ワーキングメモリー）や、強化された言語運用能力や、情報に対してより柔軟性を示すといった、これらの予測と一致するような認知的変化を示した。代表的な研究としてはフレドリクソンらによる研究で、大学生たちに、楽しみや満足感、怒り、不安といった異なる感情を生じさせることで知られる短い映像クリップを見せる研究がある。それから二人は、実験参加者に対して、局所的《ローカル》な特徴（細部）に注意を向けるか、または大域的《グローバル》な特徴（大きなパターン）に注意を向けるかで、抽象的な刺激を互いに組み合わせるよう要求する「大域《グローバル》・局所《ローカル》視覚処理課題」についてテストした。例として図3・1を見ていただきたい。これは、ポジティブ感情の誘導によって拡張した注意力（大きなパターンに対する、より大きな注意力）につながった例だ。二番目の研究で、同じ類の誘導に従う形でこの二人の研究者が発見したのは、ポジティブ感情を経験するよう仕向けられた実験参加者は、自由回答式の二〇の質問に回答する作業において、もっとさまざまな答え方をした、ということだった。

ポジティブ感情は、**ネガティブ感情による生理的影響を解消する**。大学生たちは、「なぜあなたはよい友達なのか」というテーマの短いスピーチを準備するために、一分間だけ時間を与えられた。スピーチはビデオテープに録画され、仲間から評価されると予め伝えられた。彼らは、自分たちの心拍数や、末梢性血管収縮や、血圧を確かめるための精神生理学的記録装置につながれている間にスピーチの準備を行った。

実験参加者は、この準備時間に引き続き、四つの異なる映像クリップの中から一つの映像を観た。そのうちの二つはポジティブ感情（喜びまたは満足感）を生じさせるもので、もう一

図 3.1. 大域・局所視覚処理課題
実験参加者たちは、上の図柄を下の図柄のどちらか一方に「合わせる」よう求められる。上の図柄の局所的な詳細（個々の図柄の形）に注目した場合には、下の右の図柄を上の図柄に合わせることになる。上の図柄の大域的な配置（個々の図柄の配列）に注目した場合には、下の左の図柄を上の図柄に合わせることになる。本文にある通り、ポジティブ感情を多く経験する人々は大域的に分類する傾向にある。

つは悲しみの感情を引き起こし、残りの一つは感情的にニュートラルなものだった。面白いことに、これらの映像には、どれもそれ自体で交感神経の興奮に影響を及ぼすものはなかった。だが、スピーチの準備演習に引き続き、ポジティブ感情をもたらすいずれかの映像を観た実験参加者は、悲しい映画、または感情的にニュートラルな映画を観た参加者に比べて、急速な心血管の回復を示した。つまり、ポジティブ感情を経験することが、実験参加者に引き起こされた不安を解消したのだった。

実験室での実験に対する基本的な疑問は、実験の結果が、実験室の外でも当てはまるかどうかということだが、今回のケースでは当てはまるようである。フレドリクソンの実験結果は、ストレスの多い**現実の**状況においてポジティブ感情を経験することのメリットについて実証した**ストレス・コーピング**に関する研究にうまくまとめ上げられているからだ。

フレドリクソンは彼女のアプローチを**「拡張‐形成理論」**と名づけたのだが、これはポジティブ心理学の内外で注目されるに至っている。拡張‐形成理論は、**ポジティブな面に明確に注目することを促すと同時に、単にネガティブな面がないことに目を向ける以上のことをするときに洞察が生まれる**ことを示している点で注目に値するものだ。それと同時に、実験室での実験と、精神生理学的アセスメントの信頼性からも、フレドリクソンの研究は科学の世界ではまともな研究として認められている。

＊ポジティブ情動

「気分」という言葉は、ときに軽減された感情のことを指す（「私はそんな気分になっていた」）。だが、気分についての付加的で、より実質的な意味は、一般的なウェルビーイングに関する指標としての役割を強調したものとなっている。

私たちが人のことについて話すときには、優しい人か気難しい人か、陽気な人か偏屈な人か、温厚な人か不機嫌な人かなど、こうした表現をその人の全人格として適用する。心理学的な専門用語では、気分は「特性」に似たものであり、感情は「状態」に似たものである。気分は、それ自体に関連した特定の目的や意味を持つことはあまりなく、意識の中心となることもない。けれども、気分は感情よりも持続性のあるものであり、私たちが考え、感じ、行動することのすべてに影響を与える。

心理学はおそらく、よい気分よりも悪い気分について記述するための言葉をより多く備えているが、たとえば元気さ、生命力、情熱、熱意、活力といった用語を考えてみよう。これらの言葉は、文字通り元気一杯であるときに、私たちの最高の気分を言い表すものだ。よい気分は単に私たちの心だけでなく、まさに体に満ち溢れるものだ。

私たちは、絶えずポジティブな気分でいる人のことを、活発で精力的な人、意気揚々とした人、元気はつらつな人、人生を満喫している人などと称する。よい気分というのは、人生で価値ある活動に従事することに伴い、充実感として経験されるものだ。

心理学者のポール・ミールは、ポジティブな気持ちを経験する能力を称して**快楽的能力**と呼び、その能力には遺伝学に根ざした一定の個人差があることを示唆した。彼はさらに、快楽的能力が外向的で、他者と関わろうとする「外向性」のパーソナリティ特性に結びついていると仮定した。最後に、彼は快楽の能力について、習慣性の有無にかかわらず、怒りや不安のようなネガティブ感情の経験とは大きく異なると主張した。このような快楽的能力については今や**ポジティブ情動**と称されている。

この研究を可能にしたのは、ポジティブ情動とネガティブ情動の評定尺度（PANAS）のような簡易な質問紙の発達による。回答者は、ポジティブな気分（「感動した」など）ならびにネガティブな気分（「恥じている」など）を表す言葉を与えられ、それぞれの言葉が回答者自身について言い表している程度によって評価するよう依頼された。

このように測定されたポジティブ情動は、ネガティブ情動からは独立したものである。ポジティブ情動とネガティブ情動は、週、月、年、そして数十年という長期間でも非常に安定していることが証明されている。気難しい老人はかつてはいらいらした青年で、怒りっぽい子供で、機嫌の悪い幼児で、世話の焼ける赤ちゃんであったのかもしれない。

安定性について調べるもう一つの方法は、異なる状況でのポジティブ情動に対する評価を比較することであるが、ここでも再び多くの一致点が見られる。一人でいるときによい気分でいる人は、他人といるときにもよい気分でいられるし、またその逆も然りだ。ポジティブ情動は、個人のポジティブ情動の平均値のみならず、ばらつきについても時と場所を越えて首尾一貫しているという点が面白い。つまり、よい気分について、ある人は他の人に比べて広い振幅を持ち、しかも一貫してそうなのだ。言い換えると、人の気分はもっと変化しやすいもので、もっと気まぐれだ、ということだ。

ミールによって提起されたように、ポジティブ情動は、実際に外向性のある人々の間で、性別に関係なく、より頻繁に見受けられる傾向である。一般的に、ポジティブ情動の度合いが高い人は社会的に活動的である。より多くの友人や知人がいて、より多くの社会的な組織に関わっている。ネガティブ情動は、このような社会的行動の指標とは無関係である。

ポジティブ情動が高い人は、低い人よりも結婚している（特に幸せな結婚生活を送っている）傾向が強く、自分の仕事が好きである傾向が強い……と、至極単純に述べているものの、これらは鶏と卵のような調査結果だ――何が何を引き起こすかははっきりしていないのだ。しかしながら、長期間にわたって人々を追跡調査した研究では、ポジティブ情動は結婚と職業における満足度を予測する要因となるものであって、単にそれらを反映するものではないことが示されている。

ミールによって仮定された、ポジティブ情動に対する遺伝的根拠はどうだろうか？　心理学者は、一卵性双生児（一〇〇パーセントの共通遺伝子を持つ双子）における特徴と、二卵性双生児（普通の兄弟姉妹と同様、遺伝的に似ていない、五〇パーセントの重複がある双子）における特徴とを比較することで、特徴が遺伝的に影響を受けることを示している。遺伝子の影響については、二卵性双生児の双子よりも、一卵性双生児の双子の方が互いに似ているという程度までは支持できるだろう。ただ、これらの双子が一緒に育てられた場合と、別々に育てられた場合とで区別された場合には、その影響についてはさらに修正がなされることだろう。

一卵性双生児の類似性が二卵性双生児の類似性を上回る程度は、問題の特徴に関する**遺伝性**（遺伝的要因によるバリエーションの割合）として数値化される。ある集団における特徴のバリエーションが遺伝的要因によるものであればあるほど、遺伝性はより高いものとなる（図3・2を参照）。たとえば、人間の知性は適度な遺伝性を示すが、それは測定されたＩＱにおける個人差が個人間の遺伝子の違いを反映することを意味している。身長と体重は遺伝的な要因が非常に強いことは容易に想像できるだろう。

遺伝性については、遺伝に関するいかなる単純な概念とも同一視してはならない。私は知性が遺伝するものであり、両親から子供たちに直接受け継がれるものだとは言わなかったし、身長と体重とが直接遺伝するとも言わなかったはずだ。遺伝性とはもっと抽象的な概念であって、個人ではなく集団について言及するものだ。

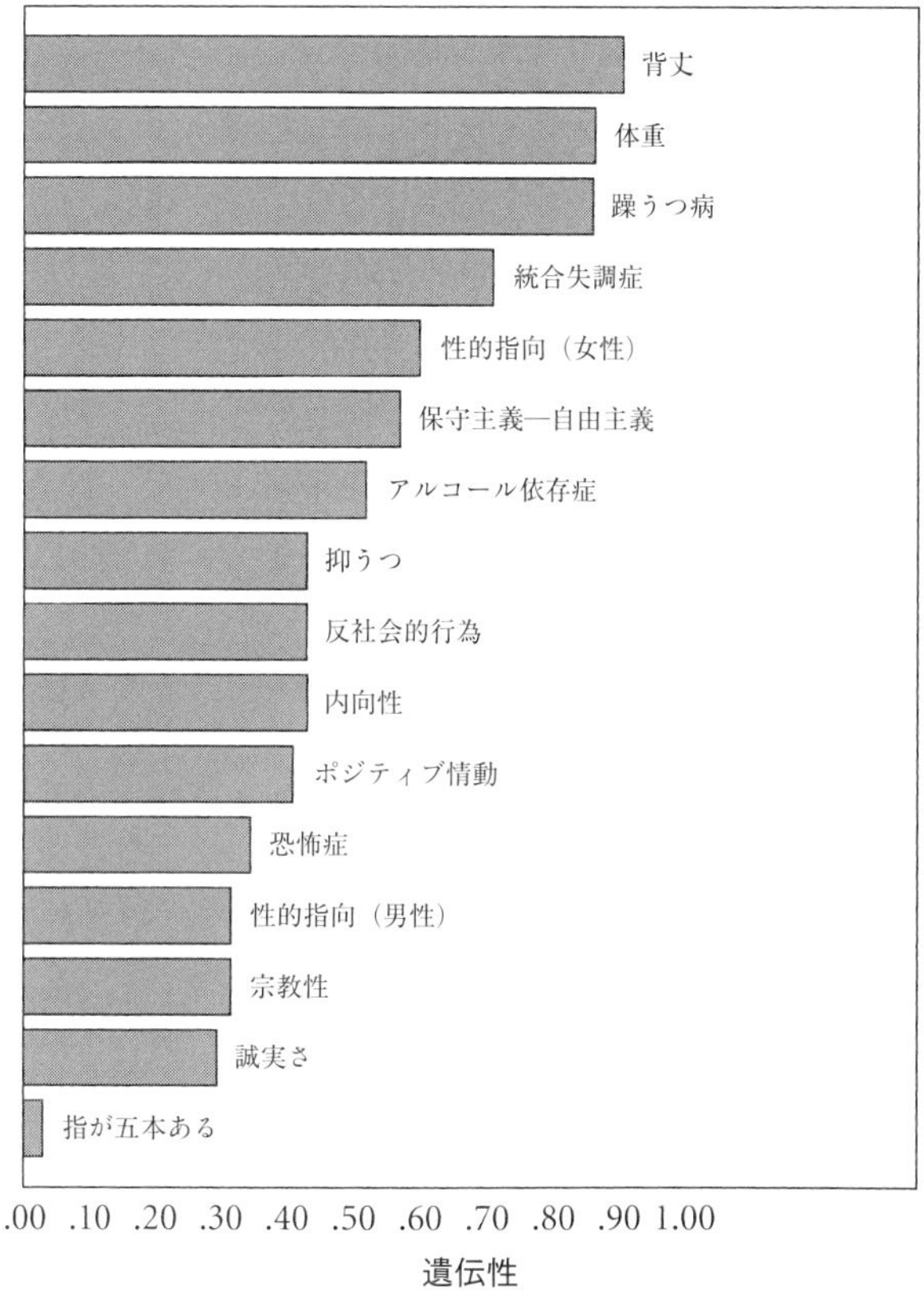

図 3.2.　さまざまな特徴における遺伝性

出典は複数あるが、ここでは主にブシャードより引用。遺伝性とは、遺伝的要因による特徴に関するバリエーションの割合である（本文を参照）。遺伝率は .00（遺伝子の影響がゼロ）から 1.00（遺伝子の影響が 100 パーセント）の範囲で予測される。人々の指の本数がほぼゼロに近い遺伝率であることに注意しよう。指の本数という特徴に関するバリエーションはほぼ完全に事故または怪我によるものであるが、それらは非遺伝的な要因であることを示している。

双子の研究によると、**ポジティブ情動は遺伝性のもの**（遺伝子によって影響されるもの）であると証明されており、知性に比べて遺伝する可能性は低いものの、ほとんどのパーソナリティ特性と同程度に当てはまるものだとされている。よい生き方を育んでいく方法を考えるときに、これは面白く、また重要な発見である。

人々は「遺伝的な影響」という言葉を日頃からよく耳にして「自分ではどうしようもない」と考えているかもしれないが、これはデータが実際に意味するところではない。遺伝性というのは不変性（受胎した瞬間に永遠に固定されること）を意味するものではないし、人生の出来事によっても絶対に変わらないということはもちろん意味していない。

すでに述べたように、知性は遺伝性のものであるにもかかわらず、優れた健康や、栄養や、教育の機会によって増強するものであるし、逆にそうした要因がないことで減退するものでもある。うつ病はポジティブ情動よりも遺伝性の高いものであるが、心理療法によって直ちに変化を見せるものでもある。実際、政治に対する意識などはポジティブ情動よりも遺伝性の高いものであるが、これもときにまさしく私たちの目の前でがらりと変化することがある。

以上のように、ポジティブ情動における適度な遺伝性は、私たちが永久に一定の気分であり続けることは意味しない。情動研究に関する世界的な第一人者であるデイビッド・ワトソンは、「遺伝学的・生物学的なデータが、宿命論的な諦めの気持ちを引き起こすようなことがあってはならない。私たちにはまだまだ自分自身のポジティブ情動を高めていく自由があるのだから」と言っている。

ワトソンは、習慣的な気分を改善したいのであれば、思考よりも行動に注意すべきであること、また、目標に向けて努力する過程こそが、実際に目標を達成すること自体よりもさらに多くの活力を生み出すことを理解すべきであること、そして、気分や、その機能に関する知識が、唯一私たちを助けることのできるものであると考えた。

*フロー

私はポジティブ心理学における関わりを通して、今まで数多くの面白い人に出会ってきたが、私のお気に入りの一人は心理学者のミハイ（マイク）・チクセントミハイだ。マイクは一九三五年にハンガリーで生まれ、戦争で破壊されたヨーロッパで青年期をすごした後、一九五〇年代後半にアメリカへ移住した。彼はシカゴ大学に通い、それから一九九九年にクレアモント大学院大学に移るまで、長年シカゴ大学で教えた。

彼は当初、高度に創造的な画家について研究しているときに**「フロー」**に興味を覚えた。フローとは、**高度に没頭する活動に伴う精神的な状態を表す**、彼の造語である。画家が絵画の製作に取り組んでおり、仕事がうまくいっているときには、彼らは飢えや疲れ、不快感を忘れてしまうほどであった。しかしながら、いったん絵が完成すると、画家はその作品に対する関心を失って、別のプロジェクトへと移っていった。チクセントミハイは、作品という生産物の背後にあった**内発的動機づけ**に衝撃を受けた。画家は、外的な生産物を念頭に置いて絵を描くのでもなければ、作品が完成したときのあらゆる外的な報酬への思惑から絵を描くのでももちろんなかった。

当時、他の研究者は、内発的動機づけや、有能なパフォーマンスと結びついた内在的な満足感に興味を持っていた。だが、内的に動機づけられた、技術的に高度な活動に関する主観的な現象学については、誰も詳細な観察を行わなかった。そのため、フローに関するチクセントミハイの研究は、活動を遂行する際の主な理由として「楽しみ」を挙げた人々に対するインタビューから始まった。彼はチェスプレーヤー、ロッククライマー、ダンサー、その他大勢の人と話をした。導き出されたのは、活動に従事することに関する特徴であったのだが、それはさまざまな活動全体にわたって非常に類似したものだった。この特徴が、私たちが現在「フロー」として意味するものである。

フローの間、何かに没頭している人にとっては時間が速く経過する。注意力は活動そのものに集中する。社会的役割を担う「自分」という感覚は失われる。フロー経験の影響はさわやかなものとして残る。ただし、フローは、官能的な悦びと混同されることがあってはならない。実際、瞬間におけるフローは無感覚なものであり、おそらく無意識的なものである。

人々はフローについて非常に楽しく、本質的に楽しいものだという言い方をするが、これはあくまでも事後に要約された感想にすぎず、活動そのものに従事している間には即時に喜びが伴うことはない。

ここに、プロのバスケットボール選手であるシカゴ・ブルズのベン・ゴードンによる、プレイ中に**「ゾーンにいる」**ときにどう感じるのかについての説明がある。

時間の経過が分からなくなって、どのクォーターなのか分からなくなる。観客の声援が聞こえなくなる。何ポイント得点しているのか分からなくなる。思考しなくなる。ただプレイしているだけの状態だ。ムカつくほどすべてが本能的だ。そんな感覚がなくなり始めるとき、そのときがひどい。俺は自分に独り言を言う――おい、お前はもっと攻撃的でなきゃだめだろう。そのときが、それが去ってしまったということが分かるときなんだ。もう本能的じゃなくなっているんだ。

フローとは、**最大限の能力で機能するときの経験**であるといえるが、これこそがフロー概念がポジティブ心理学において際立つ形で取り上げられる理由である。フローはもちろん、歴史上人間が存在していたのと同じくらい長いこと存在していたものの、チクセントミハイの才能をもってその経験に名称が付され、その現象が明確に表現され、そのための効果的な状況と結果について研究が行われたのだった。

数多くの研究から、心理学者は、フローが最も起こりやすいのは、**スキルとチャレンジする課題とが最適な均衡状態にあるとき**だと知った。言い換えれば、フローは、人と周囲の状況とが一体になることを意味している。朗報としては、人がフローを経験するのに、必ずしもその領域の専門家である必要はないことが指摘されていることだ。重要なのは、**与えられた課題がその人のスキルに合うことであり、またその逆も然り**、ということだけだ。あまりに大きすぎる課題は、あまりに低すぎるスキルと同様、フローを経験するプロセスを中断してしまう。厄介な問題としては、その人のスキルが向上するにつれて、フロー活動を可能にする課題が必然的に変わることが指摘されている。私たちは皆、スキルの変化に対応するためのクリアすべきハードルが高くならない限り、当初従事していた活動が、最終的にいかにしてその魔力を失ってしまうかを承知しているのだ。

フローは、仕事や遊びなど、さまざまな種類の活動において経験できるが、通常は自発的と考えられる活動において経験される。たとえば、ほとんどの学童の宿題においては、課題と能力との間に均衡状態が保たれているが、宿題は強制されたものと考えられるため、フローの状態を生み出すことはめったにない。実際、若者にとって、**いかなる**学校の活動においてもフローを経験することはめったにない。アメリカの若者の、テレビを見るとか、友人とぶらぶらするなどの一般的な活動もフローを生み出すことはないが、それは、フローを生み出す状況にそれ以上出会えないからだ。

このように、今日までの研究では、未解決のままのパラドックスを抱えている――なぜ人々は、フロー経験を望ましいものと認めているにもかかわらず、フローを生み出すと分かっている活動にあまり従事しないのだろうか？

考えられる答えとしては、私たちの誰もが認めることのできるもう一つの経験で、主な例としてはビデオゲームや、つまらないうわさ話など、いわゆる「ジャンク・フロー」または「擬似フロー」と呼ばれるものが指摘される。これらの活動は、フローの要素のいくつかを備えてはいるものの、特に能力が試されることもなく、活力や満足感を与えたりすることももちろんない。人はジャンク・フローを経験することの気楽さに惹かれるのかもしれず、それが本物のフロー経験という、もっと困難だが、最終的にはもっと実りある経験から気を散らしてしまうのかもしれない。

理由はよく解からないが、フローを経験する頻度は人によって大きく異なることが知られている。青年期においてより多くのフローを経験する若者は、創造的な分野で大成するなど、長期に及ぶ望ましい結果を示す。そのような人々はより健康的であるかもしれない。

このような現象は、**「心理的資本《サイコロジカル・キャピタル》の構築」**と称されてきた。フローの影響であるポジティブ感情こそが、後々よい結果に展開するような心理的資本を形成する方法であると推測することで、もしかするとフロー研究とポジティブ感情研究とを結合させることができるかもしれない。

フローに関するチクセントミハイとその他の学者による多くの議論では、芸術的創造やロッククライミングなどといった孤独な活動においてフローが最もよく見られると思われるような具体例が引用される。だが、一人でいる時間においてだけフロー経験が限られるような要因はフロー概念の中には見当たらない。また、実際にフローの具体例で最もよく知られているものの多くは、人との良質な会話や、合奏団で音楽を奏でることや、チームスポーツや、職場で他人と協調するよう努めることなど、明らかに社会的なものである。共有フロー経験についてはもっと多くの研究がなされるべきだし、同様に、チクセントミハイが**マイクロフロー**と呼ぶ、非常に短い時間での活動によってフローを生み出し、注意力を回復させるのに役立つかもしれない現象についてももっと多くの研究がなされるに値する。落書きなどはちょうどマイクロフローの一つの具体例だ（図3・3を参照）。

エクササイズ3——深く味わってみよう

味わうとは、喜びに対する意識と、その意識を持続させる意図的な試みのことである。ロヨラ大学の心理学者フレッド・ブライアントは、味わうことに関する心理学者の知見を検討した上で、心理学におけるコーピングとの比較を行った。**コーピング**（対処法）とは、不安

図 3.3.
ミハイ・チクセントミハイによるいたずら書きで私の似顔絵。
2004 年 1 月 7 日作。

や悲しみといったネガティブな気持ちが起きる悪い出来事を経験した後で、そうした気持ちにさまざまな方法で**対処**しようとすることだ。対処するためには、出来事そのものか、出来事の結果を変えようとするか、またはその出来事から生じる悪影響を軽減させるために自分自身を変えようとすることもあるだろう。

職場で低い評価を受ければ、誰でも嫌な気持ちがするものだ。そこで何が問題なのかを問うことになる。仕事が問題なのか、同僚からふさわしい敬意をもって扱われていないことが問題なのか、または仕事に対する自分自身の適性が問題なのかもしれない。先々どのように改善していけばよいのか、上司にアドバイスを求め、その方向に努力を傾けていくことも対処法の一つだろう。あるいは、別の仕事を探すという手もある。自分にとって仕事はそんなに重要ではないと判断して、家族や友人ともっと多くの時間をすごすべきだと考えるのも一つだろう。その他にも、瞑想や祈り、麻薬やアルコールなどがあるが、以上のすべてが対処法である。

ここで、職場で優れた評価を得ると同時に、賞賛の言葉や、昇給や、オフィスのロビーにある月間最優秀社員賞の額縁に自分の名前を永遠に刻むことになると仮定してみよう。こうしたよい出来事や、その好影響や、そこから生じた明るい気分に、人々はどうやって「対処する」というのだろうか？（この質問を目にする読者の皆さんが微笑んでいてくれたらと思う。ここでの「対処」というのは正しい言葉ではない。第一、よい出来事を最小限にしたり、帳消しにしたいと思ったりする理由などありはしないのだ）。

答えとしては、ある人々は人生での勝利や楽しみに実際に「対処」する、というのが正解だ。そのような人々は、「痛手に先立つのは驕《おご》りであり、それゆえに我々の幸福は抑制されるかもしれない。他人が恨みを抱くことを恐れるかもしれない」という遠い昔の格言を持ち出すかもしれない。ただラッキーだっただけだ、または上司が寛大なだけで、上司から賞賛されても大したことではない、と結論づけるかもしれない。月間最優秀社員賞を取ったからにはもうそれ以下の評価を受けるわけにはいかないと、今や保持するのが不可能な基準を自らに課してしまったことを気に病むかもしれない。

誰もがよい出来事をそれほど素早く帳消しにするわけではない。ブライアントは、味わう（または味わわない）という人間の習慣的傾向が比較的安定した特徴であり、調査において信頼性をもって測定できることを発見した。調査では、将来よい出来事が起きると予想することで味わい、実際にその出来事が起きた瞬間に味わい、後でその出来事を思い出として味わうという方法によって、どれくらいの頻度で喜びが得られるかを人々に尋ねる。よい出来事に対処する人が持つ不安とは異なり、習慣的に味わう人は、味わわない人に比べて実際に幸せであり、全般的に人生に満足しており、楽観的であり、抑うつに陥ることが少ないことが判明している。

結論としては、**味わうことはよいことだ**、ということになる。そこで、味わうことに関して低い値にある人が、この有益な習慣を心理的レパートリーに加えるためにはどうしたらよいだろうか？　私とセリグマンは、味わうことを促進する具体的な手法に関するブライアントの議論に基づいて、次のエクササイズを開発した。

私たちは学生に、次に何かよい出来事（嬉しい出来事）に出会ったときには、**立ち止まってそのことに注意してみる**ようにと言っている。「今さら言うまでもないこと」を見落としてはいないだろうか？　それは、手紙を受け取ったことかもしれないし、職場で褒められたことでも、テストでよい点数を取ったことでも、美味しい食事をしたことでも、夢中になるような会話をしたことでも、意図せずして起きる出来事などでもよい。学生たちにはとにかく、経験した出来事を深く味わってみるようにと伝え、それから次の方法を提案している。

・人と共有する……自分の経験を共有できる人を探してみよう。経験をそのまま話すことが無理であれば、自分がその瞬間をそれほど大切に思ったかについて人に話してみよう。

・記憶を構築する……出来事について、写真を撮るかのように心に刻むか、実際に記念の品を集めて、後で人に自分の思い出を語ってみよう。

・自分で祝ってみる……恥ずかしいなどと思わないように。自分のことで人にどんなに感銘を与えられたかを自分自身に語りかけてみて、その出来事を自分がどれほど心待ちにしていたかを思い出してみよう。

・**知覚を鋭くする**……経験に含まれる、ある特定の要素に意識を集中してみて、その他の要素を遮断してみよう。
・**喜びに浸る**……経験から得た喜びに完全に浸ってみて、その他のことは考えないようにしてみよう。

このエクササイズを試してみるようにと指導することで私が経験したことは、本人のポジティブ感情が高い値であろうと低い値であろうと、このエクササイズには**必ず効果がある**ということだ。喜ぶことは、ほぼすべての人にできることだし、喜びを増大させることだってできるはずだ。本当の課題は、味わうことを習慣化させることで、このエクササイズを単に即席で一回だけやってみることではない。そのためには積極的になり、喜びを得ることを期待すると同時に、その喜びに対してどのように反応するかを予期しておくことについてもお勧めしたい。私はここで、正式には試してみたことがないものの、実験するに値する挑発的な仮説を提起してみたい。それは、たくさんの喜びを積み重ねず、また同時に経験しないこと。喜びは一つずつ味わってみること。そして一つひとつの喜びをそれ自体として味わってみること。

もう少し提案するならば、次にあなたが素敵なレストランに出かけるときに次のことを試してみたらよい。美味しい食前酒や前菜、ワイン、デザートなどは一切注文しないこと。あなたの味覚を他の食べ物で紛らわせてしまうことのないように一品だけを選んで注文し、その一品を味わうことに集中してみること。それで、少なくともあなたのお財布とウエスト周りは特に幸せになるだろうし、あなた自身も幸せに感じるかもしれない。

第4章 幸せ

快感は求めれば得られるが、幸せはそうはいかない。
――メーソン・クーリー

幸せは世間一般の人の関心事であり、ポジティブ心理学においても関心の対象となっている。何年も前に始められた二つの研究から、最近報告されたことについて説明することで、幸せの理由づけをしてみようと思う。それぞれの研究から、**幸福感がウェルビーイングに対して実に著しい長期的影響を及ぼす**ことが示されている。

最初の研究は、ミルズ・カレッジという、カリフォルニア州オークランドの私立女子大学の卒業アルバムの写真に注目したものだ。カリフォルニア大学バークレー校の心理学者リー・アン・ハーカーとダーカー・ケルトナーは、一九五八年と六〇年の卒業アルバムから一一四枚の写真を分析した。写真では、三人を除く若い女性全員が微笑んでいたが、彼女たちの笑顔は実に多様なものであった。幸せを純粋に顔全体で表現した、目の周りの筋肉が収縮する（いわばシワが寄る）度合いを指標とする「デュシェンヌスマイル」と呼ばれる笑顔があるが、卒業アルバムに写る笑顔の「デュシェンヌスマイル」度の平均評定は、10段階評価で3・8であった。

研究者がこのような特定の写真を選んだのは、卒業アルバムの女性たちが、人生での重要な出来事に関する長期的研究への参加者でもあったからだ。具体的に言うと、卒業写真を撮った十数年後に、女性たちが結婚したのかどうか、また彼女たちが結婚生活に満足しているのかどうか、研究者は知っていたのだ。そして、彼女たちの卒業写真におけるデュシェンヌスマイル度は、これら両方の結果を予言していたことが分かった。卒業写真の中で、また人生の他の場面でもポジティブ感情（幸福感）を表したと思われる若い女性たちは、中年の女性になっても順調な結婚生活を送っていたのである。

疑い深い人は、こうした結果が、身体的魅力のようないくつかの交絡要因による影響を反映しているのではないかとの疑問を持つかもしれない。身体的な美しさというのは、世間一般ではそれほど幸せになるための手段とはならないという事実は別にしても、この特定の実例では美しさは結果に影響しなかった。ハーカーとケルトナーは、写真がいかに魅力的だったかを評価したが、魅力度の評価はデュシェンヌ度の評価とはあまり関係がなく、誰が満足な結婚生活を送っているのかを予測する要因とはならなかった。

さて、あなたは写真から何を見抜くことができるだろうか？　写真に表れている幸福感に注目すれば、誰がよい人生を送るのかを見分けることができるだろう。

第二の研究は、アメリカの教育修道会であるノートルダム教育修道女会の修道女たちによって書かれた自伝的作文から、感情面に関する内容を分析したものだ。一九三〇年のことだが、シスターたちは、自分たちの幼少期や、通った学校や、宗教的な経験や、シスターになる誓いを立てた理由について、ほんの数百語の長さの短い自伝的作文を書くようにと女子修道院長から依頼された。

修道女たちの手による短い自叙伝は、それらが書かれたときに間違いなく読まれたのだろうが、それから何十年もの間ファイルにしまっておかれた。その間、修道会は科学界を助けようとする姿勢を明確に打ち出し、特に、アルツハイマー病の謎の解明に向けて研究者に力を貸した。修道女たちは、自分の生活や、記録文書や、（文字通り）自分の脳を研究者に公開したのだが、彼女たちの厚意によって非常に多くを学ぶことができたのだった。カトリックの修道女たちは、収入、食事、教育、健康管理のための環境、習慣など、生活上の大部分が一定であるため、医学と心理科学の観点からするとよい研究対象となる。

ケンタッキー大学のデイビッド・スノードンらは、一九一七年以前に生まれた一八〇人の修道女たちの作文を読んで、それぞれの作文の中にポジティブ感情とネガティブ感情とを表す言葉を含む文章の数を単純に数え上げる方法で、感情的内容についての得点を記録した。ここに例を挙げてみよう。修道女例1は概して叙述的で、その感情表現はニュートラルであるのに対して、例2は幸福感で溢れている。

修道女例1……私は一九〇九年九月二六日に、女五人と男二人の七人兄弟の一番目の子として生まれました……私が見習い期間にあった年は、修道女会本部修道院で化学を教えながらすごして、二年目はノートルダム大学でラテン語を教えました。神のご加護のもとに、私は修道会と、キリスト教の伝道と、私自身の清めのために最善を尽くしていくつもりです。

修道女例2……神の計り知れない恩寵によって私の生活は順調に始まりました……私が修道女見習いとしてノートルダム大学で学びながらすごしたこの一年はとても幸せな時間でした。今、私は聖母マリアさまの聖なる衣を授かり、愛する神と結ばれて人生を送ることを切なる喜びとともに待ち望んでいます。

一九九〇年代までに、研究参加者であった修道女たちのおよそ四〇パーセントが亡くなったのだが、研究者は、六〇年前に書かれた作文にあった感情的内容が生存率と関係があるかどうかを調査した。**ポジティブ感情の内容**（幸福感）**は長寿に著しく関係していたのに、ネガティブ感情の内容の方は無関係だった。**幸福感が比較的多かった修道女（作文を書いた人で上位二五パーセントの人）は、幸福感が比較的少なかった修道女（下位二五パーセントの人）より**平均して一〇年長く生きた。**

さて、あなたは人の自己紹介書から何を見極めることができるだろうか？　あなたがそこで表現されている幸福感に注目すれば、誰が長生きするかを見分けることができるというわけだ。

＊幸せの意味

幸せは重要なものだが、「幸せ」とははたしてどういう意味なのだろうか？　たとえばチョコレートや愛撫によって感覚をくすぐるなど、「束の間の快感」を「幸福感」と同一視するような無頓着な傾向もある。「快感」は確かに幸福感の一部ではあるが、哲学者が何千年にもわたって幸せの意味について慎重に吟味してきた結果、多くは一過性の気持ちを越える、見事に広義な概念である、と結論づけられた。哲学者はたいてい、幸せになるためにしたがうべき優れた原則を提案している。

快感を最大限にして苦痛を最小限にするという**快楽主義**の原則は、アリストッポスによって何千年も前に明瞭化されたものだが、彼は即座に得られる感覚の満足感について支持した。快楽主義は「快楽心理学」という新しい分野の名の下に今日も健在である。少なくとも近代西欧世界では、快楽の追求は満足感を得る方法として広く支持されている。

快楽主義と対照的な位置にもう一つの由緒ある学派があるが、それはアリストテレスの**エウダイモニア**の概念――内なる自己（ダイモン）に忠実であること――にまで遡ることができる。この見解によれば、**真の幸せとは、自分の美徳を見つけ、それを育み、その美徳にしたがって生きること**で生み出される。アリストテレスは、快楽主義者によって官能的な快感が俗悪なものとして喧伝されていると考えた。似たような見解はジョン・スチュアート・ミルとバートランド・ラッセルによって発展し、さらに近代心理学における概念、たとえばロジャーズの「十分に機能している人間」についての理念や、マズローの「自己実現」の概念、リフとシンガーの「心理学的ウェルビーイング」の展望、ディシとライアンの「自己決定理論」によって補強された。

こうしたエウダイモニア的な主張をまとめてみると、人は自分における最高のものを開拓すべきであり、その上で、特に他人もしくは大きく人類の福祉を含むより大きな善に奉仕するために、自分のスキルや才能を使うべきだという前提に等しいものとなる。くり返すが、現代の世界で意味のある人生を追求することは、満足感を得る方法として広く支持されているのだ。

最近の私たち独自のいくつかの研究では、人生の満足度を予測するものとして、**エウダイモニアが快感に勝る**ものであることが示されている。研究では、さまざまな標本（調査対象）と方法論を使ったところ、エウダイモニア的な目標や活動を追求する人は、快感を追求する人よりも満足度が高いことを発見した。

これは何も、快楽主義が人生の満足度と関係がない、などと言っているわけではない。ただ、長期的に幸福感を持続していくことに関して、快楽主義はエウダイモニアに比べてあまり役に立たない、と言っているだけなのだ。だが、必ずしもそのいずれかを選ばなければならないというわけでもない。実際、私は、充実した人生とは、その両方の要因によって特徴づけられるものだと思っているし、人生の満足度に関しては、これら二つの方向性が相乗作用ともなり得ると思っている。快楽主義的でもエウダイモニア的でもなく目標や活動を追求する人は、自分の人生を著しく不満に思っている人だ。要するに、人が満足を得るためには、少なくとも一つの幸せを追求する道が必要となる。

快楽主義とエウダイモニアは、あるいは幸せに至る道を完全に網羅するものではないのかもしれない。**エンゲージメント（フローを生み出す活動に従事すること）の追求**という、さらに別の方向性について考えてみよう。チクセントミハイのフローに関する言説、つまり、高度に集中する活動に伴う心理的状態について思い出してみてほしい。快楽主義においてはポジティブ感情の経験が中心となるのだが、フローは快楽主義とは異なる。少なくともある時点では、フローと快感とは相容れないものでありさえするかもしれない。エウダイモニア的な人生の追求は、ときにはある人々（ホスピスや給食施設でボランティアをしている人々など）にとってはフローを生み出せるものかもしれない。だが、人をもっと大きな善に結びつけるという意味では、必ずしもフローを生み出すすべての活動が意義深いというわけではない。また、すべての意義深い活動が、フローを特徴づける「完全な没頭状態」を伴うわけでもない。

学者が何を解明したとしても、幸せとその追求は依然として複雑なままだろう。人は幸せそれ自体について研究することはできない。幸せを特定の方法で定義し、それにしたがって測定した幸せ個々の現れ方について研究できるだけである。

＊幸せに関する説明と測定

この人はあの人より幸せである、またはこのグループはあのグループより幸せであると見分けるにはどうしたらよいだろうか？　幸せを測定する方法について考える際に、幸せを説明するアプローチに関するセリグマンらによる議論から得られた次の区別が役に立つだろう。彼らは、幸せに関する三つの伝統的な理論を区別したのだが、それぞれに独自の評価的意味がある。

■幸せについての伝統的理論

最初のものは、すでに述べた**快楽主義**だ。これは、幸せというものが、自らの意識的経験の中心において生の感情を伴うと考える理論だ。幸せな人生とは、よい気持ち（快感）が最大限に引き出され、嫌な気持ち（苦痛）が最小限に抑えられるものだ。

この見方に基づくと、幸せとは、こうしたあらゆる具体的な気持ちの一生涯にわたる総計といえるわけなのだが、カーネマンは幸せについて「ボトムアップ・アプローチ」と称して説明した。この問題については確かに微妙な解釈が必要とされている。一人の人間の一生において、快感と苦痛とが生じるパターンは確かに重要なものだ。

幸せに関する第二の理論は**欲望説**だ。これは、快感を伴うものであろうとなかろうと、幸せとは自分が望むものを得ることだと考える理論だ。くり返すが、この見解にしたがって幸せを確かめる最もよい方法は人に尋ねることだ。人が望むものというのは、その人自身の定義に委ねられるからだ。

自分が欲するものが、他人には浅薄なものとか、つまらないものとの印象を与えると仮定してみよう。その結果、幸せについて説明するための第三のアプローチが出現したのだが、それが**客観的リスト説**として知られるものだ。この見解によると、真に価値あるものがこの世界には本当にあり、病気からの解放や、物質的な快適さ、職業、友情、子供、教育、知識など、幸せとはこのようなもののうちのいくつかを成し遂げることだとされている。乱交や、麻薬によるハイ状態や、気軽に他人をカモにするなどの安っぽいスリルで絶え間なく快感を求め、自分が望むものならいくらでも手に入れるという凶悪犯やならず者を考えてみるとよい。たとえ彼らが、快楽主義や欲望説によって説明される基準を完全に満たしていようとも、ほとんどの人はこんな連中が**本当に**幸せであるとはとうてい言いたくないだろう。

数年前、ミシガン大学でアメリカンフットボールのスター選手だった私の学生が、私のクラスの期末試験をすっぽかした場合にはどうなるだろうかと尋ねてきた。私は彼の成績をチェックしてみたのだが、彼が試験を受けて最低限よい成績を収めれば、そのクラスは及第点となり、単位を得て、そして学位を取得して、彼の母親を大変喜ばせることができるだろうことが分かった。もし彼が試験を受けなければ、彼はそのクラスで及第点を取ることはできないだろうと。

なぜ彼は試験が受けられないとさえ考えたのだろうか？　彼はナショナルフットボールリーグ（NFL）の入団テストが大学の試験日とかち合ってしまうという事情を抱えていたのだった。彼がNFLの入団テストを受け、そこで最大限の力を発揮すれば、彼のドラフトでのポジションは昇格して、今後数年間の彼の給料に文字通り一〇〇万ドルの差が生じるのだった。そうなれば彼の母親をも喜ばせることができるだろう。

さて、このような場合の**「客観的によいこと」**とはいったい何だろうか？　大学で学位を取得することか、それとも財政面で自分の家族と自分自身の人生のスタートを切ることか？

彼が最大限できたことは、二つのうち一つのポイントを挙げることであった。要するに、客観的リスト説というのは、幸せに関する説明としては絶対的に確実なものではないということであり、自分の気持ちや望みに関する全体的評価に立ち返るよう求めるものでもある。

この学生の話は、客観的リスト説に対する説得力ある反論となるには、通常とあまりにかけ離れた話であるかもしれない。どの角度から見ても、標準的な人にとっては、客観的な財はここ数十年にわたって増加し続けてきた。識字率は高くなり、寿命は延び、情報はより身近に利用できるようになり、安全性や快適さを提供する物質的財はずっと豊かになった。だが、**自己報告による幸福度は、客観的な財が増加し続けるペースに伴って増加することはなかった。**調査研究によると、今日のアメリカの人々は、四〇年前または五〇年前の人々に比べても、当時と同じくらいの幸福度にとどまっている。

おそらく、そこに矛盾はないのだろう――幸福感について報告するとき、人々は絶対的でなく、単に相対的な判断を下しているのであって、「もっと幸せになろう」とする、絶え間なく増大する欲望など予期すべきではない、ということなのだ。理由は十分に明らかにされてはいないのだが、この半世紀にわたって、深刻なうつ病が、アメリカならびに他の先進工業国でも同様に劇的に増加した。客観的な財が少なかったのみならず、世界大恐慌と第二次世界大戦という困難を生き抜いた両親や祖父母に比べて、今日の若者においては人生のある時点で本格的な抑うつの症状が発現する可能性が一〇倍は高いかもしれない、ということになる。

客観的リスト説では、幸せについて人々が語ることが、彼らの客観的な財と食い違う場合には、それを無視することが求められている。大切なのは、人々が何を持っているかなのだが、これはうつ病の流行を目の前にしては意味を成さないことだ。

最善の理論というのは、幸せに関するさまざまな説明を何らかの形で組み合わせたものかもしれない。幸せに関する最善の評価は、一連の指標に依存したものだと言ってもよいだろう。個人によって完成される評価もあれば、情報に通じた客観的な観測者によって完成される評価もある。そうした一連の指標は現時点では存在していないが、ポジティブ心理学はそのような指標を作るために動いており、全世界の国々の心理学的ウェルビーイングを測定するためにそれらを利用するよう奨励している。

幸福感とは**個人的な経験であり、本当に個人特有のもの**だ。人がどのような生き方を追求して幸せを感じているかを見て、風変わりだと思うこともあるかもしれないが、幸せというのは結局のところ、その人自身の問題であると認めざるを得ないわけだし、自分は彼らが幸せではないといえるような人間でもないはずだ。逆に彼らが、こちらの幸せに対する考え方を否定しようものなら異議を唱えることだろう。

クオリティ・オブ・ライフ（ＱＯＬ）とは、よい人生に影響を与える感情や経験、評価、期待、達成のすべてを含む包括的な名称である。**主観的ウェルビーイング**とはより具体的な概念であり、通常、ポジティブ感情の比較的高いレベルのもの、ネガティブ感情の比較的低いレベルのもの、そして自分の人生がよい人生であるという全体的な判断と定義される。この後者の評価については**人生の満足度**とよく同一視される。もっと一般に普及している説明では、**幸福感**がこの概念の仲間で、日常的に使われている同義語として紹介されている。

人々は全体的な人生の満足度について、今この瞬間に自分がどのように**感じているか**に基づいて判断をする。たとえば、調査で若者たちにデートの頻度について尋ねた直後に、全体的な人生の満足度について質問したとすれば、その相関は大変高いものとなる。頻繁にデートしていると答えた人は、自分が概してよい人生を送っていると報告する。逆に、あまりデートしていないことをたった今思い出した人についても然りだ。これらの質問が単純に逆さまになって、自分のデートの頻度をそれほど最近の出来事として思い出すのでなければ、人生の満足度との相関はもっと小さいものとなる。

■幸福感に関する自己報告の指標

心理学における幸福感またはウェルビーイングに対する関心は、ほぼ一〇〇年前に遡る。幸福感に関するいくつかの調査項目は、一般に人生に対する判断を求めるものだ。だが、その他の項目は「領域限定（特化）型の指標」と呼ばれており、生活上の所定の場（仕事、健康、家族、余暇の活動など）における自分の幸福感について記述するよう人々に求めるもので、多くの一般的かつ具体的な指標が並ぶ。生活面で一つの領域に満足している人は、他の領域でも満足しており、一般に人生全体にも満足しているが、これらの一致は完全な重複を示すほど高い程度のものではない。そのため、さまざまな生活の場における満足度が、全体的な人生の満足度にそれぞれどのように寄与しているかについて、調査対象者に尋ねることが可能となる。

アメリカでは、全体的な人生の満足度に関する最もよい予測因子となっているのは、**自分が「最も満足している」領域についていかに判断するか**という点である。人は、自分の仕事のことで、結婚生活のことで、または身体の健康のことで不幸せに思っているかもしれない。だが自分の子供が素晴らしければ、それで全体的な人生は素晴らしいものとなるのだ。

日本では異なるパターンが発見されている。全体的な人生の満足度は、**自分が「最も満足していない」領域によって最もよく予測される**のだ。つまり、仕事、結婚生活、健康のすべてが順調だとしても、子供がダメであれば、全体的な人生もダメなものになってしまうのだ。

これらは広義の一般化であって、もちろん例外はあるし、皆一人ひとりが自分の人生の満足度に関する独自の計算法を持っていることだろう。自分の部分的なものの総計をもって人生の満足度とする人もいるかもしれない。あるいは総計よりも少ないもの（日本のパターン）か、総計よりも多いもの（アメリカのパターン）をもって人生の満足度とする人もいるかもしれない。

今日の研究者は、一般的なウェルビーイングや、人生の満足度や、幸福感について、さまざまな指標を用いている。特に人気の指標は「人生の満足度測定尺度」だ。これは七段階尺度で、1（＝まったく同意しない）から7（＝強く同意する）までで、次の五項目を含む。回答は計5点から35点までの範囲となる。

・自分の人生はだいたい理想に近い。（　点）
・自分の人生は素晴らしい状態だ。（　点）
・自分の人生に満足している。（　点）
・今までのところ、自分の人生に望む大切なものは手に入れた。（　点）
・人生をやり直せるとしても、自分はほぼ同じ人生を選ぶだろう。（　点）

あなたがこれらの質問に答え、その後で回答を合計したところで、この指標の作成者たちが示す大まかな解釈は次の通りだ。31点－35点＝とても満足している、26点－30点＝満足している、21点－25点＝やや満足している、20点＝どちらでもない、15点－19点＝やや不満である、10点－14点＝不満である、5点－9点＝非常に不満である。

子供と青年たちに適したウェルビーイングの指標があるのだが、とても小さな子供に適し

たものもあり、自分がどのように感じているかを表す顔を指差すよう求められる（上図参照）。

＊誰が幸せなのか？

おそらく、幸せに関する研究で、最も特筆すべき一貫性のある発見は、**大多数の人が予想以上に幸せである**ということだ。幸せに関する調査は数多くの国で実施されてきたが、調査結果はだいたい違いを強調する形で示される。違いは興味深いものだが、アメリカの億万長者だからとか、インド・コルカタの路上生活者だからといって、そうした違いが大半の人にとっての本質的な幸せを曖昧にするようなことがあってはならない。

ウェルビーイングの研究者が研究対象として扱った人々は広範囲に分布しているため、どんな人が幸せで、またどんな人があまり幸せでないかについて、相当の知識が蓄積されていることになる。さまざまな指標を用いた、さまざまな研究の全体を通して、見解の一致が明らかになってきたのだが、私はこれらの発見を基に、問題になっている因子とウェルビーイング指標との相関の強さについて整理してみた。「弱い」「中程度の」「強い」相関という観点から整理した表4・1を見てもらいたい。まず、年齢、性別、民族性、教育、収入といった人口統計学上のあらゆる要因は、幸せと関連があるものの、それは低いレベルの関連だ。このような調査結果から、**どのような人でも幸せになることが可能だ**と結論づけられる。

第二に、幸せに関する決定因子の中でさらに頑健《ロバスト》なものは、たくさんの友人、結婚、外向性、感謝などの**社会的または対人的因子**である。その他のさらに頑健な関連要因としては、宗教性、余暇の活動、雇用（収入自体ではなく）などが含まれるが、これは他人と交流するときによく影響を及ぼす因子だ。

他者は大切な存在だ。だから、幸せな隠者などいないのかもしれない。この結論を支持する研究として、ディーナーとセリグマンは幸せな人を大変幸せな人と比較した。調査対象者の中で、大変幸せな人については、**全員が**他人と親しい関係を持っていた。どうやら**良好な社会的関係が究極の幸せのための必要条件**のようである。

第三に、楽観性、外向性、誠実さ、自尊感情、内的な統制の所在（自分に起きる出来事を自分で統制できると信じていること）といったいくつかのパーソナリティ特性は、神経症的傾向とは弱い相関があるが、自ら認めた幸福感との間には中程度から強い相関がある。**幸せな人は、他のポジティブな特徴が自分自身に起因していると考えるが、不幸せな人はそうは考えない。**このような結果は、幸せが、その人自身と、その人のものの見方による賜物である可能性を

表 4.1.　幸福感および人生の満足度に関する正の相関

0〜弱い	中程度	強い
年齢	友人の数	感謝
性別	結婚の有無	楽観性
学歴	宗教性	雇用の有無
社会的地位	余暇の活動レベル	セックスの頻度
収入	身体的健康	ポジティブ感情を経験する時間の割合
子供の有無	誠実さ	幸福感尺度の再検査信頼性
人種（多数派対マイノリティー）	外向性	一卵性双生児の幸福感
知能	神経症的傾向（負の相関）	自尊感情
身体的魅力	内的な統制の所在	

示しているのだと私は思う。

　幸せな人に関するいくつかのさらなる必要条件は、表4・1に要約された相関にしたがって整理されている。表に示された因子の多くは、それ自体で相互につながっている。つまり、たとえば宗教性（教会の出席率によって測定されたとする）とウェルビーイングとの相関関係について理解する場合、身体的健康も研究結果に影響する可能性があることを想起する必要がある、ということだ。重病の人は、やはり教会に出席することが困難であるかもしれないからだ。経済的階級の低い人は、教育の機会をはじめ、保健医療利用の機会や、余暇を楽しむ機会なども少ないことが指摘される。

　このような相関のいくつかは、線形（厳密には直線）の相関として表されるときには小さいものであるが、より詳しく見てみるとより頑健なものとなる。収入と幸せとの相関を考えてみるとよい。全体としては弱い関連であるものの、収入の下端のみに注目するとより一層強く関連しているのだ。そこでの相関はより強いものであるが、これはもちろんつじつまが合っている。**人は幸せになるのに基本的な欲求を満たさなければならない。それ以上のところでは収入はさほど大きな問題とはならない**のだ。

＊それはどういう意味？　幸せに関する研究結果

表４・１における最も重要な必要条件とは、それが相関関係を示しているということなのだが、**相関関係は因果関係を意味するものではない**。ディーナーらは、幸せな人が人生の数多くの領域で後々成功を収めると結論づけたが、それは次のような領域を含む。

結婚／友情／雇用／収入／職務遂行能力《ワークパフォーマンス》／精神衛生《メンタルヘルス》／心理的健康

あえて言えば、**幸せとはよい人生を送るための単なる指標でなくて、その原因の一つでもあるかもしれない**、ということだ。

ところで、ここでちょうど正反対のことを示すある研究についてコメントしたい。私の研究仲間であるローレン・アロイとリン・アブラムソンは、ペンシルベニア大学の大学院生だったときに、**抑うつリアリズム**として知られるようになった現象について調査するために、実験室で一連の実験を行った。彼女たちは、実験参加者として大学生を募集したのだが、その中には軽度の抑うつの人とそうでない人がいた。そして、大学生たちに単純な仕事を与えた。各参加者の前にはスイッチがあり、緑の光が点いたり消えたりするようになっていた。参加者は、スイッチを押すことと光が点灯することとの関係を判別するよう求められた。ある実験条件下では、スイッチを押すことに関係なく光が点灯したことから、実は双方には関係がなかったのだが、これは参加者には伝えられなかった。

面白いことに、普通の学生に比べて抑うつ気味の学生の方が、そこに何の関係もないということをより正確に理解したことが判明した。言い換えれば、抑うつ気味の実験参加者の方が、「自分がやったことは何も影響を与えなかった」と正しく述べる傾向にあったということだ。対照的に、普通の実験参加者は、複雑ではあるが間違った仮説を推し進めた――「私がスイッチを二回押したときには光は点灯した……最初は二秒間で、それから五秒間」という具合に。

これらの結果は大きな注目を集めた。抑うつ状態にある人は理性的ではなく、現実から乖離しているとした理論と相容れなかったからだ。アロイとアブラムソンは自分たちの研究を

「悲しい方が賢いのか？」という副題の論文にまとめた。彼女たちの研究結果は広く報告され、実際に彼女たちの実験手順の詳細は考慮されることなく、広く一般的に認められることとなった。

今日の文脈では、こうした一般化からすると、幸せな人はバカであり、現実の世界についてちゃんと認識したいのであれば幸せな人が言うことなど信用すべきではない、という結論につながってしまう。このような結論は、私がこれまで述べてきたような、幸せにはあらゆる面で利点があることを示す結果とは相容れないものだ。

さて、この問題をどのように解決したらよいだろうか？　抑うつ状態にある人は、自分が無力である可能性を簡単に受け入れやすい、という結果がデータに近いものだ。だがこれは、抑うつの人が、自分が無力だったからこそ偶然にも正解であったと分かるような状況であれば、当然ながら抑うつの人の方が普通の人よりも正確である可能性が高い、というだけのことなのだ。

これは依然として物議を醸す調査結果であるものの、その必要条件を見落とすようなことがあってはならないだろう。止まった時計でさえ、一日に二回は正確な時間を伝えるのだ。ふとそのような瞬間にだけ時計を見るのであれば、いつも二、三秒遅れているか早く進んでいるかしている時計よりも、停止した時計の方が役に立つという結論に至ってしまうかもしれない。

要するに、悲しみが、現実に対するより現実的な認識と関連しているという実証は制約されたものであり、これは幸せが、さまざまな人生の場面で大変望ましい成果と多く関係しているという結論と相反するものではない、ということだ。

＊幸せを促進する

幸せには多くの望ましい影響があるとして、幸せを長続きする方向で促進することはできるだろうか？　悲観主義がまん延しており、また「快楽（満足）の踏み車」が心理学的介入に制限を設けるのだと学者はよく指摘する。あるいは学者は「幸せの遺伝性」について指摘して、幸福感に関して遺伝的に決定された**セットポイント**（それ以上向上することができない値）があると主張する。たとえばリッケンとテレゲンは、幸せに関する双子の研究を行って、十分な遺伝可能性の証拠を見つけた。彼らはその研究結果を提示する際に、幸せを促進する問題に触れて、「もっと幸せになろうとすることは、身長をもっと高くしようとするのと同じくらい無駄なことだ」という厳しい結論を示した。

リュボミルスキーらは、幸せを決定する因子について考えるために、経験則による次の方程式を提示した。

幸せ=セットポイント+生活環境+意志に基づく活動

私はセットポイントの概念についてはすでに述べたが、これはつまり（真剣に受け取るならばの話だが）特定の個人に関する定数のことだ。表4・1では、幸せに関連する多くの生活環境を挙げている。意志に基づく活動はこの方程式の面白い部分だ。**幸せは単なる意志の産物ではなく、意志は幸せの構成要素**なのだ。ただし、少なくとも意志が幸福感を減じるのではなく、増すような結果となるように人の行動を導く限りにおいてそうなのだ。

これは第2章で扱ったエクササイズ「Have a Good Day《どうぞよい一日を》」の背後にある前提だが、よい一日（幸せな一日）となるための状況や環境を特定することが肝要だ。そして、意図的にそのような状況をもっと作り出すようにするのだ。少なくとも表4・1における要因のいくつかは、自分で追求することを選択できる事柄である。

つまり、私たちはもっと多くの友人を作ることができ、その友人たちともっと多くの時間をすごすことができる。自分が没頭できる余暇の活動や、自分が最も得意とする仕事を見つけることができる。自分がそうしたいと思うのならば宗教を受け入れることができる。自分の健康と体力を向上させることができる。もっと多くの快感を経験することができる。不安障害や抑うつ症状を解消するのを助けてくれる心理療法士に会いに行くことができる。もっと楽観的になることができる。

幸せを促進するための科学的な取り組みは比較的少ないものの、ときおり、研究者がそのような試みを始めるときにはむしろうまくいくようだ。幸せに関する介入の成功は、評判になることはほとんどないのに、幸せに関する遺伝可能性の研究はメディアの大きな関心を引く。

幸せを促進することに私たち研究者が最初に関心を持つきっかけになったのは、ポジティブ心理学のクラスを講じた経験と、ポジティブ心理学のエクササイズが学生たちの満足感と充実感を増進するのに明らかに力強い影響を及ぼすという幸運な発見であった。こうした影響は興味深い限りだったのだが、それは示唆的でありながらも決定的なものではなかった。そこで私たち研究者は、より厳密な調査に取りかかった。

まず、ブッダからトニー・ロビンズに至るまでの、幸せを増進すると言われて何世紀にもわたって示されてきた介入について集めてみた。それから可能な部分で、それらの介入について、再現できて教えることのできる形に抜き出してみた。さて、どれが本当に効果のある介入で、またどれが（本来の有用性ではなくて）効果に対する実験参加者の期待感を利用しただけのプラセボ介入だったのだろうか？

私たち研究者は、最初の実験において、次の五つのエクササイズに注目した。

・感謝の訪問（感謝の手紙を書いて、自分で届ける）
・三つのよいこと（一週間にわたって毎日、その日その日でうまくいった三つのことを書きとめて、

その理由を説明する）

・最高の自分（自分の最高の状態が引き出された出来事について物語を書く。一週間にわたって、毎日、この物語を読み返す）

・とっておきの強みを特定する（ペンシルベニア大学ポジティブ心理学センター www.authentichappiness.org またはＶＩＡインスティチュート www.viacharacter.org のウェブサイトにてＶＩＡ－ＩＳをオンライン測定し、自分の最高得点を記録する。測定結果から得られた強みを次の週にもっと活用してみる）

・とっておきの強みを目新しい方法で活用する（同サイトにてＶＩＡ－ＩＳをオンライン測定し、自分の最高得点を記録する。測定結果から得られた強みを次の週に**目新しい方法**で活用してみる）

実験参加者は、六つの条件（五つのエクササイズとプラセボ統制エクササイズ）のうちの一つをランダムに割り付けられた。私たち研究者が使ったこのランダム割付によるプラセボ統制デザインは、薬物療法や心理療法の効果に関する問いに答える際の王道と考えられている。今回の場合には幸福感を高めることについて、いくつかの明確な答えを得るに至った。

・予備実験と比較して、プラセボ統制エクササイズは幸福感を増幅させた（抑うつ気分を減少させた）。だが、その効果は、エクササイズが終わった直後の極端に短い時間にだけ見られた。

・幸福感に関する最大の全体的な効果は「感謝の訪問」エクササイズに見られた。だが、この効果は一ヶ月後にはほとんど消えてしまった（これは驚くような結果ではない）。

・六ヶ月のフォローアップで明らかとなっている、幸福感が長続きする効果については、「三つのよいこと」と「とっておきの強みを目新しい方法で活用する」の両エクササイズで認められた。

・これらのエクササイズの持続的効果は、特に最初の一週間を越えてエクササイズを続けた人々によって報告された。

・これらの効果の強度は、統計学的に言うと「中程度の」ものであり、少なくとも心理的問題を軽減するための心理療法や薬物療法の効果と同じ程度に頑健なものである。

私はここで、**継続してエクササイズを活用することが継続した成功につながる**という研究結果を強調したいと思う。これは、ダイエットによる体重減少の大切な教訓をくり返すものだ。つまり、ダイエットの本当の課題は体重を落とすことではなく（体重などどんなダイエットでも落とすことはできる）、落とした体重を維持することなのだ。もともとが異常なダイエットであればあるほど、その後の人生でその効果を維持することがもっと難しくなる。もっと幸せになるために何かをやることもこれと同じことだ。長続きするような効果を得るためには、エクササイズを活用できるよう自分の生活に組み込まなければならない。自分が恵まれている事柄を数え上げたり、新たな方法で自分のとっておきの強みを使ったりすることにはそんな特質があるようだ。リュボミルスキーらによる幸せの方程式に話を戻すと、研究結果が示すところから、意志に基づく活動とは継続的な意志的活動であると拡大解釈されるべきで、自分の生活環境に見合う程度でそのような活動が可能となる。

たとえ六ヶ月間という時間が「それからはずっと幸せに暮らしましたとさ」となるにはほど遠いものだとしても、長続きする幸せがおとぎ話以外でも実現できるかもしれないことが、私たちの研究結果から示されているのだ。

エクササイズ4――あなたの「幸せデータ」は何だろう？

幸せに至る道としては、快感の追求、エンゲージメント（フローを生み出す活動に従事すること）の追求、意味の追求、勝利の追求という四つの可能性がある。これら四つの可能性について測定するための質問は次の通りである。

【指示文】

設問はすべて、多くの人にとって望ましいと思われる文章になっていますが、あなたの実際の生き方を表しているかどうかについてのみ回答してください。正直に、正確に回答してください。

1. 自分の人生にはもっと高い目標がある。
・とてもよく当てはまる　・よく当てはまる　・やや当てはまる　・少しだけ当てはまる　・まったく当てはまらない（以下同様に、この五項目から選択してください）
2. 人生は短いので、楽しみを先延ばしにすることなどできない。
3. 自分のスキルや能力が試されるような状況を探し求める。
4. 自分がきちんと生きているかいつも確認している。
5. 仕事でも遊びでも「ゾーンに入る」ことが多く、自分自身を意識しない。
6. 自分がやることにいつもものすごく夢中になる。
7. 自分の周囲で起きていることに気が散ることはめったにない。
8. 自分には世界をよりよい場所にする義務がある。
9. 自分の人生には永続的な意味がある。
10. たとえ何をしていても、自分が勝つことが重要である。
11. 何をすべきか選ぶときには、それが楽しいことかどうかをいつも考慮する。
12. 自分がやることは社会にとって意義のあることだ。

13. 他の人より多くのことを達成したい。
14. 「人生は短い――大いに楽しもう」という言葉に同感する。
15. 自分の感覚を刺激することが大好きだ。
16. 競い合うことが大好きだ。

【採点方法】

「とてもよく当てはまる」を回答した場合には5点、「よく当てはまる」の場合には4点と続き、「まったく当てはまらない」の場合には1点とする。快感の追求、エンゲージメントの追求、意味の追求、勝利の追求に対するあなたの志向性は、それぞれ「快感の追求」が設問2、11、14、15、「エンゲージメントの追求」が設問3、5、6、7、「意味の追求」が設問1、8、9、12、「勝利の追求」が設問4、10、13、16における合計点によって示される。

【解釈】

四つのうち最も高い得点となったものが、あなたの主な志向性を示したものだ（図4・1を参照）。また、あなたの得点構成はどのようになっているだろうか？　四つすべての志向性において高得点（15点を超える）である場合、あなたは充実した人生を志向しており、人生の満足度は非常に高い傾向にある。

四つすべての志向性において低い得点（9点未満）である場合、あなたは空しい人生を送っている可能性が高く、人生の満足度は低い傾向にある。あなたはこの先の人生で、何か違うことをやってみようと考えるかもしれない——何でも！　あなたが一つ、または二つの志向性で高得点であれば、人生に満足している可能性があるが、あなた独自のやり方で幸せになれるような、さらなる機会を探す可能性もある。

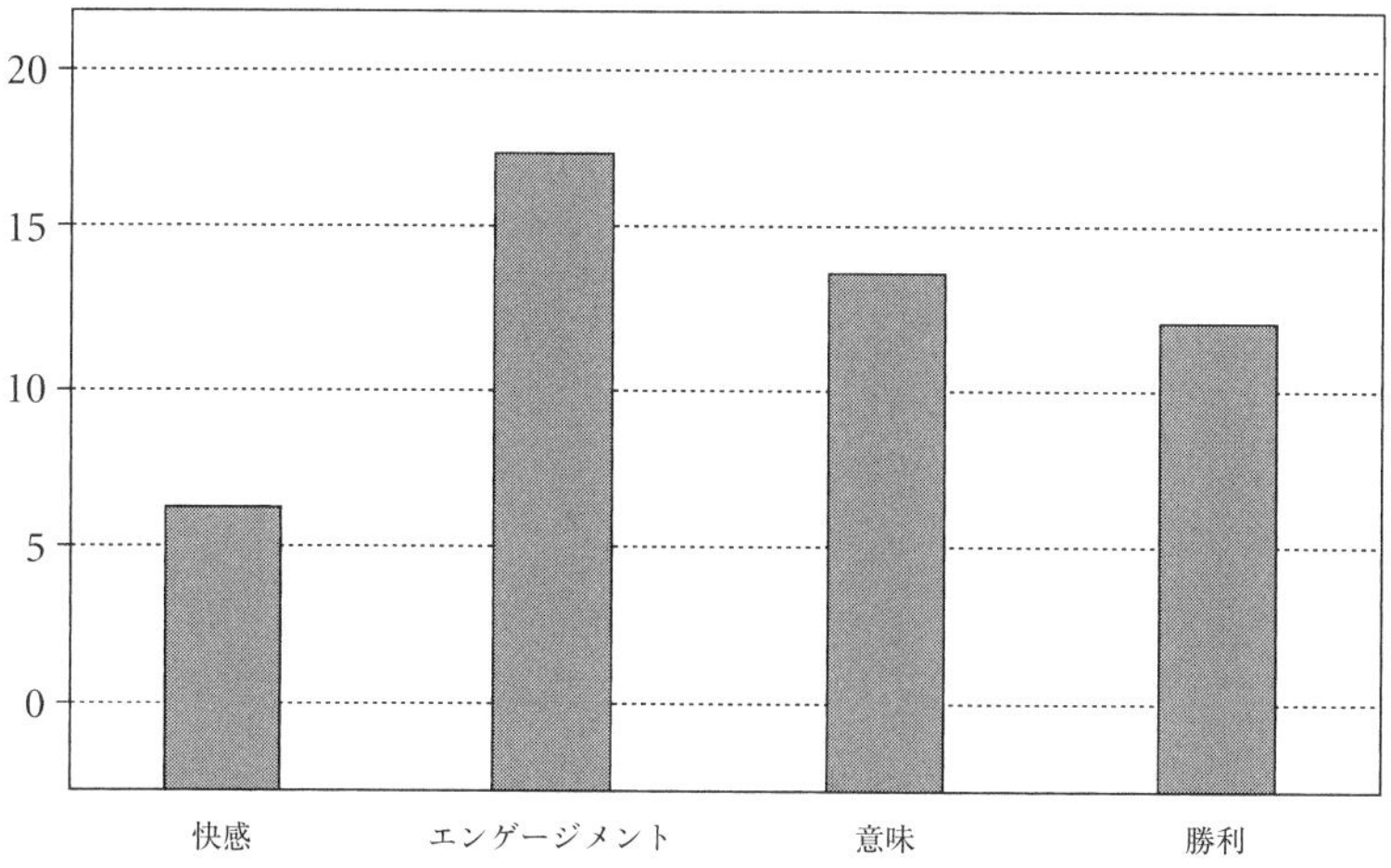

図 4.1.　私の幸せデータ

それぞれの幸せへの志向性は原則的に最低点の 4 点（「全く当てはまらない」）から最高点の 20 点（「とてもよく当てはまる」）までの範囲で見受けられる。このグラフから分かるように、私の場合には意味および勝利への志向が高い得点を示しており、エンゲージメントへの志向では特に高い得点を示しているが、快感への志向は非常に低い得点となっている。

第5章 ポジティブ思考

困難なことはすぐに成し遂げられるが、不可能なことは少しばかり時間がかかる。
——アメリカ海兵隊の非公式標語

感じ方から考え方について吟味することへと移ってみよう。希望と楽観というテーマは、初期の頃からポジティブ心理学者にとって関心の的であり、この新分野の基を築く助けとなった。長年にわたり、心理学者としての私の仕事は、ポジティブな（およびネガティブな）考え方が及ぼす影響に注目することだった。私が行った研究のうち、二つの研究について説明してみたい。

最初の研究は一九八〇年代の半ばに始まった。私は幸いなことに、人生の早い段階における考え方の様式が、その後の人生における身体的健康とどのように関係するかについて、精神科医のジョージ・バイヤンの研究アーカイブを使って調査することができた。こうしたことについて調べたければ、ハーバード大学の研究アーカイブは最高の研究資料であった。

ハーバード大学の研究者たちは、一流大学であるハーバード大学に通う若者たちの中から、最も優秀で有能な学生たちを指名するため同大学の学生部長に問い合わせた。その結果、約三パーセントの学生が選び出され、彼らには広範囲に及ぶ一連の心理テストと身体テストが課せられた。彼らは自分たちの幼少期についてインタビューを受けた。そして、彼らの情報は注意深く記録された。

この男子学生たちは、死亡した者を除いては基本的に減少率ゼロという状態で、その後もずっと追跡調査が行われた。原標本が多様性のあるものではなかったと嘆く研究者がいるかもしれないが（一九三〇年代および四〇年代のハーバード大学には女子学生がおらず、若い男子学生にしてもその大多数はアメリカ北東部出身のＷＡＳＰ——アングロサクソン系白人新教徒——であったため、人口統計学上の多様性はほとんど期待できなかった）、成人してからの何十年かにわたる人生がどのように展開するのかということに関する有望な研究は他にはほとんど存在しなかった。ハーバード大学研究は、その他多くのテーマの中でも、特に対処法《コーピング》、知恵、加齢、精神的健康《メンタルヘルス》、スピリチュアリティに関するユニークな情報源であり続けている。

調査対象者は、そのほぼ全員が第二次世界大戦中に米軍で働いたことのある者だった。大学を修了してから軍に加わった者もいれば、ヨーロッパや太平洋に出兵するために大学での学業を中断した者もいた。いずれにせよ、ほとんどの者は戦争終結時に生きて帰還した。一九四五年には、各自が遭遇した「戦時中の困難な経験」について、自分の言葉で記述するよう求める質問紙に回答した。

私が分析したかったのは、質問紙に記された文章であった。それらはまさに書き手が比較的楽観的か、または楽観的でないかを分析するのに適した類の文書であったからだ。私はランダムに選び出した九九人の青年の文章を読んだ。たいていは数百語程度の長さのもので、一様に誠実であり、しばし雄弁で、挫折や失敗、欲求不満、失望といった悪い事柄に関する記述には注意が払われており、極めて読みやすいものであった。もちろん、全員がそのような事柄について報告したのだが、私は各々の書き手が、悪い事柄の原因についてどのように説明するのかという点に注目した。

学生は、自分に固有の欠陥についてどのように説明したのだろうか？　次のように、慢性的で、広範囲にわたる要因を指摘しながら説明した場合、私はその文章を悲観的な考え方として評価した。

「私は従軍が楽しくなかった。［なぜならば私には］……軍隊に対する生来の嫌悪感があるからだった」

あるいは、悪い事柄について、それらの原因から距離を置き、限定する形で説明した文章もあった。

「私は軍事攻撃中、危険な状態にあった。［なぜならば私には］……一つの場所にとどまる特定の任務が与えられていなかったからだ」

このような説明の場合、私はその文章を楽観的な考え方として評価した。未来が、ネガティブだった過去とは違うものになると信じているのか、または、未来は、ただネガティブなことの容赦なきくり返しであると信じているのかによって、それぞれを楽観と悲観として評価した。

何日もの間、私は部屋の中に一人で座って、これらの文章を読んではコード化していった。調査対象者については他に何も知らなかったが、その情報はバイヤンにとってはもちろん入手可能なものであった。彼は後に、私の評価（私の研究チームによる検証を経たもの）と、文書の書き手の健康状態について、各自の主治医により五年ごとに実施された健康診断に基づく彼の評価とを組み合わせた。

その調査結果は分かりやすいもので、かつ非常に面白いものだった。若いときに**よい**考え方をする者は、三五年後にも**良好な**状態にあることが予測された。**若者が楽観的であればあるほど、数十年後にも良好な健康状態にある傾向が強い**ことが判明した。

私にとってはこの研究が、ポジティブ心理学に関して初めて着手した研究となった。ポジティブなもの（この場合はポジティブな考え方）に注目することで、人生に対する洞察が得られた。より具体的に言えば、楽観的だった（明るく、希望に満ち、快活だった）人は道化だったのではなく、心理学的観点から見た「よい人生」を送る方法について、何か重要なことを理解していたのかもしれないということを私に確信させてくれた。

ポジティブ心理学に関する私の第二の研究への着手は、このような結論を固めてくれるものだった。ペンシルベニア大学のハロルド・ズーローが主導した研究プロジェクトだったのだが、この研究は一九八八年に米大統領選挙が熱気を帯びていたときに実施された。この選挙はジョージ・H・ブッシュ副大統領がマサチューセッツ州知事のマイケル・デュカキスに挑んだものだった。

大統領候補者が公言した楽観が、有権者と選挙の結果に影響を与えるかどうかというのは興味深い問題だった。私たち研究チームは、二〇世紀における過去の大統領選挙の党大会におけるすべての主要な候補者による就任演説を取り上げて、彼らの演説が楽観的か悲観的かをコード化すると同時に、演説でネガティブな事柄に注目した度合いについて分析した。一九〇〇年（マッキンリー対ブライアン）から一九八四年（レーガン対モンデール）まで、**ネガティブな事柄にあまり集中せずに、より多くの楽観を表明した候補者が、二二の選挙のうち一八の選挙で勝利した**のだった。

私たちはブッシュ（父）対デュカキスについても同様なコード化を行い、私たちの評価だけを基準にデュカキスが勝つだろうと選挙の前に予測した。これを加えたら、二三の選挙のうち一八の選挙で楽観的な候補者が勝ったというわけだ。この研究は今でもなお特筆すべき傾向を示すものであり、大統領選挙戦を運営する人々を含めてだと思われるが、とにかく人々から大きな注目を浴びた。一九九二年頃のビル・クリントンについて顕著に見られるのは、アメリカの一般市民に向けた、彼の陽気で楽観的なメッセージであった――「私は、ホープ（希望）という土地の出身です」。一九九六年に、ボブ・ドールは彼自身のメッセージで応酬しようとした――「私はボブ・ドールです。私はアメリカで一番楽観的な男です」。だが、クリントンの方が、饒舌で希望に満ちたメッセージを伝えることに成功した。

大統領候補者たちが公言する楽観を基準にして彼らを識別する試みは、それ以降は完全な失敗に終わっている。各候補者は、自分が楽観的で、相手の候補者よりも間違いなくもっと楽観的な人間であると大声で宣伝する。各候補者は、自分が希望に満ちた人間であると最終的に評価されるような類のことをスピーチで言う。くり返すが、私たちの初期の研究結果が、大統領選挙戦の新しい運営方針と関係があったかどうかは分からない。いずれにせよ、結論としては、すべての条件が同じだとすれば、アメリカの有権者はリーダーとして悲観主義者よりも楽観主義者を好むということで、これは普通の人生を送る一般の人に関する他の数多くの研究結果と一致する結論となっている。

楽観性に関する研究について、心理学における、より幅広い文脈で説明したい。

＊認知心理学

認知心理学とは、人々がどのように知識を獲得し、保持し、変換し、利用するかについて研究する分野だ。主な関心事項は、注意、知覚、学習、記憶、判断、意思決定、問題解決などの処理過程だ。

多くの人は、心が少数の、独立した能力（記憶、判断、論理など）で構成されており、それぞれの能力は、特定の内容や対象に関係のないところで、独自の一般原則に従い機能するものと考えていた。だが、**内容**というのは実に重要なものだ。今日の認知心理学者は、内容と無関係のもの、または内容に依存しない心理的過程がごく少数しか存在しないと考えている。

ところが、**思考の内容で最も重要な事柄の一つは、それがポジティブな事柄かネガティブな事柄か、愉快な刺激か不愉快な刺激か、よい主題か悪い主題か**、ということなのだ。研究者が認知に対するそのような影響を突きとめる努力をしなかったときでも、膨大な数の調査結果が蓄積していた。それは、思考の快楽主義的な傾向が、あらゆる認知過程における有力な決定要素であることを示していた。

■ポリアンナの原則

一九七八年に、マーガレット・マトリンとデイビッド・スタングは、表5・1のような調査結果をまとめた。ご覧の通り、ポジティブ対ネガティブとは、思考の内容を組み立て、認知過程を導くのに広く利用されている方法だ。多くの場合、ポジティブは、私たちにもともと備わっているもののように見える。マトリンとスタングは、思考において際立って見られるポジティブなものを選択するこのような性向について**「ポリアンナの原則」**と称した。

■ネガティブなものに対する選択的注意

認知自体においてはポジティブなものが優勢だが、これをもう一つの思考の原則、すなわち、多く**意識**を特徴づける、「ネガティブなものを選び出して、注意を向けること」と混同してはならない。心理学者は通常、意識について、「今、自分が置かれている環境や、精神状態に対する認識」と定義する。結局、「認識」というのは「意識」の同義語であるため、正確な定義は捉えにくい。それでもなお、大半の学者は、意識が「特定の感覚や、知覚、欲求、感情、思考などに関する認識を含む」ということで合意している。対照的に、**認知**とは、より包括的な用語であり、常に認識している部分の思考だけではなく、思考の基礎を成すあらゆる過程をも含むものである。思考には認識できるものとできないものとがある。

通常の覚醒している状態の意識では、誰しも自らの現在進行中の経験について観察する。

何か注目に値することが起きれば、それを意識の中心に持ってくる。しかしながら、すべてのものが意識化されるわけではないことから、通常の覚醒しているときの意識は**選択的注意**として特徴づけられる。

私たちが日中にこなす課題の多くは機械的なもので、十分に意識することもなくそれらを遂行する。たとえば、高速道路を車で運転することを考えてみるとよい。あなたがたいそう上手に運転したとしても、自分の周りで何が起きているのか、そのすべてには注意を払っていないはずだ。

「疑念を和らげることが思考の動機である」と哲学者のチャールズ・パースは一世紀以上前に書いたが、これは何か不可解なことが起きるときには意識が関与することを意味する。これらの不可解な出来事の多くはネガティブなものであり、実際に急な対応を要するものだ。周囲の環境と内的な状態をときおり更新してきた動物は、そうしなかった動物に対して生存上優位であったのだろう。現代の人間に結果として何が起きたのかといえば、**うまくいっていることよりもうまくいっていないこと、またはうまくいかなかったかもしれないことを、より強く意識する生き物になった**ということだ。私たちは、ものごとをありのままの姿として、頻繁に立ち止まって意識的に観察を行うことはしない。

一方で、ポジティブなものに対して私たちにもともと備わっているものは無意識レベルにおいて表れ、「ポリアンナの原則」で指摘されるあらゆる方法で示される。なぜポジティブ

表 5.1. ポリアンナの原則を裏づける根拠

・人はポジティブな刺激を求め、ネガティブな刺激を避ける。
・人は愉快なことや安全なことよりも、不愉快なことや恐ろしいことを認識するのにより時間がかかる。
・人は実際よりも多くポジティブな刺激を経験したと報告する。
・客観的に見て両者が起きる可能性が同じであっても、人はネガティブな出来事よりもポジティブな出来事が起きやすいと思っている。
・実際とは違っていても、ネガティブまたはニュートラルな刺激に比べてポジティブな刺激が大きく知覚される。
・人は悪い知らせよりもよい知らせを多く伝える。
・英語では、ネガティブな言葉よりもポジティブな言葉が頻繁に使われる。
・英語では、一対の反意語として、「ポジティブ」な語群（「楽観主義」など）が「ネガティブ」な語群（「悲観主義」など）よりも先に言語体系に組み込まれた。
・一対の反意語におけるポジティブな語群は、言語学的にもっと基本的である（ネガティブな語群は「不」「非」「無」といった接頭語により成立している）。
・自由連想（手がかりに応じて思い浮かんだことを何でも言ってみるよう求められること）では、人はネガティブな言葉よりもポジティブな言葉を用いる傾向にある。
・項目のリストを作成する（言葉を数多く書き出してみる）とき、ポジティブな項目がネガティブな項目に先立って現れる。例えば、知っている人の名前を書き出してみるよう求められた場合には、敵の名前よりも先に友人の名前を書く。
・同リストでは、人はネガティブな項目よりもポジティブな項目を多く書き出す。
・人は、ネガティブな出来事よりもポジティブな出来事についてより正確に思い出す。
・人は、ニュートラルまたはネガティブな言葉よりも、ポジティブな言葉をより正確に習得し思い出す。
・時間の経過に伴って、昔経験したことがますます楽しい思い出として記憶される。
・人は不愉快な事柄に対して「悪い」判断をするよりも、愉快な事柄に対してもっと素早く「よい」判断をする。
・人は自分の人生で起きる出来事の大部分がポジティブなものであると思っている。
・ほとんどの人は、知能、車の運転能力、ユーモアのセンス、魅力、楽観的思考のようなポジティブな特性について、自分が「平均以上である」と思っている。
・人は概して、人々、集団、主題、ものごと、状況など、そのほとんどについてポジティブな判断を下す。例えば、美味しくするための化学薬品など使われていない蒸留水でさえ、ほとんどの人は「美味しい」と評価する。

（マトリンとスタングより引用）

心理学がそれほど顕著な分野ではないのか、また、なぜある人々は、人生が悲劇的で、大半の人間には欠陥があると考えているのか。このような問いはおそらく、ネガティブなものに対する人間の選択的注意によって説明されるのではないだろうか。

＊楽観性とは何か？

思考スタイルとしての**楽観性**は、長年にわたってせいぜい数奇な評判を得たといえよう。人間は最善最高の世界で生きるものだなどとバカげたことを言ったボルテールのパングロス博士から、主人公の女の子と、彼女を取り巻く人々が直面したあらゆる不幸を賛美したポーターのポリアンナ、そして、都合の悪いゴシップを何か素晴らしいニュースに仕立て上げてしまう昨今のセレブまで、いわゆる楽観性とは思慮深い人が多く尻込みしてしまうものであった。ナイーブさと拒絶の響きがこの楽観性という概念に付着した。近年ではポジティブ心理学者による研究のおかげで、楽観性は洗練された人々の間でさえ尊重される地位を占めるようになった。

実際に、先に触れたハーバード大学での研究で実証されたように、**楽観には明らかな利点が、悲観には不利な点がある。**

楽観はさまざまなやり方で概念化、評価されて、ポジティブな気分や優れた気力、忍耐力や効果的な問題解決、学問、運動、軍隊、職業、政治での成功、人気、健康、そして長寿や、心的外傷からの解放にさえもつながっているものだ。それとは対照的に、**悲観**は、抑うつ、受動性、失敗、社会的疎外、病的状態、そして死を予示する。悲観に関するこうした研究は驚くほど均一的であり、その反動でポジティブ心理学でも、また一般でも、楽観が一世を風靡したほどであった。若者たちの間でどのように楽観を促進でき、老人たちの間でどのように悲観を抑制できるかについて関心が高まっているのだ。

■人間の本性としての楽観性

楽観性に関する議論は二通りある。まず、楽観性は人間の本性に固有なものとされている。人間の本性としての楽観に対する初期のアプローチは明らかに否定的なものであった。ソフォクレスやニーチェを含むあらゆる作家が、楽観性は人間の苦しみを長引かせるものであり、現実の厳しい事実に直面する方がよいと主張した。ポジティブ思考に対するこうした否定的な見方こそが、楽観性に関するジークムント・フロイトによる、影響力のある著作の中心に据えられている。

一方、楽観性は人間の本性に固有の特徴であるという最も強力な言説は、人類学者のライオネル・タイガーの本『楽観性——希望の生物学』（Optimism – The Biology of Hope）に見出すことができる。彼は楽観性を人類の生物学の中に位置づけ、最も決定的で、適応可能な特徴の一つであると主張した。タイガーは、楽観性が人間の本性に不可欠な部分であり、進化の過程で淘汰され、認知能力および文化に対する人間の能力に伴って発達していると提唱した。

タイガーは、**楽観性が人間の進化を促進する**とさえ推測した。楽観性は未来について考えることを伴うため、人間が先々のことを考え始めたときに楽観が初めて出現した、というわけだ。いったん先々のことを考え始めると、人々は自分自身の死を含む恐ろしい結果を想像するようになった。このように考えることに伴う恐怖や麻痺を打ち消すための何かが開発されなければならなかったわけで、その「何か」が楽観性だったのだ。この見解に基づくと、楽観性は人間の構造に固有のものであり、その他の心理的特徴の派生物ではないことになる。

＊気質としての楽観性

カーネギーメロン大学の心理学者マイケル・シャイアーとマイアミ大学のチャールズ・カーヴァーは、**気質的楽観**（将来よいことがたくさん起こり、悪いことはまれにしか起こらないという全体的な期待感）として特定したパーソナリティ変数について研究した。シャイアーとカーヴァーの主要な見解とは、人々が望ましい価値観と定義した**目標**をどのように追求するかに関するものだ。彼らの考えでは、実質的に人間活動のすべての領域を目標の観点から位置づけることが可能であり、人々の行動とは、目標を特定して選択することと、目標に対して行動を調整することを伴う。そのため彼らは、自分たちのアプローチのことを**「自己調整モデル」**と呼んでいる。

楽観性が自己調整と結びつくのは、自分が選択した目標の達成に対する障害について自問するときだ。人は困難に直面してでも目標を達成できると信じるものだろうか？　そう信じることができればその人は楽観的であり、信じられないようであれば悲観的である。**楽観は目標に到達するための継続的な努力につながるが、悲観は諦めにつながる。**

シャイアーとカーヴァーは、**楽観性尺度**（ＬＯＴ）と呼ばれる簡潔な自己報告式質問紙で楽観（対悲観）を測定している。代表的な質問項目には次のものを含む。

①不安定な状況下で、自分はよく最高の状況を予想する。
②自分にとって何かうまくいかない可能性があれば、必ずうまくいかない。

ポジティブな期待は、たいていネガティブな期待と結びついているのだが、得られた指標は、健康や、幸福感や、困難への対処法に関して調査される。気質的楽観が望ましい結果に、特に積極的かつ効果的な対処法と適度に結びついていることが結果として示されている。

＊説明スタイル

私たちの研究では、「個人がどのように悪い出来事の原因を説明するか」という、個人に特徴的に見られる**説明スタイル**の観点から楽観性にアプローチした。悪い出来事について、**外因的**で、**一時的**で、**特定の原因**によるとする限局的な方法で説明する人は**楽観的**であるといえる。一方で、**内因的**で、**安定した**、**普遍的な原因**によるとする説明を好む人は**悲観的**であるといえる。

説明スタイルの概念は、**学習性無力感モデルの帰属理論**（人々が、自分の成功や失敗の原因をどのように説明するかを研究したもの）に関する見直しから生まれた。簡単に言えば、元来の無力感モデルは、統制できない、嫌悪すべき出来事に遭遇した経験の後で、動物や人間が無力感に陥る（受動的で無反応になる）と提唱した。これはおそらく、行動と結果との間には随伴性がないということを動物も人間も**学習した**ことによるものだ。

＊希望

楽観性をめぐる期待感と効力感という二つの展望は、カンザス大学の心理学者リック・スナイダーによる**希望**に関する研究において、第三のアプローチとして統合されている。スナイダーは、彼の考えの起源を何人かの学者による初期の研究に求めたのだが、「目標は達成できるという人々の期待感」という観点から希望を位置づけた。

スナイダーの見解によると、目標指向型の期待感は、次の二つの別々の構成要素からなる。第一は**「発動因子」**であり、目標は達成できるという誰かの決意を反映したものだ。第二は**「通路因子」**と呼ばれ、目標を達成するのに効を奏する手段を見つけることができるという個人の信念だ。

このように定義された希望については、簡潔な自己報告式尺度で測定される。代表的な質問項目は次のものを含む。

①自分の目標を達成するために一生懸命に努力する（発動因子）。
②いかなる問題にもたくさんの解決法がある（通路因子）。

典型的な測定結果として、予想通りに希望が有益であることが示された。

＊楽観性をめぐる諸問題

楽観性の未来という、注目に値する問題に焦点を当ててみよう。この議論のお膳立てをするために、二つのタイプの楽観性の区別について紹介してみたい。

■「小さな楽観性」対「大きな楽観性」

小さな楽観性は、ポジティブな結果に対する具体的な期待感を包含する――「今晩は便利な駐車場所が見つかるだろう」。**大きな楽観性**は、もっと大きくて、あまり具体的ではない期待感について言及するものだ――「我々の国に何か素晴らしいことが起きようとしている」。

大小の楽観性を区別することで、楽観性について異なる抽象的レベルで表すことが可能となる。また、異なるレベルにしたがって、異なる形で機能する可能性にも気づかされる。大きな楽観性とは、社会的に許容された内容を伴う、文化に取って代わられた生物学的な傾向なのかもしれない――それは、全体的な活力と回復力を生み出すことから、望ましい結果にもつながるものだ。対照的に、小さな楽観性は、特異な学習の歴史の産物なのかもしれない――ある状況において適応可能な具体的行動が起きやすくなるため、これもまた望ましい結果につながるものだ。

■楽観性と悲観性

もう一つの問題としては、楽観と悲観の関係がある。この二つは通常、互いに相容れないものと考えられているが、驚くべきことに、そうではないという証拠がある。たとえば、シャイアーとカーヴァーのＬＯＴにおける楽観性と悲観性の項目は、いくぶん互いに独立していることが分かる。よいことも悪いことも共にたくさん起きると予期している人々がいるという可能性は、考慮するに値するものだ。

悪い出来事についての原因帰属による説明スタイルは、よい出来事についての原因帰属による説明スタイルからたいていは独立している。悪い出来事についての原因帰属は、抑うつ、失敗、病気といった歴史的関心の結果によって説明される。楽観性はそうした結果が存在しないことと関連し、悲観性はそうした結果が存在することと関連する、というわけだ。説明スタイルの研究によって、こうした問題含みの状態について、もっとよく理解できるようになったのである。

■楽観性の現実における根拠

もう一つの重要な問題として、楽観性と現実との関係がある。楽観性があまりに非現実的である場合には、代償を伴うことになる。そのような**「非現実的な楽観性」**について、病気や災難における個人的な危険に対する認識について考えてみよう。

いつの日か、自分が病気になるか怪我をするかもしれない可能性について、自分の危険率を仲間と比較して予測するよう求められた場合に、**大半の人は自分の危険性を過小評価する。**人は普通、自分が病気を患う危険性は平均以下だと見ているわけだが、もちろんそんなことはあり得ない。

この現象はいみじくも嘆かわしいものだ。健康を促進して管理するという基本を軽視することにつながるかもしれないからだ。もっと一般的には、希望的観測という形の楽観性が、目標達成のための具体的計画を立てることから人々の気を逸らしてしまう恐れがある。肥大するばかりの楽観性は、注意力や冷静さ、また普通であれば悲しみを伴う記憶を保持することや、失望や挫折に対して適切に反応する能力をも奪ってしまう。

単純に言えば、まさに**ポジティブ思考だけで未来が変えられるのであれば、人は楽観的になるべき**なのだ。こうした提言は、セリグマンが「柔軟または複雑な楽観性」と呼ぶ、適切なときに行使するに値する心理的戦略を反映したものでもある。

抑うつ感を軽減したり、もっと達成感や健康を手に入れたりすることが大切だと判断した場合には、楽観を使うよう選択することが可能だ。だが、明晰な洞察力や、過ちを率直に認めることが必要とされていると判断した場合には、楽観を使わないよう選択することもまた可能なのだ。楽観を学ぶことで価値観や判断が損なわれることはない。むしろ自分の定めた目標を達成するために……自由に選べるものだ……。楽観性の恩恵は無限ではない。悲観性は、社会全体でも、個人の人生でも、両方でその役割を担っている——悲観的な見方が役立つときには、それに耐え得るだけの勇気を持つ必要があるだろう。

特に小さな楽観性の場合には、問題となっている信念の費用対効果を分析する必要がある。疑いの余地があるようなときには、その隙間を希望で埋めなければならない。大きな楽観性には小さな楽観性よりも希望が持てる可能性があるわけだが、正確には、小さな楽観性にはもっと大きな必要性がある、ということだ。

私は、大小の楽観性というのは、多くの人にとって重複するものだと思っている。ポジティブ心理学者は、人々が有益な形でこの二つを区別するための手助けをする方法を考えるべきだし、人々が空想ではなく夢を——妄想のない幻想を——抱く方法を教えることを考えるべきだろう。

■楽観性を養成する

若者たちに楽観性を提供するにはどうしたらよいだろうか？　セリグマンらは、ペン・レジリエンシー・プログラム（ＰＲＰ）という心理学的介入を開発した。これは、認知行動療法の領域からの手法を用いて、小学校から高校までの生徒たちがもっと楽観的になれるよう教えるものだ。今日までの研究結果から、このトレーニングによって、その後の抑うつ症状発現の可能性が抑えられることが示されている。ただし、抑うつ症状をなくすという結果だけに興味を持つべきではない。楽観的な子供が、豊かな社会的ネットワークを築き、実りある人生を追求しながら、幸せで、健康で、裕福で、賢い大人に成長するかどうかについても興味があるところだ。

■楽観性と社会

楽観性は、文化または歴史の変遷によってその特徴に違いを見せるのだろうか？　最も大きな楽観性に注目する限り、答えはおそらく「ノー」だ。**大きな楽観性は社会の成立を可能にするものであり、悲観的な文明は長い間存続できない**のだ。実際に社会は、人々がものごとに対して楽観的になる必要性を満たすような無数の方法を可能にしている。

人間の文化をめぐってくり返されるテーマの一つは、**競争**に関係したものだ。努力を要する仕組みになっている遊びと共に、その仕組みの中で多かれ少なかれ娯楽的な活動が行われるものの、その結果は不確かというのが競争だ。無数の人が、さまざまなチームや、ボクサー、ビリヤード選手、体操選手、スケート選手、レーサー、ランナー、ダイバーたちなどに関わり、選手たちが勝つために応援し、負けたら意気消沈する……競争は楽観性の問題に関係するところが大きく、おそらくは行動の仕方に関する最も一般的な表現の一つだろうし、その行動の仕方とは……いずれにしろ一般的なものだ。競争は多くは任意のものだ……事実、誰も、「ファンの役割を引き受けろ」などと要求されることはない。

だがもちろん、多くの人はこの役割を引き受ける。負け続きの野球チームのファンでさえも、次のシーズンではもちろんすべてが変わるだろうと、楽観的になるような方法を見つけ出すのだ。

競争は、実質的にすべての社会に存在して楽観性と大きく関わっているわけだが、普通は社会によって著しい違いが見られるのがほとんどだ。すでに触れたように、望ましいと思われる目標は、人によって、集団によって、文化によって異なる。進歩に関する漠然とした信念や、競争といった人間の普遍的概念を除いて、**楽観性の内容には文化全般においてかなりの多様性がある。**

私たちが公平な方法でアプローチする限り、楽観性と、それによってもたらされる利益は、私たち全員が享受できるものである。

エクササイズ5――窮地で楽観的になることを学ぶ

楽観的になるのには十分な理由があっても、人にもっと希望を持つべきだと勧めるのは「くよくよするなよ、ハッピーになろうよ」と伝えるのと同じくらい空しいことだ。ここで必要なのは、このアドバイスを実行に移すための戦略だ。

あなたが、失敗や失望に直面するときにいつも打ちのめされるようなタイプであれば、このエクササイズで紹介する手法を試してみたくなるかもしれない。失敗した後で機嫌が悪くなったり、もっとひどい気分に陥ったりするのは、おそらく失敗に対する悲観的な思考スタイルによるものだ。それを将来的に引きずることで他の状況でもやる気が損なわれる。

悲観的な思考スタイルを克服するには、**失敗に対する即座の反応を断ち切った上で、悲観的ではない方向に考えを正してみる**必要がある。あなたの上司または先生が、廊下であなたに挨拶もせずに通りすぎるか、あなたに気づきもしないような状況があったとしよう。あなたは当然気分を害するだろうが、それからどう考えるだろうか？　悲観的な人はこんなふうに反芻《はんすう》し始めるかもしれない。

・彼女（上司または先生）は私のことが嫌いなのだ。
・私は嫌われて当然なのだ。
・私はしょせんまったくダメな人間だし、彼女もそう思っているのだ。
・私はクビになる（または落第する）だろう。
・私がもっと頭がよければこんなことにはならなかったのに。
・私はいつまで経っても自立できそうにない。
・私はいつの日か惨めに、孤独のうちにこの世を去るのだろう。

これらがあなたに対する現実的な評価なのかどうかはひとまず脇に置いておき、あなたは今まで職場または学校で十分よくやっており、まったくダメな人間というわけではないと仮定してみよう。この場合にあなたがすべきことは、悲観的な考えにどんどん陥ってひどくなりすぎる前に、そうした考えを食い止めることだ。無視されたことを理解するために、別の、もっと楽観的な考え方をすることはできるだろうか？

・彼女（上司または先生）にとってあの日はひどい一日だった。
・彼女は急いでいた。
・彼女は何か別の考えごとをしていた。

・彼女のことは好きだけど、挨拶もしないなんて何とボーッとした人なのだろう！
・彼女はいつものド近眼用の眼鏡を着用していなかった。だから私のことが見えなかったのかもしれない。
・私が髪型を思いきり変えたから、私のことが分からなかったのかもしれない。
・私はきれいだから、周りに敵を作ってしまうのだ。

この最後の解釈は、小さな事件を大災害に仕立ててしまうくらい病的なものかもしれない。だが、確かに気分は害するものの、結局どうとでも解釈できる出来事について、どのように再解釈すれば心理的ダメージを受けずに済むのか、少なくともその大まかな考え方は理解できたのではないだろうか。

ペン・レジリエンシー・プログラムで採用されている手法の一つは、瞬間において穏やかな（楽観的な）解釈ができるよう手助けするものだ。その目的は、**「悲観的な考え方に対してどのように素早く反論するか」**を教えることにある。これは楽観性を学ぶのに非常に強力な手法であるが、訓練を通してのみ身につくものである。生まれつきうまく反論できる人などいないし、試してみることで素早く反論できるようにもなる。

あなたも友人の協力が得られれば、反論する手法を練習することができるのだが、索引カードを持っていれば自分一人でやってみることも可能だ。とにかく、悲観的な考えに陥って疲弊するきっかけとなるような出来事を何十個か書き出して、リストを作成してみよう。先に私は廊下で無視される例を選んだのだが、それはかつて、そんなことが実際に起きた日には、終日、私の気分を害した出来事だったからだ。作成したリストを友人に手渡すか、索引カードに一枚ずつ書き出してみよう。

・悲観的な考えを裏づける根拠を評価する……「私はクビになるのだろうか？　先週昇給したばかりなのだから、たぶんクビにはならないだろう」。
・別の説明の仕方について考えてみる……「私の上司は雑談を好まないのだ」。
・自分の考えを大局的に見てみる……「一緒に働いている人たちは私の家族ではない。第一、私の母は本当に私を愛してくれている」。

あなたの反応を声に出して言ってみよう。それが終わったら二つ目の出来事、三つ目の出来事と同じようにやってみよう。やればやるほどこの手法をうまく使えるようになってくるし、自然にできるまでになるはずだ。

ここでいくつかの注意点を述べておこう。そのうちの一つはすでに強調したものだが、それはあなたの悲観的な反応にはわずかの真実が含まれる、という可能性だ。上司または先生があなたの顔をじっと見て「あなたは本当にダメな人ね」と言ったとすると、「自分の母親はそうは思わない」などと反論するのはおそらく正しい反応の仕方ではない。代わりに**もっと具体的な評価を求めるべき**なのだ。

この手法を発展させて使うことに関する落とし穴は、悪い状況について最小限に評価することで、その重要性を否定するまでになってしまうことだ。楽観的思考とは小さな出来事を大惨事のように吹聴しないことだともいえるが、**世の中には本当に悪いことがある**のだ。そのようなことが起きたときには否定せず、またその重要性をも否定すべきではない。

最後に、ここで示した楽観的思考の事例の多くが、悪い出来事をいみじくも他人や状況のせいにしてしまう事例なのだが、**楽観的であるというのは責任を転嫁することではない**。因果についての信念である「内的要因」（自分のせい）と「外的要因」（相手のせい）の問題は、**時や場所の違いを越えてそれらの要因を一般化するかどうか**という問題に比べればそれほど重要ではない。

ある出来事に対して別の説明を考えるときには、**外的要因に帰する説明ではなく、限局的な説明をしてみよう**。私の場合、廊下で無視されることについては、「私が最初に挨拶をしなかった」と考えることで対処する方法を学んだ。今では私は大声で知人に挨拶をして、一〇〇パーセントの割合で挨拶を返してもらっている。もう誰も私のことを廊下で無視したりはしない。私がそうさせないのだ。

第6章 強《キャラクター・ストレングス》みとしての徳性

幸せは人生の目的だ。［しかし］美徳は幸せの礎である。
――トーマス・ジェファーソン

「若者たちが十分な可能性を実現するのを支援するために私たちに何ができるだろうか？」「強《キャラクター・ストレングス》みとしての徳性と美徳」――好奇心、ユーモア、親切心、リーダーシップ、宗教性といったポジティブな特性からアプローチする概念――に関するVIA《ヴィア》（Values in Action、生き方の原則）研究プロジェクトは、メイヤーソン財団の代表者によるこんな質問から始まった。ポジティブ心理学の関心対象が、最も厄介な問題を阻止することとは対照的に、**人間における最も優れた部分を促進すること**にあることを考えれば、この質問に答えるのにポジティブ心理学の知見は理想的であるように思われた。

心理学における人間の厄介な問題に対する過去の関心はもちろん理解できるものだし、それは当面いかなるときにも放棄されることはない。だが、人間の可能性を促進することに関心のある心理学者は、疾患モデルを想定した先輩の心理学者とは異なる質問を提起する必要があるだろう。ポジティブ心理学者にとって最も大切な道具とは、よい生き方について語るための語彙《ごい》と、よい生き方を構成する諸要素について調査するためのアセスメント手法だ。

ＶＩＡインスティチュートは、ポジティブな青少年発達について説明するための概念的かつ実証的な手段を提供する目的で、二〇〇〇年にメイヤーソン財団によって設立された。研究主題として、目下の社会的な関心事に照らして**徳性**《キャラクター》について取り組むことが決定された。

一時期、心理学者は、徳性について大きな関心を持っていた。だが、この主題は人気を失っていった。第一に、心理学者の間では、個人的な価値観がどのようにして**客観的な**研究や理論に意図せずして浸透できたかに関する知識が高まりつつあった。そのため、研究者は、よい生き方に関する心理学的な構成要素について表明することを敬遠するようになってしまったのだった。

第二に、二〇世紀アメリカの心理学で、パーソナリティ特性の主要な学者であったゴードン・オールポートは、徳性とは心理学的というよりもむしろ哲学的な問題であると主張して、パーソナリティに関する学問的な議論から「徳性」という言葉を追放した。

オールポートの議論は、社会科学にまん延している実証主義と、実証主義における事実と価値観との厳格な区別を反映するものであった。「事実」は科学の領分であり、「価値観」は哲学の領分であった。「特性」はしたがって心理学の一部であったが、「徳性」はそうではなかった。当時はオールポートの議論が勝利したものの、彼の同時代の人全員が同意したわけではなかった。特にジョン・デューイは、心理学の実験的方法が、哲学者による徳性と価値観に関する議論に有益な情報を提供できると考えた。ＶＩＡプロジェクトは、デューイの先見の明にそのまま当てはまるものだ。

＊徳性研究における基本的問題

ＶＩＡプロジェクトを始めるにあたっては、重要な諸問題が解決される必要性があった。まず、どのようにして徳性にアプローチしたらよいか、という問題だ。

そこで、徳性について、大局観やチームワーク、親切心、希望などの特徴を「ポジティブな気質」の仲間として考えることに決めた。徳性の持つ多層性を伝えるために、その構成要素を**「強みとしての徳性《キャラクター・ストレングス》」**と呼ぶことにした。強みとしての徳性にはさまざまなものがあるが、原則的にそれぞれ区別されていると仮定した。つまり、ある強みは高い値を示すが、それ以外の強みは低い値または中間値となる可能性もあると仮定した。強みとしての徳性は、わずかだが安定性と一般性を伴う個人差として認められるという意味で「特性に類似したもの」と仮定した。だが、徳性が固定したもの、または不変の生物発生的特徴に必然的に基づくものとは仮定しなかった。ポジティブ心理学の基本的な前提に合わせて、徳性とは、悪い人格が否定されたり、最小限に抑えられたりする以上のものであると仮定した。むしろ、強みとしての徳性は、独自に定義され、評価されなければならないものだ。

第二に、徳性とその構成要素は、道徳的に高く評価されるものだ。そのため、私たち研究チームのプロジェクトがあまりに価値観に関係した領域に立ち入ることで、最初から失敗が目に見えているようなものではないかと心配された。

おそらく、徳性とは社会的に構成されたものにすぎない。つまり、見る人によって存在するものであり、主に個人特有の好き嫌いの投影したものとして機能するものだ。そのため、「年齢、性別、社会的階級、出身国、民族性のような、重要な社会的対比を超えての一般化は不可能なのではないか」という反論がある。こうした論理的な挑戦に対応するには、ポジティブ心理学のスタンスを思い出してみるとよい――それは、**人間の善良さや優秀さは、苦悩や病気と同じくらいに根拠の確かなもの（「本物」）**だという認識だ。

実際に、徳性がこの世に存在すると認めた途端に、徳性が文化に結びついたものであるのか、またはどの徳性が文化に結びついているのかということが経験的に実証されるべき問いとなってくる。当然のことだが、いくつかの徳性はある文化だけで認められる――ポジティブな特性としての時間厳守に対する几帳面さは、時間を守るために幅広く利用でき、信頼の置ける手段がない文化においては何の意味も持たない。だが、それ以外の場合に、普遍的な価値観や美徳が存在するかもしれないという可能性は、真剣に考察するに値する。

広く影響力を持つ宗教や哲学の伝統（儒教、道教、仏教、ヒンドゥー教、ギリシャ哲学、ユダヤ教、キリスト教、イスラームなど）に関する私たち独自の調査により、いくつかの核となる美徳が幅広く支持されていることが明らかになった。具体的には、**知恵、勇気、人間性、正義、節制、超越性**という六つの美徳に関して、それぞれの伝統内でほぼ普遍的な認識と称賛があった。

ビスワス＝ディーナーは、無文字文化のマサイ（ケニヤ西部）とイヌイット（北グリーンランド）がこれらと同様の核となる美徳を認識し称賛していることを、フォーカスグループにおいて確認した。私たち研究チームは、普遍的に評価されている強みとしての徳性を、無原則にではなく分類することが可能だという事実に励まされた。

私たち研究チームが直面した第三の問題は、今回新しく生み出した分類法を、哲学や心理学から集められた徳性に関する先験的《アプリオリ》な理論（アリストテレスの『ニコマコス倫理学』における美徳に関する説明など）に結びつけるかどうかだった。しかしながら、どの理論についても、確固たる科学的事実に照らしてみると十分に評価することはできなかった。そのため、明確な枠組みとしては採用しないことに決めた。

私たち研究チームが取り組んだ第四の問題は、分類法についてどれくらい詳細な項目を作りたいか、ということであった。私たちが先ほど特定した「核となる美徳」を踏まえて、六つの項目のみ選べることが分かったのだが、これでは測定目標を考えたときにあまりにも抽象的であることが判明した。

同様にして、人々が徳性に関する構成要素について話すときには、核となる美徳を表す抽象的な用語（知恵、正義、超越性など）ではなく、好奇心、公平さ、宗教性といった、より具体的な用語を無意識に使用していることが分かった。

最後に、数多くの徳性について叙述した研究文献がすでに存在したことから、私たち研究チームはそれらを最終的に分類法に含めるに至った。こうした、より具体的なレベルに注目することで、すでに明らかとなっている研究からも恩恵を得ることができた。

＊強みとしての徳性の特定

以上のような問題に対する見解を明確にした後で、私たち研究チームは、この分類法のための項目作りを始めた。候補となる**強み**を特定することを目的として、精神医学から青少年発達、徳性教育、宗教、哲学、組織研究、そしてもちろん心理学まで、徳性について扱った関連文献を再び検討した。私たちはさらに、流行歌、グリーティングカード、車のバンパーステッカー、死亡記事や表彰状、標語や信条、新聞紙面の個人的な広告など、数々の文化的産物を通して明確に表現された徳性について調べた。落書き、タロットカード、ポケモンキャラクターのプロフィール、ハリー・ポッターの本に出てくるホグワーツ寮の廊下の様子などからも、美徳に関連したメッセージを特定した。

私たちの目標は、強みとしての徳性に関して、余すところなく目録を集めるためにあらゆる手段を尽くすことであった。数多くの候補となる強みを特定してから、重複したものを統合したり、次のような基準を適用したりすることで一覧表を選別した。強みとしての徳性《キャラクター・ストレングス》とは、

・普遍的である……文化の違いを越えて広く認識されている。
・充実感をもたらす……広義に解釈された個人の充足感、満足感、幸福感に貢献する。
・道徳的に評価されている……それ自体で評価されており、そこから生み出される具体的な所産に依存しない。
・他人を貶めない……人々を感化し、嫉妬ではなく称賛を生み出す。
・反意語がネガティブである……反意語として明らかに**ネガティブ**なものしか存在しない。
・特性に類似している……実証可能な一般性と安定性において個人差がある。
・測定可能である……個人差として測定することに研究者が成功している。
・独特である……他の強みとしての徳性と（概念的または経験的に）重複しない。
・お手本がいる……ある人々において顕著な形で具現化されている。
・天才がいる……ある子供や若者たちにおいて早期に発現している。

・選択的に欠如している場合がある……ある人々においては完全に抜け落ちている。
・促進する制度がある……社会的慣習や儀式における計画的な目標となっており、それを育成しようと努める。

*強みとしての徳性と美徳に関するＶＩＡ分類法

ＶＩＡ分類法は、すでに述べた六つの核となる美徳の下にまとめられた、二四の強みとしての徳性を含む。ここで、美徳と強みについて大まかに説明してみたい。

知恵と知識に関する強みは、よい生き方をするために情報を獲得し利用することに関係するポジティブな特性を含む。分類法における強みには、多く認知的な側面、たとえば社会的知能、公平さ、希望、ユーモア、宗教性などがある。これが、美徳について関心を持つ多くの哲学者が、**知恵**や**理知**が他のあらゆる美徳を可能にする主要な美徳と考える理由である。だが、認知（知恵）が特に際立つ形での徳性には次の五つがある。

①創造性……ものごとに取り組むとき、新しく、創造的なやり方を考える。芸術的達成を含むが、それに限定されない。
②好奇心……現在起きているあらゆるものごとに興味を持つ。あらゆる主題やテーマにつ

いて面白く感じ、探究と発見を好む。

③向学心……独学でも、学校教育を通してでも、新たなスキルやテーマ、一連の知識をマスターする。好奇心に関する強みに明らかに関連しているが、それ以上のもので、すでにある知識の上に新たな知識を体系的に積み重ねる傾向を表す。

④柔軟性……ものごとを徹底的に考え抜き、あらゆる角度から吟味する。結論に飛びつかない。証拠に照らして考えを変えられる。あらゆる証拠を公平に比較検討する。

⑤大局観……他の人に対して賢明なアドバイスを与えることができる。自分自身に、そして他の人にとっても意味を成すような世界観を持つ。

勇気に関する強みは、外部または内部からの反対に遭いながらも目標を達成するような意志力の行使を伴う。美徳について、ある哲学者たちは**矯正手段**であると考えた。美徳は人間の条件として内在する困難や、抵抗を要する誘惑や、抑制や軌道修正を要する動機などに対抗するものだからだ。徳性のすべてが矯正的であるかどうかは議論の余地があるものの、分類法において明らかな四つの強みとは次の通りだ。

⑥誠実さ……真実を語るが、より広義に言えば自分を飾らずに表現する。偽ることなく存在する。自分の気持ちや行動に責任を持つ。

⑦勇敢さ……脅威や試練、困難、苦痛にひるまない。反対に遭っても正しいことを発言する。たとえ嫌われても信念にしたがって行動する。身体的な勇敢さを含むが、それに限定されない。

⑧忍耐力……一度始めたことをやり遂げる。障害に遭っても行動計画に固執する。ものごとを完遂する。課題をやり遂げることに喜びを感じる。

⑨熱意……人生にわくわくしながらエネルギーをもって臨む。中途半端、またはいい加減にものごとに対処しない。人生を冒険として生きている。生きることに躍動感を感じ、活動的である。

人間性に関する強みは、他人との思いやりある関係において発現するポジティブな特性を含む。これはテイラーらの言う、人の面倒を見たり、親しくなったりする気質のことだ。この美徳に分類される強みは、正義感に関する強みとして特定されるものに似ている。だが、両者の違いは、人間性に関する強みは一対一の関係に影響するが、正義に関する強みは一対多数の関係において最も関連性が見られることだ。前者の強みは個人間に見られ、また後者は概して社会的に見られる。分類法における次の三つの強みは、ポジティブな個人間の特性について例示したものだ。

⑩親切心……他人のために尽くしたり、よいことをしてあげる。他人を助け、世話をしてあげる。

⑪愛情……他人との親密な関係に価値を置き、特に共有したり思いやったりすることが双方報われる関係にある。人との距離が近い。

⑫社会的知能……他人および自分自身の心の動きや気持ちに神経が行き届いている。異なる社会的状況に適合するために何をすべきかが分かっている。何が他人を動かすかを熟知している。

正義に関する強みは概して社会的であり、個人とグループ、または共同体の間の最適な相互作用に関係するものだ。グループの規模が小さくなり、より個人的になった場合、正義に関する強みは人間性に関する一対一の強みと合致する。両者の区別を保つものとして、正義に関する強みは「多数の関係における強み」であり、人間性に関する強みは「一対一の関係における強み」であると提案したが、その違いはおそらく、このような種類の違いというよりも度合いの違いなのだろう。いずれにせよ、分類法に含まれるポジティブな特性の三つについては、正義に関する美徳の部類にうまく収まった。

⑬公平さ……公平さと正義の概念に基づき、すべての人を同等に扱う。私情を交えること

で他人に対する判断が偏らない。皆に平等な機会を与える。

⑭リーダーシップ……自分が属しているグループを励ましながらものごとを成し遂げ、同時にグループ内でよい関係を助長する。グループ活動を計画して、その実現を見届ける。

⑮チームワーク……グループまたはチームの一員としてよく働く。グループに忠実である。自分の分担を引き受ける。

節制に関する強みは、人を行きすぎた行為から防御するポジティブな特性である。憎悪に対しては、寛容さと慈悲心が防御してくれる。傲慢《ごうまん》に対しては、謙虚さと慎み深さが防御してくれる。長引く悪影響を伴う一時の快楽に対しては、思慮深さが防御してくれる。あらゆる類の極度な感情が不安定になることに対しては、自己調整が防御してくれる。節制に関する強みは、人々の活動を完全な停止に至らせるものではなく、むしろ調節してくれるものだ。

⑯寛容さ／慈悲心……間違いを犯した人をゆるす心を持つ。人に第二のチャンスを与える。復讐心を持たない。

⑰慎み深さ／謙虚さ……自分の業績を自慢したりせず、おのずと明らかになるに任せる。進んで注目を浴びようとしない。自分の身の丈以上に自分が特別であると考えない。

⑱思慮深さ……自分の選択について用心深い。過度の危険を冒さない。後で後悔するかも

しれないような言動をとらない。

⑲自己調整……自分の気持ちや行為を調整する。規律正しい。自分の食欲や感情を統制できる。

この美徳の下に、勇敢さに関する強みのいくつか、またはそのすべてを含めることができたのだが、そうはしなかった。勇敢さに関する強みは、それとは正反対のもの（恐怖、怠惰、不誠実さ、疲労など）への誘惑があるにもかかわらず、人々をポジティブな行動へと導くものだからだ。一方の節制における決定的な特徴は、誘惑を目の前にして真っ向から立ち向かうことにある。したがって、節制に関する強みには、勇敢さに関する強みの素因となる可能性がありつつも、両者共にまだ明確に区別できる部分がある。

節制に関する強みがアメリカの主流派に支持されることはまれであり、あまり称賛もされないことを発見した。この強みはおそらく、仏教の中道や、バランスや和について説くその他の教えが影響力を持つような文化においてはもっと称賛されることだろう。とにかく、節制に関する強みは重要である。これらの強みは実質的に、美徳に関するあらゆる哲学的かつ宗教的な議論に含まれており、心理学的観点から見たよい人生の実現に向けて大きな影響を持つ。

超越性に関する強みは、一見したところ、さまざまな強みの寄せ集めのように見えるかもしれない。だが、共通するテーマは、それぞれの強みを通して、個々人がより大きな宇宙とのつながりを構築することで、各自の人生に意味が付与されることだ。分類法におけるほぼすべてのポジティブな特性は、個人の外に向かうものだ——結局のところ、徳性とは本質的に社会的なものなのだ。

超越性に関する強みの場合、自己よりも大きな森羅万象の一部または全部を受容するために、他者自体を超えたものを志向する。この強みの分類における原型はスピリチュアリティであり、これはさまざまな形で定義されるが、宇宙、イデア、聖性、または神と呼ぼうと何だろうと、常に人生の超越的〔非物質的〕な側面を信じ、そこに自らを委ねることについて言及したものだ。

たとえば、美を識別する能力である審美眼は、人を卓越性に直接結びつける強みである。感謝は人を善に直接結びつける。希望は人を夢に描く未来に直接結びつける。ユーモアは恐怖や怒りではなく、喜びを生み出すような方向で人を混乱と矛盾とに直接結びつけるものだ。

⑳審美眼〔美と卓越性に対する鑑賞能力〕……自然から芸術、数学、科学、日常の経験に至る人生のあらゆる領域において、美や卓越性や優れた能力を認め、それらを高く評価する。

㉑感謝……よい出来事に気をとめて感謝する。感謝を表すための時間を持つ。

㉒希望……未来に最高最善のことを期待して、それが達成されるよう努力すること。よい未来がもたらされると信じること。

㉓ユーモア……笑ったりからかったりすることを好む。他の人を笑顔にする。ものごとの明るい面を見る。冗談を思いつく（必ずしも伝えなくてよい）。

㉔宗教性／スピリチュアリティ……宇宙のより高次の目的と意味について一貫した信念を持つ。自分がより大きな枠組みの中でどこに位置するかを認識している。人生の意味について信念を持っており、信念にしたがって言動を形成したり、快適さを付与したりする。

＊才能についてはどうか？

強みが道徳的に評価されているという事実は、重要な必要条件である。これは、広く称賛され、充実感を得ることに貢献し、際立つ特徴と見なされる個人差が存在するためであるが、それでもまだＶＩＡ分類法の範疇には入らない。知性や、絶対音感や、運動神経について考えてみるとよい。これらの才能や能力は、勇敢さや親切心といった徳性からは大きく異なるが、その違いとは何だろうか？

結論から言えば、強みとしての徳性は、才能や能力とは異なる。これは、強みとしての徳性が道徳的な領域に属するものだからだ。強みとしての徳性と、その他の高度なスキルに関する特徴との間には、さらに二つの違いがある。まず、両者の特徴を発揮するにあたっての**努力**と**意志力**がはたす役割だ。バスケットボール選手のマイケル・ジョーダンは、彼の運動能力をもって尊敬されていたが、負けず嫌いであることでもまた尊敬されていた。これは共に先天的な「才能／強み」が発揮され助長された例だが、妄想癖などない人であれば、自分が彼のように空中を飛び回ったりする芸当など到底できないと認識していることだろう。だが、自分が病床から起き上がって、精一杯努力して仕事をすることであればできるかもしれないと想像することなら可能だ。道徳的に見て称賛に値する行動は、単に優れた行動とは異なる形で選択される。誰でも優れた徳性を養おうと切望することならできるのだ。

強みとしての徳性と才能における二つ目の違いは、才能は徳性よりも目に見える成果（称賛や富など）を伴うことから、才能の方がより高く評価されたものに見えることだ。高いIQや音楽のスキルのような才能に恵まれながら「何もしない」という人は、結果的に傲慢になってしまう。カート・コバーンやエルヴィス・プレスリーのような非常に才能溢れる人物が麻薬問題で苦しめられたときに、人々が経験した落胆ぶりを考えてみたらよい。

対照的に、ある人が自分の知恵や親切心を活かさずに何もしなかった、などという批判を聞くことは決してない。これはつまり、才能や能力は浪費されてしまう可能性があるものの、強みとしての徳性と美徳についてはその可能性はない。

＊強みとしての徳性に関するアセスメント

徳性について明確にしようとする従来の分類法とＶＩＡ分類法との違いとしては、ＶＩＡ分類法が同時にアセスメントに配慮したことが挙げられる。私たちが今日まで最も広範囲に開発したアセスメント手法は、一つのセッションで回答者が記入できる自己報告式調査を伴う。成人と青少年（一〇～一七歳）向けに別々の一覧表を考案したのだが、そこには二四のそれぞれの強みを評価する尺度を含む。

ＶＩＡ・強みに関する調査票（ＶＩＡ－ＩＳ）は、成人によって利用されることを目的として、二〇〇ヶ国以上の約三五万人の人によって、五つの質問紙の草稿をもって完成された。また、ＶＩＡ－ＩＳをオンラインで使用できるようにしたところ、三〇分から四五分の所要時間で回答でき、その直後に画面上でフィードバックが得られることから、以来オンライン方式が人気を博することとなった。ＶＩＡ－ＩＳは、分類法におけるさまざまな強みを反映した各質問項目に対して、回答者がどれくらいの割合で支持するかを測定する質問紙だ（「1＝全然当てはまらない」から「5＝「大変よく当てはまる」まで）。それぞれの強みに関しては一〇の質問項目がある（計二四〇項目）。

＊実証的な研究結果

ＶＩＡ－ＩＳについて、私は研究仲間と共に、世界中ならびにアメリカ国内の成人たちによって相対的に支持された二四の強みとしての徳性から、注目に値する類似性を発見した。アゼルバイジャンからジンバブエに至る五四の国々において最も一般的に支持された（「自分に最もよく当てはまる」）強みとは、親切心、公平さ、誠実さ、感謝、柔軟性である。一方、一貫してあまり支持されなかった強みには、思慮深さ、謙虚さ、自己調整が含まれる（図６・１）。国ごとの順位づけの相関は、文化的、民族的、宗教的、経済的な差異に逆らう形で、いずれも非常に強い。

高い順位づけにある強みと、低い順位づけにある強みが、安定した値を示すこともまたアメリカ全五〇州の特徴を示すものだ。性別、年齢、学歴などの差異を越えて、全五〇州で同じ順位が保たれた。このような研究結果は、普遍的な人間の本質や、発展可能な社会に最小限必要とされる徳性の必要条件について、何かを明らかにしているのかもしれない。

第二に、アメリカの成人と青少年たちの間で実施された強みに関する分析結果を比較することで、順位が全体的に一致していることが明らかになったわけだが、それよりも著しく低い一致が、アメリカの成人と、その他のあらゆる国々の成人との間に認められた。希望、チームワーク、熱意は、アメリカでは成人に比べて青少年の間でより一般的に見られたが、その一方で、審美眼、誠実さ、リーダーシップ、柔軟性は、成人の間でより一般的に認められた（図6・2）。徳性を意図的に育成する方向に関心を向けるのと同時に、ゼロから人を創り上げる方法と同様、成人になる過程で一部の徳性が損なわれてしまわないようにする方法にも関心を持つべきだろう。

第三に、強みとしての徳性に関する定義の一部に「充実感に貢献する」というのがある。**熱意、感謝、希望、愛情といった「心の強み」の方が、向学心のような「頭脳の強み」よりも、人生の満足度と強く関係している**ことが分かっている。これは、成人や青少年、そしてとても小さな子供たちにおいてさえも当てはまる。他者の存在は非常に大切である。**自分を他人へと向かわせる強みとしての徳性は、ひいては自分自身を幸せにする**ものなのだ。

第四には、アメリカに在住し、9・11事件を経験した直後の二ヶ月の間に、オンラインでVIA−ISを回答した人たちによる得点が、同事件以前の得点と比較された。すると、**信仰（宗教性）、希望、愛情の徳性に関する得点が増加を示した**。これは、ヨーロッパ在住の回答者の間では見られなかったパターンだ。こうしたデータを理解する一つの方法は恐怖管理理論（存在脅威管理理論）だ。これは、人々が文化的に顕著な価値概念との一体感を増すことで、自分自身の死に対する恐怖を「管理する」と考える理論である。

第五には、最高の状態にある人々について研究する最初のステップとして、徳性と仕事、

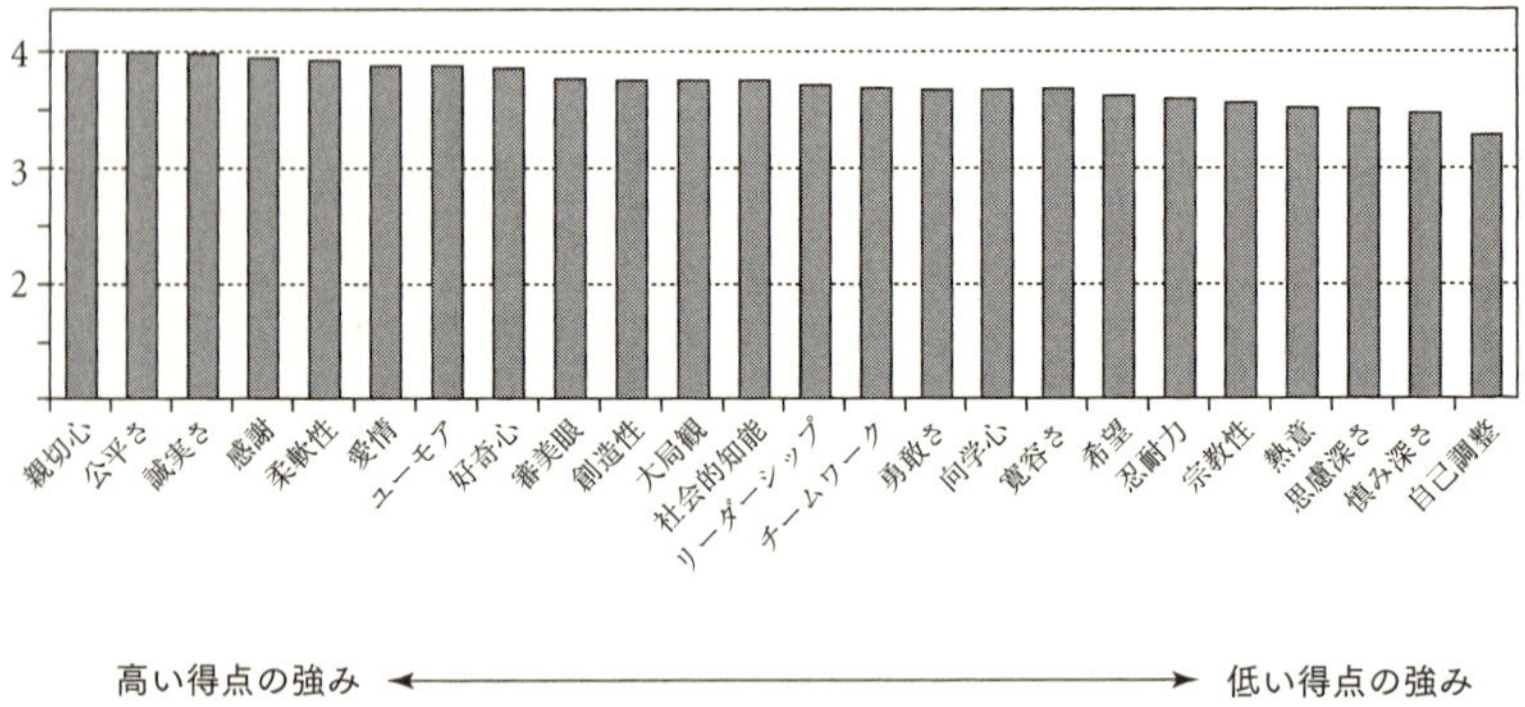

図 6.1.　アメリカにおける VIA－IS の平均値

得点は 1 点（「全く当てはまらない」）から 5 点（「とてもよく当てはまる」）までの範囲（*N* = 83,576）。

徳性と愛情、そして徳性と遊びとの相関をめぐって、成人を対象とした三つの研究を行った。回答者に、現在の仕事や人間関係、余暇の活動について尋ねる代わりに、最も充実している仕事や、最も真実だと感じる愛、最高の親友、最も夢中になっている趣味など、これらの要素が自分の人生に存在するときにはいつでも考えてみるよう依頼した。

面白いことに、回答者は、自分の現在の仕事や人間関係、余暇のすごし方について、必ずしも記述したわけではなかった。**人々が最も高く評価したものは、自分自身の強みとしての徳性と合致した仕事や、人間関係や、趣味であった。**たとえば、親切心に関する強みを備えている人は、他の人の相談相手になる仕事を特に楽しんでいた。好奇心に関する強みを備えた人は、冒険好きな恋人を好んだ。向学心に関する強みを

成人

24 ■親切心
23 ■公平さ
22 ■誠実さ　　　　　　　　　　　　　　　■感謝
21
20 ■柔軟性
19 ■愛情
18 ■ユーモア
17 ■好奇心
16 ■創造性
15 ■審美眼
14 ■大局観
13 ■社会的知能
12 ■リーダーシップ
11 ■チームワーク
10 ■勇敢さ
9 ■向学心
8 ■寛容さ
7 ■希望
6 ■忍耐力
5 ■宗教性
4 ■熱意
3 ■思慮深さ
2 ■慎み深さ
1 ■自己調整

1 2 3 4 5 6 7 8 9 10 11 12 13 14 15 16 17 18 19 20 21 22 23 24

低い得点の強み ←――――→ 高い得点の強み

青少年

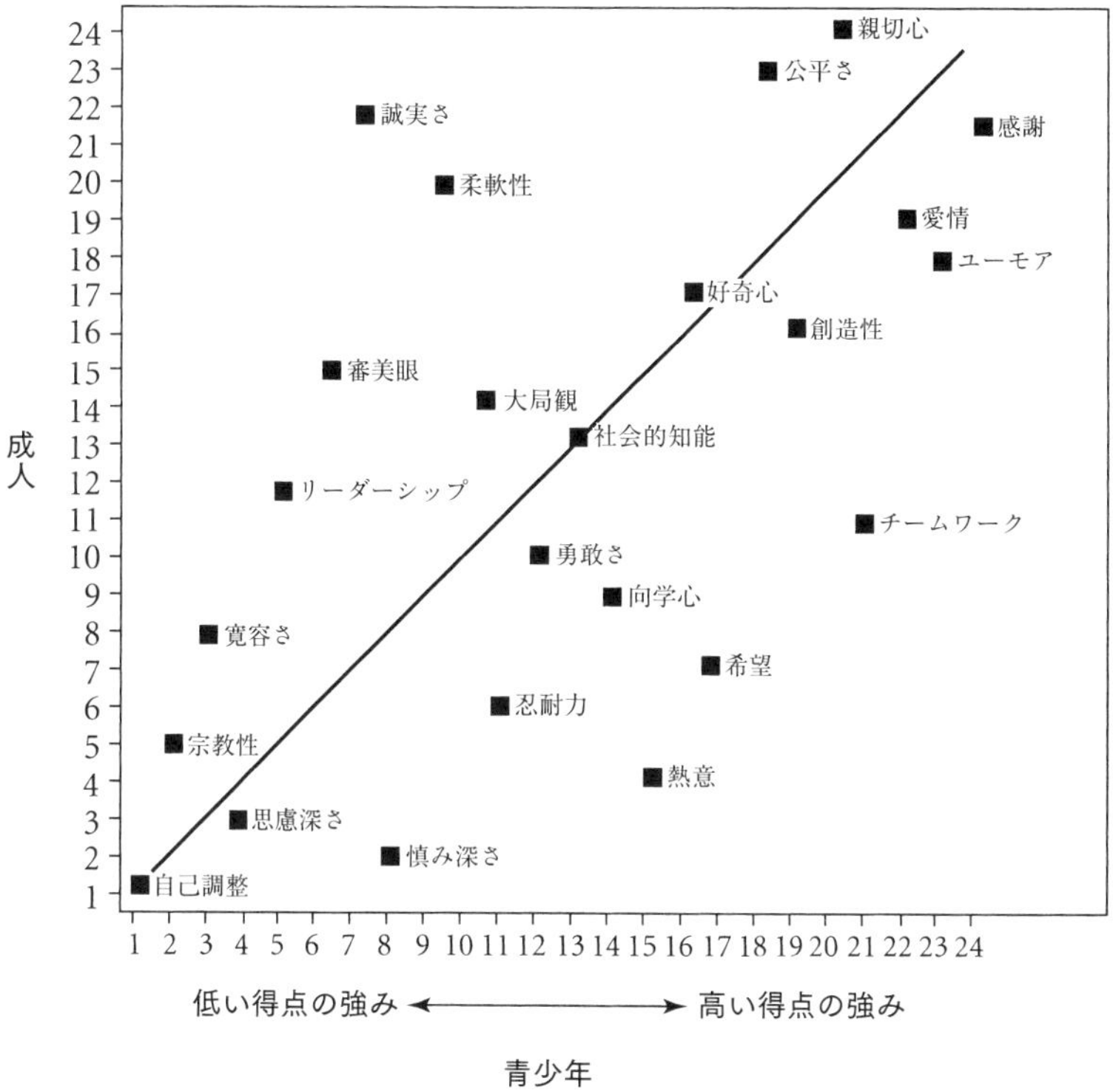

図6.2. アメリカの青少年（$N = 250$）と成人（$N = 83,576$）における強みに関する分析結果

強みは最下位（1位）から最高位（24位）まで順位づけられたもの。

第6章　強みとしての徳性

備えた人々は、余暇のガーデニングに楽しみを見出していた。

第六に、過去に直面した危機が、強みとしての徳性に与えた影響を調べるいくつかの研究を開始した。当初、ポジティブ心理学の輪郭を描くのに際して、セリグマンとチクセントミハイは、ポジティブ心理学とは平和で繁栄している社会でこそ意味を成す学問であると推測した。ポジティブ心理学の目標は人々をマイナス5から0に動かすことではなく、プラス2からプラス6に動かすことであった。したがって、ポジティブ心理学は、従来型の心理学における典型的な関心事である苦悩や病理学とはほとんど無関係のように見えたのだった。だが、多くのポジティブ心理学者の考え方は9・11事件以降変わった。それは、**危機に瀕したときにこそ、人々の最高の状態が示される**ことを想起させられたからだった。

そのような危機のとき――少なくとも危機を乗り越えたとき――にこそ、人生で何が本当に大切なことなのかという新たな認識と共に、この認識にしたがうことで、行動するための心構えが形成されることを示す豊富な事例証拠がある。**レジリエンス**（回復力、再起力）と**心的外傷後成長**に関する組織的な研究によると、少なくとも危機を乗り越えた人々においては、一般的な理論が予測するところよりもそれほど外傷を受けていないことが実証されている。だが、人々が強みとしての徳性を見出すか構築するかして、困難な経験から実際にどれくらいの利益を得るのかはいまだに不明のままだ。

私たちは研究を三つ行った。まず、強みとしての徳性を測定するためにＶＩＡ－ＩＳを実施して、それから回答者に、身体的な病気や、心理的障害や、暴行のようなトラウマ（心的外傷）となる出来事について尋ねた。それぞれの事例において、危機を経験した人については経験しなかった人に比べてある特定の強みが高い数値を示した。たとえば、深刻な体の病気（その病気から快復したらの話だが）は、勇敢さ、親切心、ユーモアに関する強みと関係していた。これらの強みは、やはり高い人生の満足度と関係していた。この結果が究極的に意味するところは、これらの強みに照準を合わせた意図的な介入によって、危機の後でも人々が何とか生きていくだけではなく、存分に活躍できるよう助長できるかもしれない、ということだ。

今日までの研究から、できるだけ多くの強みを開拓して発揮すべきであることが判明しているが、そうすることは本当に可能なのだろうか？　ＶＩＡ分類法のプロジェクトについて、バリー・シュワルツらは、人々の日常生活の上でときに必要となる、**強み同士のトレードオフ**（あちらを立てればこちらが立たずという関係）を無視しているのではないかと非難した。「このドレス、私に似合っていると思う？」と言って、シュワルツらは批判を始めた。**親切心**からだとおそらく――「素晴らしく見えるよ」。**正直さ**からだとおそらく――「ひどい格好だね」。**思慮深さ**からだとおそらく――「緑はいい色だよね」と答える、といったところだろうか。

こうしたジレンマに対する普遍的に正しい解決策といったものはない。だが、シュワルツらは、**社会的知能（「実践的な知恵」）**が、あらゆる微妙な部分に配慮すべき具体的な状況において、人々が答えを選ぶのを助けてくれるものだと主張する。要するに、人はこの状況において親切であると同時に正直であることはできない。そこにはトレードオフがなくてはならないのだ。

人々は特徴的なやり方でこのようなトレードオフをするのではと思う。とすれば、VIA－ISで測定されるいくつかの強みとしての徳性が、それぞれ互恵関係を形成していると予測される——すなわち、ある強みが高い値だと、他のある強みが低い値であるという相関関係があり、その逆も然り、というわけだ。このようなトレードオフの構造は、徳性が現実の世界でどう発現するのか、その何かを明らかにしてくれるものかもしれない。

このような結論が導かれる統計的手順を利用して、私たちは実際に、それぞれの徳性の間におけるトレードオフについて、単純な解釈と共に解明した。図6・3は、**円環モデル**の二次元に沿ったそれぞれの強み間の関係を表したものだ。

X軸（横軸）は**自己に向けられた強み**（創造力や好奇心など）と**他人に向けられた強み**（チームワークや公平さなど）に焦点を合わせたものに該当する。Y軸（縦軸）は**知性に基づく自制を伴う強み**（柔軟性や思慮深さなど）と**感情的な表現を伴う強み**（愛情や感謝など）に該当する。グラフ上で近距離に位置する二つの強みはちょうどよい具合に同時に発現することを示すが、遠距離の位置にある二つの強みはトレードオフされる傾向が強いものとなる。もちろん、トレードオフは必然的なものではないが、これは人々が習慣的に異なる方法で徳性を示すことを意味する。

エクササイズ6――とっておきの強みを新しい方法で使ってみる

とっておきの強み（個人を特徴づける強み）とは、オールポートが何十年も前に「個人の特性」と呼んだものと類似していると私は考えている。とっておきの強みとは、個人に備わり、是認され、頻繁に発揮される徳性である。私たちの研究では、成人との面接において、ほぼ全員がすぐにいくつか（通常は二つから五つ）の自分の強みを特定できることを発見した。とっておきの強みの基準となり得るものは次の通りである。

・強みに関して、所有意識と本来感（「これが本当の自分だ」という実在感）がある。
・特に初めて強みを発揮するときには高揚感がある。
・強みを発揮する方法を素早く学ぶことに長けており、実践される。
・強みを発揮するのに、常に新しい方法を学ぶことになる。
・強みにしたがって行動したいと切望する意識を持つ。
・強みを発揮することが必然であるという感覚を持つ。人から止められたり、説得されたりして、強みを発揮しないということはあり得ない。

・強みには、突然の悟り（ひらめき）で得られるような発見がある。
・強みを発揮するときには疲労ではなく活力が得られる。
・強みを中心に、自分に与えられた根本的な課題を創造して追求していく。
・強みを発揮したいという内発的動機づけがある。

とっておきの強みを発揮することには充実感が伴うものであり、これらの基準には充実感に関する動機的・感情的特徴が見られる、というのが私の仮説だ。「高揚感」「切望」「必然」「発見」「活力」というような言葉がそれを裏づけている。

このエクササイズの目的は二つある。まず、ペンシルベニア大学ポジティブ心理学センター（www.authentichappiness.org）またはＶＩＡインスティチュート（www.viacharacter.org）のウェブサイトでＶＩＡ－ＩＳをオンライン測定して、あなたのとっておきの強みを特定してみよう。両ウェブサイト上では、あなたが高得点を記録した強みについて、直ちにフィードバックが得られるようになっている。高得点を示した強みについて、先の「とっておきの強み」に関する基準に照らし合わせてみて、上位五位の強みのうち、本当の自分を表す強みとして認められるものを決定してみよう。

次に、あなたが特定したとっておきの強みのうち一つを選び、翌週、その強みを毎日新し

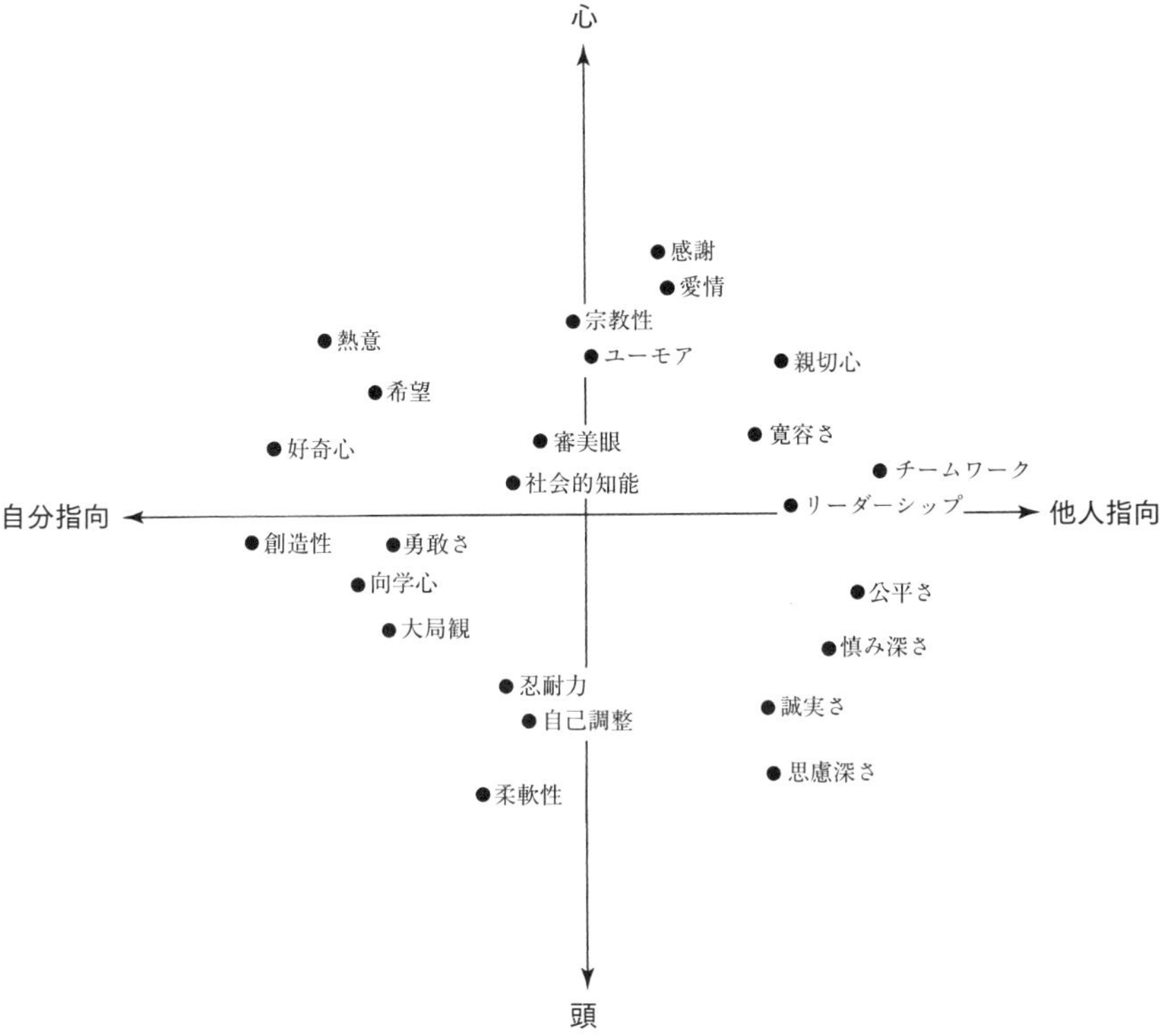

図 6.3.　強みとしての徳性間におけるトレードオフ
二つの強みが遠く離れた位置にあるほど、同一人物においてそれら二つの強みが常時顕示される可能性は低くなる。

い方法で使ってみよう。第４章を思い出していただきたいのだが、この方法はポジティブ心理学者が体系的に試してみた結果、幸福感に関して長期にわたるポジティブな効果が得られると証明された介入の一つである。重要な点は、強みを新しい方法で使ってみることだ。新しい方法については自分で考案することも可能かもしれないが、ジョナサン・ハイトらによって作成された一覧表があるので、ぜひ参考にしてみてほしい（www.jppanetwork.org「ポジティブ心理学入門」ページに掲載）。

第7章　価値観

善を知ることは善を行うことだ。
——プラトン

強みとしての徳性に関する私の研究について提起される問いの一つは、「強みが誤った目的のために使われる可能性はあるのかどうか」ということだ。強みとしての徳性とは、当然ながら道徳的に重んじられるものであるにもかかわらず、専制君主は有能なリーダーだといえるし、自爆テロ犯は勇敢だともいえるし、痛烈な皮肉を言う人はユーモラスだともいえる。いずれの人も道徳的な善を体現してはいないのだが、それでも強みは明らかである。別の言い方をすれば、個人の特性というのは、それを賞賛に値するものとして体現する人がいなくても強みとなり得るのだ。

ある人を「いい人だ」と見なすのには他にも考慮すべき問題があるのだが、そこには強みとしての徳性が向かうもっと大きな目標が含まれる。地震やハリケーン被災者への救援体制を組織するにも、暴力的なビデオゲームを市場に出して一財産を築くにも、リーダーシップスキルが駆使される。ケンカを始めるのも、相手から立ち去るのも、勇敢な行為だ。人々を集めるときも、分裂させるときも、ユーモアをもってやることができる。**最終的にそれがよい行いかどうかを決定するのは、その行いの「目的」である。**

したがって、よい生き方の一部とは、価値があると考える目標を明確にして追求することに他ならない。それが**価値観**である。価値観とは本質的に道徳的、宗教的、または政治的なものであるが、人々が送る、または送らなければならない人生に非常に強く関係してくるものだ。アメリカの成人を対象としたパブリック・アジェンダ社による一九九九年の調査によると、今日の若者たちが直面する最も重要な問題は、**麻薬や暴力の問題よりも、価値観を学ばないことだ**と指摘されている。

本書では、ポジティブ心理学に関するテーマのほとんどを紹介しているわけだが、私がポジティブだと考えることを明確にする際に、私自身の好き嫌いが邪魔をしているのではないかと心配になる。だが、価値観に関する研究については様子が異なる。それは、他の人々が価値あるものと考える観点から研究が始まるためであり、事実上すべての人が価値観について信念を持っているからだ。ポジティブ心理学者の課題は、そのような信念と、信念が人々の人生においてはたす役割について研究し、ある特定の価値観を支持して、その他の価値観は支持しない、というような行為を慎むことにある。

価値観について学ぶことには、ときに驚くべきことがある。たとえば、バリー・シュワルツによる研究は、研究者がデータにしたがって行き着くところまで行くときに何が起きるのかを示すものだ。シュワルツは**選択**、つまり大半の人々が仮想母――純粋な善――と見なす価値について関心を持っていた。

シュワルツの話というのはこうだ。彼は何十年もの間、数年に一回、一着のブルージーンズを買い求めるために衣料品店を訪れるのだが、ある日店を訪ねて興味をそそられたことがあった。ジーンズを買うなどというのはいつも単純な雑用だった――自分のサイズを覚えておいて、そのサイズのジーンズを買って、履き慣らして、ちゃんと履ける限り履き続けて、履き潰した後でも、もうちょっとだけ履く。

だが前回、店にジーンズを買いに行ったときと今回とでは事情が違っていた。ブルージーンズ業界に**選択肢**ができていたのだ。店で彼が直面したものは、サイズの違いや、リーバイスまたはリーのジーンズという他にも、無数の選択肢があることだった――ストーン・ウォッシュ、フェイド、イージー・フィット、リラックス・フィット、バギー、テーパードなど、その選択肢たるや枚挙に暇がない。また、「ブルー」のジーンズというのは、今や当然ながらブラックやグリーンやグレーもあって、ティール、ペリウィンクル、デザートローズなんていうのもあるらしい（いくつか色を挙げてみたもののどんな色だか私にはさっぱり分からない)。シュワルツは選択肢の多さに圧倒され、たった一着のジーンズを買うのに実に何時間も食われてしまったという。彼はその後、自分が正しい選択をしなかったとくよくよしていたものの、単なる一着のジーンズの話ではないか、とその間ずっと認識してもいたのだった。

選択、および選択を行う自由は、世界の数多くの国の、また国家が成立した当初から個人の権利と自律を尊重してきたアメリカの根本を成す価値観だ。宗教、職業、住居地、友人、恋人を選ぶ自由は、アメリカ人の大切な権利なのだ。

シュワルツは、社会的コンセンサスを越えたところで、選択にはしかし何か否定的な面があるのではないかと問う一連の実験をまとめたのだが、その実験データは彼自身のジーンズを買うという経験を裏づけるものとなった。

人々が目にする選択肢の数が増えれば増えるほど、たとえそれが取るに足らないものであっても、どれを選ぶかを決めるのに費やす時間が増え、選んだものについて後になって後悔するのに費やす時間も増えてくる。選択肢が増えるにつれて、「別のものを選んでいたらどうなっていただろう」という思いが邪魔するようになる。二つか三つの選択の余地がある方が、一つしか選択肢がないよりも満足できるかもしれないが、手に余るほどの選択肢がある場合は心理的にはあまりよくないということになる。

シュワルツらによるさらなる研究によると、いろいろな選択肢を目の前にしたときには、多くの人が一貫した選択の仕方を示すという。選択肢の中から最高の選択をしたがる人がいる一方で、まあまあよい選択をすれば満足だという人がいる。シュワルツは、ノーベル賞受賞者で理論家のハーバート・サイモンの言葉を借りて、前者のタイプの人が目標とするのは、選択に伴うあらゆる報酬を最大限に得ることだとして、そのような人を**追求者（マキシマイザー）**と呼び、後者のタイプの人が目標とするのは、適度に満足できる程度の選択を行うことであるとして、そのような人を**満足者（サティスファイサー）**と呼んだ。

純粋な追求者、または純粋な満足者だという人はもちろん存在しないが、次のような説明と一致するかどうかで分類できる。

・次善のものには絶対に甘んじない。
・今の仕事にどれだけ満足していても、もっといい機会を求めて目を光らせるのは自分にとっては当たり前のことだ。
・買い物をするとき、本当に気に入る服を見つけるのは大変だ。

それぞれの説明に対する反応から、人々が実際にどのような選択をするのか、またその結果受ける心理的影響について予測できる。案の定、追求者は決断に至るのにより時間を費やすのだが、さらに面白いことには、追求者は自分の決断にあまり満足しないということだ。これは、満足者の素早い決断より優れた決断のように見えてもそうなのだ。

シュワルツは、卒業を控えて初の職探しをしている大学生を対象に研究を行った。追求者は満足者よりも就職先が決まるまで時間がかかったが、彼らの仕事は平均してはるかに高い給料がもらえるものだった。これはよいトレードオフかもしれない。ところが、卒業生たちを追跡調査したところ、追求者は高い給料にもかかわらず、満足者よりも仕事に満足していないことが判明した。一般に、追求者は満足者に比べて人生の満足度が低い。人が何かを欲するとき、もっと多くのものがあるともっといいわけだが、**増大した選択肢は必ずしも人をもっと幸せにはしてくれない**のだ。

あなた自身を客観的に見て、自分がどのような選択の仕方をしているのか観察してみることで、この研究の持つさらなる意味を考えることができる。あなたが徹底的な追求者であれば、この章の最後にあるエクササイズで紹介されているように、小さな買い物をするときに今までの選び方をやめてみる実験をしてみるとよいかもしれない。ここで覚えておいてもらいたい重要なことは、**「価値観」と言うときには損失と利益の両方がある**、ということだ。

＊価値観とは何か？

家族の価値観、アメリカの価値観、文化的な価値観など、価値観については実に多くを耳にする。価値観とは、ある目標が他の目標よりも好ましいという揺るぎない信念を意味する。

もちろん、人によって、また社会によっても価値観は異なる。価値観は行動にも重要な影響を及ぼす。

人々はどのようにして好ましい目標に到達するのだろうか？　コロラド大学のウィリアム・スコットは、価値観に関する広範囲な研究を行い、価値観がどのように定義され、測定されるかについて取り組んだ。スコットは価値観について研究するためにまず人々と話すことから始めた。彼の面接手法は、一連のウォームアップ質問で相手との信頼関係を確立してから本題に入るというものであった。

あなたが賞賛するいろいろな人について考えてみて、その人たちの何が賞賛に値するのかよく考えてみよう。そして、次の一般的な質問について考えてみよう。どんな人でも、何がその人をよくしているのだろうか？　どんな個人的特性が賞賛に値するといえるのだろうか？　……あなたが述べた特性についてよく考えてみてほしい……どの特性が本質的によいもので、あらゆる人からそのよさがきちんと認められるべきものなのだろうか？

スコットの面接は、賞賛される特性に関する質問から始まるため、強みとしての徳性に関する調査のように聞こえるかもしれないが、その違いに注意してほしい。スコットは、他人の中に見る賞賛すべき特徴について、そうした特徴が本人の行動に体現されているか否かにかかわらず尋ねたのだった。

スコットの面接対象者は、今から二世代前の大学生たちであったのだが、彼は、大学生たちが特定した賞賛された特徴が包括的なものか、または普遍的なものかは示さなかった。いずれにせよ、彼の面接から明らかになった価値観は次の通りだ。これらの価値観にはある程度の一般性があるのが分かるだろう。

達成／創造性／正直さ／自立／知的追求／親切心／忠誠心／身体能力／宗教性／自制心／社会的スキル／地位

これらの価値観は通常、ほとんどの人にとってポジティブである。人々が「異なる価値観を持つ」というのは、より正確に言えば、人々が「異なる価値観の優先順位を持つ」ということだ。人は自分の価値観に順位づけをして、葛藤が生じたときはその解決のためにこの順序づけを使う。さらに重要な点は、ほぼすべての人が、いくつかの価値観から成る**価値体系**を持つ、ということだ。

私はここで、価値観もまた社会的なものであるとくり返し強調しておきたい。集団とは「価値観を共有するもの」と言い表せる（集団のメンバーが望ましい目標について合意する傾向にあるため）。共有された価値観は集団の決定的な特徴の一つであり、単なる集合体（偶然同じ場所で、同じ時に居合わせた人々の集まり）と区別するのに役立つものだ。

スコットが示したのは、案の定、集団の多くがそれぞれ異なる価値観を共有していることだった。一般の学生に比べて、大学の演劇サークルのメンバーは創造性に価値を置く。神学生は宗教性に価値を置く。優等生は学業成績に価値を置く。運動選手やアウトドア好きの集団は身体能力に価値を置く。こうした例との比較で私が面白いと思ったのは、スコットがコロラド大学の学生団体で逸脱行為を得意としていたメンバーについて研究し、彼らが**自立**と**非協調性**という価値観を共有しているのを発見したことだ。スコットはまた、大学生が自分の価値観と同じ価値観を有する集団に属すること、さらには集団のメンバーとして、集団内で共有された価値観との類似または相違という観点から仲間による評価を受けることも指摘した。

要するに、価値観とは、個々人の持つ信念であり、望ましい目的に関して集団で共有されるものだ。価値観は特定の状況を超えるものであり、自分の行動を選択する上でも、また他人と自分自身とを評価する上でも指針を与えるものだ。また、価値観は、相対的重要度にしたがって順序づけられている。さらに、価値観が孤立していることはない――価値観はある人にとっての、世界についての、世界がどうあるべきかについての、もっと大きなイデオロギーの一部なのだ。

*価値観の目録を作る

私たちが共有する価値観の数は限られているものの、潜在的にはまだまだ非常に多い。ある心理学者たちは、重要な価値観の核となるものを特定するために、自分の直感や、経験や、予感などに単純に依拠している。価値観研究の先駆的研究者の一人であるミルトン・ロキーチは、存在の理想的な状態に関する信念を**最終価値**と呼び、人々が価値を置くものと区別したが、それは彼独自の考え方によるところが大きかった。最終価値とは次の通りだ。

快適な人生／刺激的な人生／達成感／平和な世界／美しい世界／平等／家族の安全／自由／幸せ／内面の調和／成熟した愛／国家の安全／喜び／救済／自尊心／社会的な承認／真の友情／知恵

ロキーチはまた、彼が**手段価値**と呼ぶもの、つまり最終価値を支える行為の理想的様式に関する信念についても明確に示した。だが、彼の手段――最終（手段対目的）という区別は、実践では通用するものではない。

ウィリアム・スコットのような他の心理学者はもっと体系的で、人々の価値観を特定するのに面接またはフォーカスグループを用いる。また、価値観を推測するのに、既存の理論を用いる心理学者もいる。たとえば、ハーバード大学の心理学者ゴードン・オールポートらによって、何十年も前に提示された理論がある。彼らは、六つの基本的な価値観を提唱する際に、次のような手法にしたがった。

・理論的……真実とその発見に価値を置くこと
・経済的……有益で実践的なものに価値を置くこと
・美的……美と調和があるものに価値を置くこと
・政治的……権力、影響力、名声に価値を置くこと
・社会的……他人とその福祉に価値を置くこと
・宗教的……超越性と、より大きな宇宙との交わりに価値を置くこと

過去の理論に基づく価値観目録のもう一つの例は、政治学者のロナルド・イングルハートがマズローの**欲求階層説**を利用したもので、人間集団が最も価値を置く目標を特定するものだ。マズローは人間の動機が、人々が欲求を持つ順序を反映した階層として配置されると考えたのだった。欲求階層の最下位には、飢えや渇きなどの生物学に基づく欲求がある。自分の生命が危機に瀕することになるため、人はそれほど長い間、その欲求を満たさないままに

しておくことはできない。こうした欲求が満たされたときにだけ、差し迫った危険から解放されたいという欲求が生じる。

マズローはこの欲求について、身体的かつ心理的な安全性欲求の一つであると言った。人間は、世界が安定しており、一貫していると信じる必要がある。欲求階層における次の段階は愛情であり、他人を求めたり、愛したり愛されたりということにつながるものだ。愛情への欲求がうまく満たせれば、自分自身を尊敬し、他人からも尊敬されたいと感じる。

マズローは、知識、理解、目新しさへの欲求を**認知欲求**として一まとめに分類し、欲求階層ではこれが次の段階にくると提唱した。その次に美的欲求を見出すのだが、これは秩序と美への欲求である。欲求階層の頂点付近にあるのが自己実現欲求、つまり、「自分の才能、能力、潜在能力を十二分に利用し、開発すること」だ。マズローは、より高次の欲求を満たすことを求める前に、下位の欲求を満たす必要があると主張した。自己実現への欲求は、その下位にある欲求がうまく対処されたときにのみ関係してくることからも、達成するのが特に困難なものだ。

マズローの理論は、欲求に関するものであって価値観に関するものではないわけだが、イングルハートは、それぞれの欲求を、人々が望ましいと考える最終状態として見直すことで、価値観の目録を作り上げた。イングルハートは、**生存価値観**（マズローの欲求階層における最下位の欲求と呼応するもの）と、**自己表現的価値観**（階層における最上位の欲求と呼応するもの）とを区別して、世界中の国でのそうした価値観の事例を測定する研究に熱中した。マズローの基本的前提と一致して、時間が経つにつれて豊かになっていく国々は、生存価値観から自己表現的価値観に至るまで、予測通りの進行を示した。

重要な人間の価値観を区別するのに用いられるもう一つの理論の例は、心理学者のシャローム・シュワルツらによる研究に見ることができる。シュワルツらは、個人ならびに集団が存続し、また力強く成長するために、普遍的に必要とされるものに対する展望から始めて、特に次の点を指摘した。(a) 個人における生物学に基づく欲求、(b) 社会的な協調と相互関係のための必要条件、(c) 集団の福祉に関する制度的要求。ロキーチによって提唱された価値観の目録にかなりの部分で依拠しながら、シュワルツらはこの枠組にしたがって、さらに具体的な価値観を当てはめていった。

*人間の価値観をめぐる普遍的構造

長年にわたり、数々の心理学者によって提示されてきた価値観目録であるが、それらは大幅に一致する。この結論はシャローム・シュワルツの研究によって強化されることになるのだが、彼は世界中の何十もの国々における価値観の支持について研究し、普遍的に承認された人間の価値観を特定することを期待しながら慎重に研究を始めたのだった。彼の研究は優れたものでもある。異なる価値観同士の関係（彼が「構造」と呼んだもの）について述べ、個々の価値観に限らず、全体の価値観についても研究したからだ。

すでに述べた通り、シャローム・シュワルツはロキーチの最終価値に関する目録を研究することから始めたのだが、そこで彼は、実験参加者に、重要性にしたがって順位づけをするよう求めた。それからその結果を踏まえて、隣接した順位にある二つの価値観が、個人的重要性という観点からどの程度似ているか、または似ていないかを評定することで微調整した。高度な統計学的手法を用いることで、シュワルツは人々が区別した価値観にまず注目し、区別された価値観が互いにどのように関係しているのかに注目した。シュワルツらはその後、七〇もの国々でこれらの研究を続けたのだが、それぞれの事例でほぼ同じ結果を見出した。一〇の異なる価値観が、世界中で同じように区別されている。

・達成……社会の基準にしたがい能力を証明することを通して個人的に成功すること（野心など）。
・慈善……自分の身近な社会集団において他人の福祉を保護し、向上させること（ゆるしなど）。
・適合……社会規範を犯したり、社会的期待を裏切る行為を抑制すること（礼儀正しさなど）。
・快楽主義……個人的な満足や喜びを得て楽しむこと（食べ物、セックス、余暇など）。

・権力……社会的地位、名声、優越を得ること。他人を支配すること（富など）。
・治安……社会の安全、調和、安定性を遵守すること（法と秩序など）。
・自己主導性……自立した思考と行動を追求すること（自由など）。
・刺激……興奮、目新しいもの、人生における挑戦を求めること（多様性など）。
・伝統……自分の文化的または宗教的な習慣に対して敬意を払い、受容すること（信仰心など）。
・普遍性……あらゆる人間や自然を理解し、真価を認め、保護すること（社会的正義、平等、環境保全主義など）。

図7・1にあるように、こうした価値観は二つの基本的次元に沿って構築されている。二つの価値観が円上で互いに近くにある場合には（達成と権力など）それらは互換性を持ち、同じ人が双方を支持する傾向にある。二つの価値観が円の両極にある場合には（慈善と達成など）それらは相容れず、同じ人が支持する傾向にはない。

図7・1の示す一つの次元は、価値観が自己高揚（達成、権力）を中心に展開しているか、自己超越性（普遍、慈善）を中心に展開している。この次元については「自己」対「他人」、「媒介」対「交わり」、「個人主義」対「集団主義」、「自立」対「相互依存」と分類することもできた。あるいはまた、イングルハートの生存価値観と自己表現的価値観の区別を用いる

ともできた。これらそれぞれの名称の組み合わせには、わずかに異なる含意があるものの、それらが一緒になることで、個人の利益を重視するのか、個人と交流のある他人や集団の利益を重視するのか、そのいずれかが人々の価値観の優先順位によって反映されるという考え方を捉えている。

図7・1での価値観の構造の根底を成す二つ目の次元は、維持（適合、伝統、治安）によって一端が固定され、もう一端が変化への柔軟性（快楽主義、刺激、自己主導性）で固定されているものだ。この次元については「保守主義」対「自由主義」と名づけることもできよう。このような対比を示すもう一組の名称は「伝統」対「世俗」であるが、「組織優先」対「機会優先」と言うこともできる。

二つの次元についてどんな名称で呼んだとしても、シュワルツの円環モデルは人の価値体系を全体として理解し、その中でよく起きるトレードオフについて理解するのに役立つものだ。

＊価値観の起源

人は自分の価値観を見出した途端、いつまでもそれに固執する。ところで、価値観とはどこから生じるのだろうか？

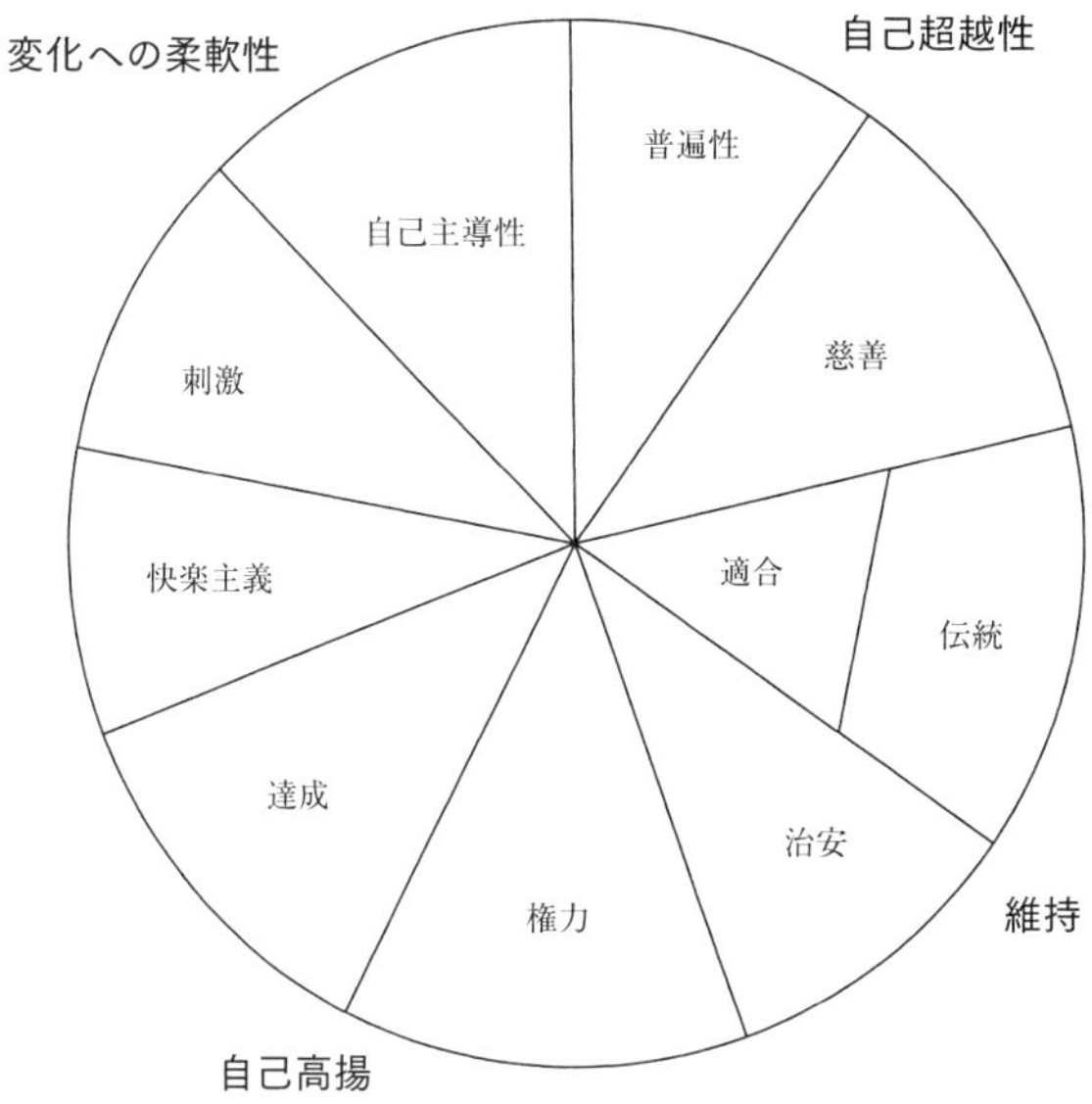

図 7.1.　価値観の間におけるトレードオフ
二つの価値観が遠く離れた位置にあるほど、同一人物においてそれら二つの価値観が強く支持される可能性は低くなる。

一九四〇年代および五〇年代、心理学では**強化説**が人気を得ていたのだが、特定の価値観の獲得については**報酬と罰**という点から説明されていた。一世代後には、ロッターとバンデューラにしたがって**社会的学習理論**が出現したのだが、そこでは学習の主要な要因として他者が強調され、**モデリング**、つまり影響力を持つ他者の言動を模倣することから特定の価値観が獲得されると説明された。

ポジティブ心理学の観点から、**何が正しいことなのかを自分に向けて問い、それに対する答えを選ぶことで価値観を形成していくという意図的な過程からも、価値観は獲得されるのではないか**、と私は推測する。

確かに、価値観の優先順位を意図的に受け入れていく過程は、人生の出来事によってもたらされる可能性もあるだろう。たとえば、死に瀕《ひん》した経験を持つ多くの人は、今では自分にとって何が最も大切かについて「分かる」と言う。強みとしての徳性に関する私自身の研究では、致命的な病気から回復した人々は、審美眼、好奇心、公平さ、寛容さ、感謝、ユーモア、親切心、向学心、スピリチュアリティについてより高いレベルを示すことを発見した。9・11事件の直後に、アメリカ人は信仰、希望、愛情という、核となる価値観を反映したような行動を重視する傾向にあった。だが、このような変化は永続的なものではなく、生活がほぼ普段の状態に戻ると、これらの価値観を重視する傾向も普通の状態へと戻っていったのだった。

しかしながら、その他の事例では、変化はもっと長続きする。価値観の転向に関するもっと顕著な例は、一八世紀に奴隷売買に従事していた船長のジョン・ニュートンの物語である。彼の船が航海中に嵐でほぼ難破しかけた後で、彼は自分の人生を振り返り、後に聖職者となったのだが、いくつかの報告によると、彼は奴隷廃止論者にもなったという。なぜ彼の話は有名なのだろうか？　死に瀕した経験の後で、ニュートンは「アメイジング・グレイス」という詩を書いたのだが、それは二世紀後に米国市民権運動の賛歌の一つとなった。

アメイジング・グレイス！　何と美しい響きだろうか
私のような人でなしまでも救ってくださる！
道を踏み外しさまよっていた私を神は救い上げてくださり
今まで見えなかった神の恵みを、私は今見出すことができる
——ジョン・ニュートン

このような過程のすべて——報酬と罰、モデリング、自己分析など——が連動して、人がどのように特定の価値観を獲得するかが説明される。たとえば、**正直さ**は私が子供の頃に学んだ価値観だ。私の学習過程は、私がある小さな嘘をつくとお尻を叩かれ、あるいたずらをした後で白状すると一応は褒められるという意味でいわばボトムアップ方式だった。このよ

うなしつけのパターンから、私は多くの場合に「正直が最善の策だ」という結論に達したのだった。

私の両親もまた、この価値観の優れたお手本であった。自分たちから一貫して真実を語っただけではなく、もっと一般的な意味で正直であることを支持していた。「いつも本当のことを言いなさい。そうすれば以前何を言ったか覚えている必要なんてなくなるから」というのが、私が今日まで覚えている皮肉たっぷりの家族のモットーの一つであった。世代間の断絶という言葉があるが、それでも親と子供はたいてい同じような価値観を口にすることから、価値観のモデリングは、音楽の好みや髪型などの表面的で同世代的な違いを越えることを意味している。

さて、ロキーチは、人々の価値観を意図的に変える手段として、**価値観の自己分析**という手法を丹念に作り上げた。彼の手法は、人々に自分自身の価値観に直面させ、その矛盾を明確に説明して、何が起きるか観察するという過程を伴う。価値観の自己分析を検証する多くの研究では、期待された方向へと変化が起きる。この価値観の変化について、ロキーチは、道徳的に優秀な人物が価値観Xを持つと誰かが信じているとして、この人物が価値観Xを持たないと指摘されれば、そのときに変化が起きる、という論を展開した。

話の次元を変えてみよう。特定の価値観を獲得するときに心理的過程が作用することを考えると、数ある価値観の中からある特定の価値観を好むようになるということに疑問が残ってしまう。より大きな文化、そしてその中での優先順位がお膳立てされた上で、ミシガン大学の政治学者のロナルド・イングルハートらよる研究は有益である。何年もの間、彼らは**世界価値観調査**という、世界中の人々の態度、信念、価値観について定期的に調査するという野心的な研究に取り組んだ。質問は世俗的なもの（「ゴミを捨てることは正当化されると思うか？」）から宗教的なもの（「あなたはどれくらいよく人生の意味と目的について考えるか？」）に至るまで多岐にわたる。

世界価値観調査は、調査対象となった国の数の多さ（世界人口の八五パーセントを含む八一の国々）の点から、また、各国の回答者が代表サンプル、つまり、年齢や性別、教育、職業などの重要な違いを持つ人々全体を代表している点からも、関連する他の研究調査とは一線を画している。

イングルハートが異なる国々における価値観の優先順位について発見したことの概要は次の通りだ。

・ある国で重視される価値観は、その国の政治的・経済的な制度と強く関係している。
・国の産業が発展するのに伴い、専門性の高い、教育を受けた労働力が出現するが、経済的に有利な人々は、政治を含む人生のあらゆる領域で自律性や自己表現に価値を置く。
・したがって、工業化によって民主主義への流れがもたらされ、自由で世俗的な価値観を支持する傾向が見られるようになる。

・国が価値観の変化を示すとき、それは**世代交代**と呼ばれる過程によるのであって、個人が価値観を変えることによるのではない。つまり、両親や祖父母とは異なる状況において成長した若者には異なる価値観の優先順位があり、それは最終的に前の世代のものに取って代わる。

・ところで国内では、人々が伝統的または世俗的な価値観を持つかどうかは、報告された幸福度とは無関係である。だが、人々が自分自身の幸福度を決定する要因として何が最も重要かを報告する内容には、価値観の違いが反映される。

世界価値観調査から導かれる一つの結論は、アメリカが例外だということだ——地球上で最も豊かな国でありながら、価値観の優先順位においては依然として非常に伝統的な国であり、特に宗教とナショナリズムに関してそうなのだ。たとえば、インドネシア、イラン、パキスタンなどのイスラーム本国の人々を除いては、アメリカ人は他の国の人々よりも宗教行事に定期的に出席する傾向が強い。イングルハートらによる価値観の優先順位によると、最も非宗教的な国は日本、中国、ドイツ、スウェーデン、ノルウェーとなっている。

テレビやラジオ、映画、新聞などのメディアが価値観を形成する上ではたす役割について、現在進行中の社会的な議論に触れることでこの章を締め括りたいと思う。運動選手やハリウッド俳優、一〇代のアイドル、ニュースアンカー、一般的な有名人など、メディアで取り上げられる人々は、普通の人々が受容している価値観を体現しているという意味でロールモデルとなっているのだろうか？

問題は明らかに、メディアと、その登場人物たちが価値観の優先順位を作り出しているのか、または単にそれらを反映しているだけなのか、というところに帰着する。ＭＴＶ（若者向けのケーブルテレビチャンネル）を社会のあらゆる悪の根源と考えるべきか、それとも実際の悪事に対する単なる高感度バロメーターと考えるべきか？　価値観、個人、その他多くの考慮すべき事柄によって異なってくる具体的な回答を考えても、真実はおそらく両方に少しずつあるのだろう。こうしたあらゆる解釈が複雑なのは、日々さらされているメディアや情報に対して、人々がかなり取捨選択を行っていることの証左だろう。数え切れないほどの調査から、人々は自分がすでに同意しているニュースを選択的に聞いていることが示されている。

全体的なメディアの影響について判明していることがある。今日、多くの社会科学者が、メディアの暴力にさらされることで概して人々が暴力的になり、また確かに、概して暴力にもっと慣れっこになるということで意見が一致している。だが、アメリカの一〇代の少年が学校へ銃を持ち込んで、同級生たちを襲撃するときなどでも、その少年が触れた映画やテレビゲームからその具体的な行動が生じたと断言するだけの根拠はない。かといって、メディアがその少年の行動とは無関係だったと断言することもできないのだ。ときどき、個別の事例に関して発言する社会科学者の能力は限られたものとなる。

いずれにせよ、メディアは世界について公平に描写すべきであり、世界では何がよいことで何がそうでないのかを示すことで、さまざまな形で具現化された志向すべき価値観を人々に提供すべきだ、というのがポジティブ心理学の見解だ。特に、暴力的なロールモデルについては、人の気持ちを高めて元気にしてくれるロールモデルによってバランスが取られるべきだろう。

エクササイズ7——いつ、どのように選択するかを選択する

バリー・シュワルツの研究では、満足者（サティスファイサー）の方が追求者（マキシマイザー）よりも概して幸せであることが示されているが、シュワルツは人生のすべての領域で満足者となることを提案したわけではなかった。子供を育てることを考えてみよう。「子供のためにまあまあよさそうな小児科医を見つけたわ」などと母親が言うのを聞いたことがあるだろうか？　シュワルツはむしろ、人々がいつ満足者となり、またいつ追求者となるかを選べるようになるべきだと提案したのだ。これは第5章で、いつ楽観的となり、いつ用心深くなるべきかを提案したのと同じことだ。

要するに、**いつ、どのように選ぶかを選ぶ必要がある**、ということだ。この提案に基づい

て試してみてもらいたいエクササイズがある。単純なものからより複雑なものまで、あなたが最近決めたことについて振り返ってみよう。一つのことを決めるのにどれくらいの時間や下調べを要しただろうか？　またそのためにどれくらい気を遣っただろうか？　そして今、それぞれ決めたことについて、あなたはどれくらい満足しているだろうか？

はとこの誕生日カードを選ぶのに、まるで結婚を決めるときか、どの家を購入するかを夫婦で決めるときのような複雑な過程が必要だったというのであれば、それは何かがおかしいと言っていいだろう。あなたが完璧な誕生日カードだと思って選んだカードでも、その遠い親類から大した反響もなかったのであれば、なぜ一枚のカードを選ぶのにあれほど苦しんだのだろうか？　あるいは、おそらく三〇〇〇円ほど節約するのに二〇時間も費やして買い物をしたとして、五〇〇〇円節約できなかったとまだくよくよしているようであれば、一歩離れて一時間の最低賃金がいくらかを考えてみよう。自分の時間に対してどれくらいの価値を置いているのか、あなたの意思決定過程は何を物語っているだろうか？

シュワルツは、意思決定をすることが試練となるような、小さな消費行動領域を見つけてみるよう提案した。それから、その領域でどのような意思決定をするか、任意の制限を設けてみよう。店は二ヶ所以上訪ねないようにすること。一〇〇〇円以下の品物を選ぶのに、一五分以上の時間はかけないようにすること。青い色の商品だけを買うようにすること。一度決めたらその決定を覆さないこと。

そうすれば、追求者を悩ます後悔や、「これでなくてあれを選んでいたら……」といった煩悶を切り捨てられるかもしれない。返品のきかない店で買い物をしてみよう。レシートを捨ててしまおう。休暇やビジネス旅行で遠出をしたときに買い物をしてみるのも、絶対に返品ができなくなる方法だ。

最後に、自分が持っているものに感謝して、持っていないものについては物欲しそうにしないこと。一回買い物をする度に「三つのよいこと」を書き出してみるのもよいかもしれない。

意思決定をするのに問題のある領域で、次回、選択を行うときには、こうしたステップを試してみよう。そしてその結果どうだったかじっくり検討してみよう。今までよりも素早く、簡単に決められただろうか？　自分が決めたことに満足しているだろうか？　最も重要なことは、あなたが自分自身の意思決定スタイルを選べることが分かったかどうかだ。「自分は追求者になりたい」と決めるかもしれないが、その場合には追求者としての意思決定スタイルを率直に選ぶべきだろう。

第8章 興味、能力、達成

あなたは毎日、最善を尽くすことができていますか？
——ギャラップ社

ギャラップ社は世論調査で有名だが、その業務の大部分は企業組織の経営を改善するためのアドバイスを行うことだ。ギャラップ社のクライアントには世界で最も有名な企業が名を連ねている——とりわけディズニー、ウェルズ・ファーゴ、トヨタ、ベスト・バイ、米国郵政公社などがそうだ。

ギャラップ社は、たとえば、**「あなたは毎日、最善を尽くすことができていますか？」**という従業員への簡単な質問によって強力な情報が引き出せることを知った。あなた自身の日常生活について、職場や学校でこれと同じ質問をしてみるとよい。あなたの答えが「ノー」であれば、あなたは多数派だ。日常的に自分の仕事で最善を尽くし、自分が最高の状態でいられると思っている従業員の割合は、アメリカではわずか二〇パーセントにすぎない。

大学生たちに対する、ここ数年の私独自の質問からは、さらにもっと少ない数の肯定的な回答しか見出せていない。私がよく耳にするのは不信感だ――「最高の私でいられるために、学校が何かしてくれるとでもいうのですか？」。

先の質問に「イエス」と答えることのできるほんの一握りの人には、ギャラップ社による何千人もの従業員を対象とした研究からどのような結論に達したかがもうお分かりだろう。**日頃から最善を尽くすことができる仕事というのは、あなたが好きな仕事なのだ。**最善を尽くすことができる人々が揃った企業というのは、収益面でうまくいっているだけではなく、従業員の士気や忠誠心が高いレベルにあると同時に、欠勤率や離職率が低い状況にある。

ここでの実際的な意味合いは、企業が人と、その人が得意とする仕事とを一致させることができれば、全員の向上が望めるということなのだが、これがまさにギャラップ社が勧めるアプローチである。このような**「強みに基づく哲学」**は常識的なもののように聞こえるかもしれないが、これは大部分の人々や組織がものごとにアプローチするやり方、つまり弱点に注目して、それをどのように修正するかを考えるというやり方とは相容れないものだ。

ギャラップ社によると、人はすでに得手としていることを強化することで最も向上することができる。文章が見事に書けるのに、話すのが下手だというある女性を想像してみよう。彼女自身と、彼女が勤務する組織がもっとよく機能するためには、彼女にメモや、手紙や、マニュアルなどを書かせる機会をもっと増やす方がよいだろうか？　あるいは、彼女にプレゼンテーションの補講を受けさせる方がよいだろうか？　ギャラップ社の答えは、前者の戦略の方が、際立って有能な書き手を育成することにもつながり、後者の戦略は、しょせん平凡な話し手を作り出すにすぎない、というものだ。

強みに基づく哲学は、当然ながら常識をもって実践される必要性がある。いかなる仕事であっても、いくつかのスキルは最低レベルを上回っていなければならない。話すときにまったく口下手な従業員は、どれだけ上手にものが書けても評価されないのだ。時間を守ることに無頓着な人であれば誰でも、その弱点を他の分野における強みで相殺するのは難しいことが分かるだろう。

ここまで私は幸せ、希望、強みとしての徳性、そして価値観について述べてきた。あなたがこうした要素を適所で実現しているとして、心理学的に見てよい人生を送っているといえるだろうか？　必ずしもそうではないだろう。そこに何か肝心なものが欠けているからだ——あなたがこれらの立派な特徴をもって何を実行するかが大切なのだ。人々は皆、実生活において行動する中で、得意とすることがうまくできるかできないかである。ギャラップ社の指摘は、人が秀でることのできるポジションにいる必要性に気づかせてくれるものだ。それに加えて、最適な状況を活かして何か重要なことを成し遂げられるようにするためにも、人は自分の興味と才能とが何であるかについて理解すべきなのだ。

ポジティブ心理学が、よい人生をまっとうした人々の特徴について何を発見したか、興味、能力、達成の観点から説明してみようと思う。

この章では、根底に二つのテーマがある。まず、ある程度の努力によって、誰が卓越するかを決める文脈の重要性だ。二つ目は、才能が複数存在していることだ。ときおり、興味を持たず、何につけても全然ダメな人がいるかもしれないとはいえ、実際は興味やスキルがまったく欠けている人を見つけるというのは難しいことだ。興味やスキルを特定して助長すること、そしてギャラップ社の方向性にしたがいながら、人々を職場でもその他の場所でも輝けるような環境に配置する、というのが私たちポジティブ心理学者の課題である。

*興味

私にはかつてジャックという友人がいたのだが、彼は三〇代の高校の先生で、結婚して小さな子供がいた。私が彼を誰かに紹介するときには、いつもあどけない質問が彼に投げかけられた。

「それでジャック、あなたは何をしているのですか?」

私はいつも彼が言うことに驚いた。

「私は二塁手です」

彼は自分が教師であると言うこともできただろう。自分は夫であると言うこともできたはずだ。あるいは子供の父親であるとも。何といっても私の友人であると言うこともできたはずだ！

けれども彼の生涯の情熱は、アメリカ人の大きな楽しみである野球にあったのであり、特に二塁手としてプレイすることにあった。彼は同窓生や友人たちの輪の中でいつも礼儀正しい選手であったが、それほど上手な選手ではなかった。彼は子供のときにはリトルリーグ野球に参加していたものの、ほぼすべての選手が何らかの賞を授与されるリーグにおいてさえ、オールスターになることは一度もなかった。彼は高校の野球チームのメンバーにもなれなかった。彼はこれらの事実を一つも否定することはなかったが、年を経るにつれて野球からソフトボールへと切り替え、それから一六インチのボールとグローブなしでプレイするスローピッチルールの変形版へと切り替えた。

私は最初、ジャックが自分のことを二塁手だと紹介したとき、彼がその場を面白おかしくしようとしているのだと思っていたのだが、最終的には彼が正直に自分のことを表現しているのに違いないと思うようになった。

誰にでも大変よく知られていることなのに心理学者がときどき見落していたのは、誰もが**興味（情熱）**を持ち合わせていることであり、それが人を特徴づけるということだ。人によってはジャックのソフトボールのような余暇の活動かもしれないし、または収入を伴う活動かもしれないが、後者は天職を持つ人と称される。情熱には非常に個人的なものもあるし、また共有されるものもある。友情では「共通の興味」というのが重大な特徴であるようだが、あなたの興味の対象が他人である場合には、あなたはおそらく変わらぬ友情や真実の愛に恵まれることだろう。

多くの情熱が、高級な文化に対する低級な文化として分類されるとしても、情熱に優劣の差をつけて扱わないよう注意する必要がある。心理学的観点からすると、こうした多様な情熱はほぼ同じように機能すると考えられる。肝心な点は、皆、自分が魅力を感じる活動に従事するということだ。

人はなぜそのような活動に惹きつけられるのだろうか？　その答えは人間の本質の深い部分に見出すことができる。約五〇年前、心理学者のロバート・ホワイトは**コンピテンス**という概念を導入して、人々は何をやっているかにかかわらず、有能さを追求する方向で行動する意欲を見せると主張した。ホワイトは**行動主義**の最盛期にこう論じたのだが、行動主義とは、人の行動が広く一般的な報酬と罰によって決定され、おそらくそれらが生物学的欲求を満たすものだとする考えである。

だが、コンピテンスは異なる種類の動機づけだ。飢えや渇きが満たされるのとは違って、決して十分に満足させられることのないものだからだ。人はものごとをうまく成し遂げることに喜びを経験するのであって、自分の行動が他に何を生み出そうと関係ない。あなたが初めて靴ひもの結び方や、車の運転の仕方や、電子メールの送信の仕方を知ったときのことを覚えているだろうか？　このようなことはどれも純粋に気持ちのよかったものだ。あるいは、自分の赤ちゃんが初めてハイハイしたり、歩いたり、話したりしたときのことを覚えているだろうか？　赤ちゃんには努力の報酬を与える必要などなかったはずだ。赤ちゃんの大きくなろうとするコンピテンスは自助努力を継続するのに十分であったろうし、そのような行動が自然にできるようになるまで、赤ちゃんは同じ行動を何度もくり返したことだろう。

コンピテンスが充足したものとなるのは**フローの状態**を生み出すからだ。この事実は、多く人を惹きつける活動に対する洞察を与えてくれる。そのような活動はパフォーマンスの**熟練度**を高めて、向上を可能としてくれるはずだ。試しにやってみて、初めから完全にうまくできたことということは生涯の情熱とはなりそうにない。

この考えについて、哲学者のジョン・ロールズは、アリストテレスの原則と称して詳しく説明した。

> 他の条件が同じだとすれば、人間は自ら実現している能力を活かすことを楽しむ……能力が実現されればされるほど、または能力が複雑であればあるほど、楽しみは大きくなっていく。

職場またはは自宅でのあなたの好きな活動について考えてみよう。それはあなたの知識や能力が増大するのに伴ってより大きな楽しみを引き起こすという、この原則に当てはまるものだろうか？

興味にはハイキングや登山や走ることなど、身体的な活動を伴うものがある。またクロスワードパズルを解いたり、詩を読んだり、ネットサーフィンをするなどもっと知的な興味もある。アリストテレスの原則はいずれの場合にも当てはまる。

■余暇とレクリエーション

余暇とレクリエーションに関する研究では、働いていないとき、学校にいないとき、家事をしていないときなどの人々の行動に関する目録を作っている。そこからいくつかの調査結果が一貫して導き出されている。

まず、ほぼ全員が、休止時間に何かをしていると報告している。ワーカホリックの固定観念があるものの、仕事をして、食べて、眠るだけという人生を送っているといった実在の人物を見つけることは実質的に不可能なのだ。

二つ目は、人々が働いていないときに最も楽しんでいる活動が、驚くほど多種多様であることだ。たとえば、二〇〇一年のハリス世論調査によると、アメリカの一〇〇〇人以上の成人が最も頻繁に報告した余暇の活動は次の通りである。

・読書（回答者の二八パーセント）
・テレビを観る（二〇パーセント）
・家族と一緒にすごす（一二パーセント）
・釣り（一二パーセント）
・ガーデニング（一〇パーセント）
・水泳（八パーセント）
・パソコン作業（七パーセント）
・映画を観に行く（七パーセント）
・散歩（六パーセント）
・ゴルフをする（六パーセント）

注目すべき三つ目の発見は、人々が余暇の活動につぎ込む時間の量は実にさまざまだということだ。平均して女性は男性よりも余暇の時間が少ないが、これは特にフルタイムの仕事をしているか、子供がいるか、またはその両方の場合に当てはまる。家事と子育ての義務が女性の方に偏っているのはよく知られていることだ。

定年退職した人には、まだ労働力として最前線にいる人に比べてレクリエーションのための時間が明らかに余分にあるものの、定年以後はほんの少数の人しか新たなことに興味を示さない。そこで、あなたが最終的に迎えることになる定年退職に関する極めて実践的な教訓とはこうだ――**あなたが心に描く、働くのを辞めたときにやりたいことに対して、今から興味を持ちなさい**。

四つ目は、人生の満足度に関する強力な予測因子の一つでもある、どれくらいの時間を余暇の活動につぎ込むかだ。世論調査では、アメリカの回答者に対して、仕事にどれくらいの時間を費やし、どれくらいの時間を余暇に利用できるかについて定期的に質問した。ここ数十年の間に、二つの傾向が明らかになってきた。仕事に費やす時間がもっと増え、余暇に利用できる時間が減少した、というのだ（図8・1）。

余暇はなぜ、人生の満足度と大変強い結びつきがあるのだろうか？　スキルを活かすことで生じる内面の満足感と、数多くの余暇の活動が直接的な喜びをもたらすという事実に加えて、対象となる活動次第ではさらなるメカニズムが示される。

水泳、散歩、ゴルフ、体操、団体競技のような運動は、ポジティブな感情、厳密に言えば活力感を増大させる。定期的に有酸素運動を行っている人々は、より優れた精神的健康《メンタルヘルス》を保っており、ストレスの多い出来事に反応することが減少したと報告している。これは驚くようなことではない。身体的健康と長生きに運動が有益なのはよく知られていることだ。

音楽を聴くのが好きな人については、静かな気分（満足感）と覚醒した気分（興奮）という両方のポジティブな気分をめぐり、さらに多くの報告がなされている。これもまた驚くこと

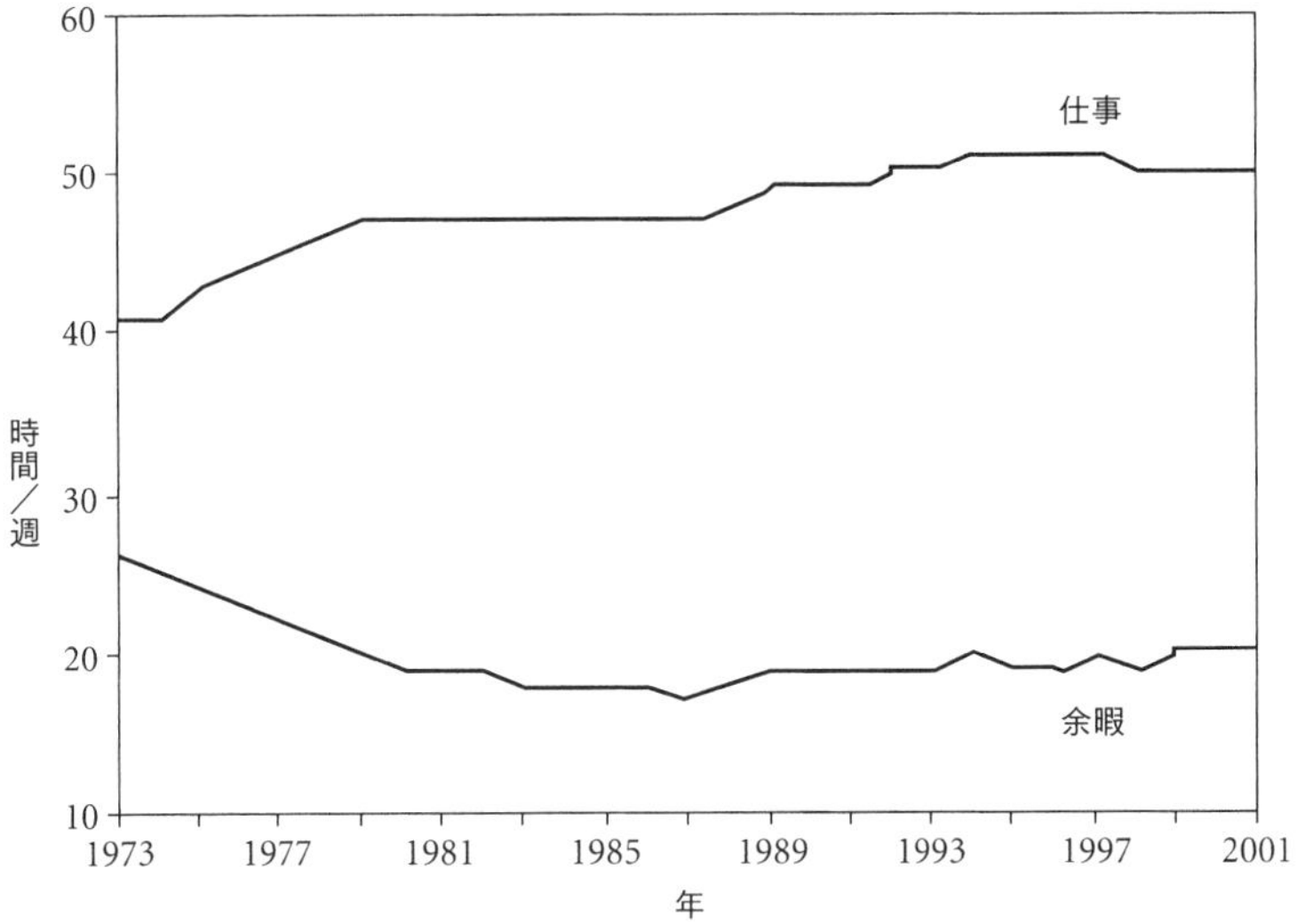

図 8.1.　アメリカの成人における一週間の労働時間と余暇の時間

ではない。研究者は実験室での実験で、さまざまな感情を**誘導する**ために常時音楽を利用しているし、多くの人が気持ちを調整するために、一度ならず意図的に音楽を利用してきたはずだ。規則的なリズムでの高音や上がり調子はハッピーな曲として、スローで低音、下がり調子の音は悲しい曲として経験される。

いかなるレクリエーション活動でも他人との接触を生み出す活動は、社会的な交流や親交に伴うあらゆる利益をもたらすものだ。実際、レクリエーションに参加する理由の一つに、それが他の人と交流するきっかけや手段を与えてくれるから、というのがある。男性の友情は多く共通の活動を中心に展開するが、女性の友情は単に互いに会話を交わすだけ、という傾向が強い。だが、いずれの場合でも、社会的欲求は満たされ、社会的利益は増すことになる。

見すごしてはならないことは、私の友人ジャックの例で見たように、**レクリエーション活動は人にポジティブなアイデンティティを与える**ことができるということだ。このようなアイデンティティこそが所属を与える方法であり、重要なものだ。

レクリエーションによるアイデンティティは、特に青年期の間、つまりアイデンティティの形成こそが重要な発達上の課題であると考えられる期間に特に重要なものだ。大半の青年は学生であるが、その全員が優れた学生ではないし、よい学生ですらない。学業の代わりのアイデンティティが課外活動や放課後の活動を通して活かせるようになれば、それは明らかに有益なことだろう。

このような活動に参加する青年は、参加しない青年に比べて通常よい学業成績を修めており、妊娠、中退、薬物使用といった一〇代が陥りやすい過ちを避けて通ることが判明している。だがレクリエーション活動による利益は、こうした避けられるものを越えたレベルで広がりを見せる。普段の仕事では自分が得意とすることが思うようにできないといった状況を考えても、レクリエーション活動が大きな心理学的意義を持つことが分かるだろう。

■職業上の興味

「あなたは大人になったら何になりたいですか?」

三歳くらいの小さな子供たちはこの質問にすぐに答えられる。その答えが、お姫さまやライオンになりたいなど、多くは空想の世界から引き出されたものだとしてもだ。職業的な空想は、青年期、もしくは青年期を越えて続くことがあるが、驚くほど多くの一〇代の若者たち、特に男の子たちが職業的な目標として「プロのスポーツ選手になりたい」というのを挙げた。いずれにせよ、大半の人は、最終的にはもっと現実的なものに落ち着く。問題は、可能性の範囲をまだ把握しきれていないことだ——何しろ、アメリカだけでも三万種以上の異なる職業がある(米国労働省統計学、二〇〇四年)。

何年もの間、私が大学生たちに、仕事のことやキャリア形成についてアドバイスしてきた中で学んだ最も重要なことは、夏休みの間に、インターンとしてでも、臨時のボランティアとしてでも、できるだけ多くの職種を試してみるべきだ、ということだ。そうした経験に基づいて、学生たちは仕事に本当に必要とされるものや、自分の人生ではたすことのできるポジティブな役割について大人と話す機会を持つべきだ。余暇や、学校での興味は、職業的な興味としても同様に当てはまる。知識は、好奇心や興味を喚起するものであり、それはさらなる知識や、スキルや、達成につながる。くり返すが、よき指導者を得ることはとても大切なことだ。

この世界が万事最善の世界であれば、子供たちが興味を持ち、他のどれでもなくまさにこの仕事が好きだとして決定できるような仕事の「お試しセット」が与えられることだろう。心理学では興味目録法という形でそうしたお試しセットに類似したものが提供されてはいるのだが、現実の世界ではこれは不可能だ。ちなみに**興味目録法**とは、個人が表明した興味に対して、その興味を満たす傾向にある特定の仕事と適合させるために、いわば「丸い釘を丸い穴に打ち込む」のに職業カウンセラーが利用する質問紙法のことだ。

ストロング職業興味テスト（ＳＶＩＢ）は、おそらく興味に関するテストの中では最も有名なものだろう。これはエドワード・ストロングによって開発された指標で、一九二七年あたりから出回っているテストであるが、あなたご自身も人生のある時期にこのテストに回答したことがあるかもしれない。ＳＶＩＢの形式とその根底にある論理は単純明快なものだ。

回答者には何百もの活動（美術館を訪ねる、切手を収集する、ゴルフをするなど）に関する一覧表が与えられ、各項目について好きか、嫌いか、または無関心かを示すよう求められる。回答に示された個人のプロフィールは、その後、違う職業に就いて成功している人々による平均的回答と比較される。両者が一致する度合いが大きければ大きいほど、回答者はもっと真剣にその仕事を検討することを考えてみてもよいかもしれない。ただし、SVIBは能力については測定できない。たとえば、私が歯科医の仕事に興味があるとしても、歯に詰めものをしたり、抜歯したりするための手先の器用さがなければ、これは私にとってよい職業とはいえない。

SVIBのような興味テストは、それでもなお有益な情報を提供してくれる。得点は長期的に非常に安定しており、人々が実際に就く職業を予測するものとなっている。さらにはまた、数多くの職業と関連した興味プロフィールについても、何十年にもわたって同じままであった。世界のあらゆる変化にもかかわらず、今日の化学者は一九三〇年代の化学者とほぼ同じような好き嫌いを言う。

興味テストの一般的な欠陥とは、仕事自体が変わってしまう可能性があることだ。実際、以前には存在しなかったような仕事がひっきりなしに生まれている。将来の仕事と関連した興味が過去の仕事への興味と重複して、その重複について理解を示すとすれば、興味テストは人々を新しい職業へと導く助けとなる。だが、将来の仕事が、真新しい方法で興味と組み合わせられるようであれば、このような質問紙は回答者が職業を選択するのには役に立たなくなる。

数多くの興味テストには理論的な根拠が欠如している。これは、興味テストが意図的に変えられたり、一般化されたりするのが難しいことを同時に意味している。注目すべき例外はジョン・ホーランドによる研究で、系統立てられた理論に基づくものだ。興味テストと職業選択に関する数多くの研究から、ホーランドは仕事に関連した興味と、人々が得意とする仕事の種類に関して、次の六つの基本的なタイプを特定した。

・現実的なタイプ……物、道具、機械、および／または動物を扱うことを好む人（機械技師、整備士など）。
・調査好きなタイプ……物理的、生物学的、および／または文化的な現象を観察して調べるのが好きな人（科学者、ジャーナリストなど）。
・芸術的なタイプ……芸術作品を創造するのが好きな人（小説家、音楽家など）。
・社会的なタイプ……教えたり、訓練したり、育成したり、病気を治したり、啓発するなど、他の人と共に働くのが好きな人（ソーシャルワーカー、教師など）。
・企業的なタイプ……組織的な目標および／または経済的利益を目指して努力するのが好きな人（販売人、株式仲買人など）。

・型にはまったタイプ……データの機械的操作や記録の保存が好きな人（会計士、図書館員など）。

基本的なタイプが仕事の必要条件と合致するとき、働く人の満足度は最高のものとなり、仕事のパフォーマンスも最高となる。これは、この章の始めに書かれているギャラップ社の前提と同じであることに気づくだろう。

＊能力

興味とは、人が時間を費やし、才能を育成するために必要な教育を受けることにつながるが、能力とは違う。

能力とは、客観的規準の存在する行動に対する人々の対処の仕方が異なるときに示される。短距離走者はストップウォッチで測定されることで、速く（またはゆっくりと）走ることができる。学生は綴りのあいまいな単語について辞書を参照して判断することで、正しい（または誤った）綴りを書くことになる。作曲家は聴衆を感動の涙に誘う（またはあくびを誘う）ような曲を作ることができる。

心理学者は、能力の領域について言い表すために、「才能」「スキル」「適性」「素質」（特に）「知能」など、いろいろな用語を導入した。これらの言葉には同一の意味はないのだが、度々見られる違いとしては、人々が実際に何をしたのか、または何をする可能性があるのかについて、これらの用語が言及しているか否かという点だ。たとえば、アメリカでは大学に出願するとき、入学審査委員会に高校の成績証明書と大学入学資格テスト（ＳＡＴ）の成績のコピーを転送する。成績証明書はおそらく生徒たちの学業の達成度を評価するものであるが、ＳＡＴは生徒たちの到達度に対する可能性を評価するものだ。ときおり、こうした区別については「達成度」と「能力」の違いとも言われる。

能力がある種のパフォーマンスから推測されるべきであることを考慮した上で、こうした区別が実際にどれくらいの妥当性を持っているのかというもっともな議論が長年続いている。たとえば、**「天才」**という言葉の一般的用法は、とても高いＩＱを持つ人について記述することであるが、私は天才について、「実際の功績が同時代および後の世代に対して重大な影響を及ぼす人物」と定義したい。アリストテレス、孔子、レオナルド・ダ・ヴィンチ、ルートヴィヒ・ベートーベン、チャールズ・ダーウィンは皆天才だが、天才を判断する審査員は、ＳＡＴで満点を取るような優等生の外にいるものだ。

一歩下がってみると、人々が何百、何千、何百万もの能力を持っているのと同時に、世界が変化して新しい技術が可能となるのに伴って、新しい能力もひっきりなしに出現するのが見て取れる。たとえば、私が子供の頃は、「マルチタスキング」などという言葉を一度も耳にしたことがなく、ましてそれが育成して称賛すべき能力であるなどとは考えたこともなかった。今日ではもちろん状況が異なる。多くの人々にとって、マルチタスキングは頭の中で数字を足したり引いたりする能力よりもっと役に立つスキルである。

■多元的知能

複数の能力に関する最も有名な現代の言説は、ハワード・ガードナーの多元的知能理論である。彼は、七つの基本的な知能を区別した。

・言語的知能……言葉の意味と機能に対する感受性（演説家、詩人、作詞家などに見られる）。
・論理・数学的知能……抽象的な方法で概念を操作することに対する能力（数学者や、理論物理学者の仕事などに顕著に見られる）。
・空間的知能……視覚的または空間的イメージに対する能力で、イメージを変換する能力を含む（ナビゲーター、ビリヤードプレーヤー、彫刻家などに見られる）。
・音楽的知能……所定のピッチやリズムにしたがって、音を出したり、操作したりする能力（音楽家などに見られる）。
・身体運動的知能……身体的な動きに対する運動感覚に熟達していること（ダンサー、外科医、運動選手などに見られる）。

・個人内知能……自分自身の気持ちに向かう能力（内省的な小説家などに見られる）。
・対人的知能……他人と、他人の動機づけについて理解できる能力（政治家、宗教指導者、臨床医、販売員などに見られる）。

知能の最初の三つのタイプは、通常、知能テストや能力テストで測定される、抽象的かつ知的なスキルである。ガードナーは、心理学者が今まで無視してきた事実にもかかわらず、その他の知能についても同様に重要であると考えた。

ガードナーにとっての知能とは**問題解決能力**であり、人々が遭遇する困難を解決できるようにするものだ。彼は、自分の理論で列挙した能力が、進化の過程で生じるものだと推測した。そのため、能力とは、生物学に基づいたものである。また能力は、おそらく互いに独立したものである。人はあるタイプの知能レベルに関しては高くも低くもあり得るが、また別のタイプの知能に関しては低くも高くもあり得るのだ。

ガードナーは、自分の理論の起源を説明するのに、自身の言葉でこう書いている。

人間はさまざまな才能を持つ存在だと記すだけにしておけば、私の主張は議論を引き起こすものとはならなかっただろうし、私の本も注目されることはなかったかもしれない。だが、私はよくよく考えた末、「多元的知能」について書く決意をした。「多元的」というのは、数え上げればいくつになるか分からない人間のさまざまな可能性を強調するために用いた言葉であり……「知能」というのは、このような可能性が、今までＩＱテストによって測定されてきたものと同じくらい基本的なものだということを強調するために用いた言葉である。

彼はさらに、自分の理論が、一般の人々の間でも教育者たちの間でも大騒ぎになるとは予期していなかったと述べた。ＩＱテストの暴威と、有能な人間となるには一つの方法しかないという見方に対するまん延した不満に彼が踏み込んだためなのだろう。

ガードナーが自らをポジティブ心理学者と考えるかどうかは分からないが、彼は確かに、**誰の価値をも貶《いやし》めることのないやり方で、人の優れた部分に注目する**ことでこの分野の礎を築くのに貢献した。過去二〇年の間、彼は自分の理論が持つ教育的な意味について、より一層の注意を傾けた。

才能を育成する方法は、才能と同じ数だけ複数存在する必要がある。均一なカリキュラムでは、不可能な目標に向かうことになってしまう。未来の学校は生徒主体でなければならない――これは、生徒がものごとを取り仕切るということではなくて、学校が生徒個人の傾向や能力に合わせた学びを提供する、という意味だ。

知能は日々の生活において「利用される」ものだという事実は、特に日常生活が変化するのに伴って念頭に置いておくべき事実だ。学校のカリキュラムの中にある科目を含める唯一の理由が「今までもそうやってきたから」というのであれば、それは何ともお寒い根拠である。

＊達成

興味と能力に加え、多大な忍耐力は達成のための処方箋であるが、これは達成の規模の大小には関係がない。優れた達成について注目するのには二つの理由がある。まず、歴史的な達成を知るのは面白く、実際に深く啓発されるものだ。二つ目は、それゆえにポジティブ心理学に関する重要な点が明らかにされることだ。最高の状態にある人々について関心があるのであれば、最も優秀な人々について研究すべきだし、そのような最高の状態を発揮できた状況設定や環境についても研究すべきなのだ。

人々が最高の状態を発揮できる状況設定で、ポジティブ心理学の理論が最も分別ある形で応用される場所をポジティブ心理学では「うってつけの実践現場」と呼んでいる。そこには人々の高度なスキルが認められ、称賛され、奨励されるような場所も含まれる。「うってつけの実践現場」と見なされる例の中には、職場、スポーツ、芸能、友情、ロマンス、子育て、学校などがある。ポジティブ心理学は、研究主題が最も見つけやすそうな場所で探求されなければならない。

ものごとを最高に成し遂げた人々について研究するためには、ハワード・ガードナーが彼の拡張調査において、アルバート・アインシュタインをはじめ、マーサ・グラハム、パブロ・ピカソ、イーゴリ・ストラヴィンスキー、バージニア・ウルフのような優れた著名人たちの人生を扱ったのと同じようにして、特別な人々に注目した事例研究を行うことが可能だ。心理学の事例研究には、単なる伝記を越えて、もっと平凡な人生を送っている人々にも適用できるような理論を作って評価する必要性があることは強調しておくべきだろう。

ガードナーは、非凡な人間になるには四つの方法があると提唱した。ある達成の領域において「名人」となること（モーツァルトと作曲など）、まったく新しい分野の「創造者」となること（フロイトと精神分析など）、「内省者」となって内面を探求すること（小説家のジェームス・ジョイスなど）、「影響力を及ぼす者」となること（ガンディーと政治など）である。卓越性は複数存在するのだ。同時に、こうした特定の類型学が、世界で最も尊敬されている天才と同様にして、自らの職場の上司にも直ちに適用できることが分かればよいと私は思っている。

もう一つの研究手法は、もっと多くの著名な人に注目することである。このアプローチの欠点は、研究者が歴史的記録、つまり最初から記録され、その後残存した資料の犠牲者となってしまう、ということだ。書き言葉の開発や、計画的な農業生産、動物の家畜化、自動車の発明など、最も注目すべきいくつかの人類の偉業はおそらく個人によって成し遂げられたものだが、そのような天才たちが誰であったのかは知る由もない。また、歴史の記録とは多くの場合、権力者によって書かれてきたものであるため、記録自体に偏りが見られるという、もっともな懸念が常につきまとう。

いずれにせよ、卓越した人物を扱った間接的な研究から分かったことというのは、十分な思考の糧を与えてくれるものだ。心理学者のディーン・サイモントンは、そのような調査では最も有名な研究者だ。彼は当然ながら、関連する卓越性の研究から始めて、歴史の資料から変数を正確にコード化する方法に自らの研究者としての人生を捧げた。彼は、政治的指導者、作家、芸術家、軍司令官、作曲家、有名な心理学者に至るまで、歴史上興味深い人々に関するいくつかの標本を調査した。

サイモントンの結論とはどのようなものだったのだろうか？　どんな分野における偉業であっても、一つの決定因子しか持たないということは決してない。常に心理学的、社会的、かつ歴史的な因子の複合体を反映したものとなるのだが、ある程度は一般化できるものだ。家族の中で最初に生まれた子供は、遅咲きで、知的柔軟性を持ち、優位かつ外向性のパーソナリティ特性と緩やかな相関関係を持つ。達成しようとする分野におけるスキルや正式な指導、ロールモデルの有無といったものは、多くの場合に達成のための最も重要な決定因子となる。

さらに、自分の達成を影響力あるものとするためには、適切な時に、適切な場所に居合わせなければならない。たとえば、サイモントンは過去一五〇〇年にわたる日本の女性作家たちについて研究した。どんな時代においても、女性たちが与えた影響力は、男性の優位性をめぐる社会的なイデオロギーに依拠したものであった。似たようなことはアメリカの女性たちによる達成についても指摘される。

チャールズ・マレイの本は、サイモントンが最大限可能な見通しに沿って行った、人類最高の偉業と、その偉業を成し遂げた人々に関する研究とを拡大したものである。マレイは芸術、天文学、生物学、化学、地質学、文学、数学、医学、音楽、哲学、物理学、科学技術など、数多くの活動分野に注目した。そして、各分野について、世界中の同時代の学者が編纂したさまざまな百科事典や手引書の中から、個々人のために費やされた紙面の量を数えることによって卓越性を数量化した。

マレイは、彼が注目した分野での達成について論じたが、それぞれの分野で「頂点にいる」数百人の比較に基づいた、一般的な達成に関する結論のいくつかを次に挙げてみよう。

- **博学者**。異なるスキルが必要とされると思われる二つ以上の分野で卓越している人は極めて珍しい。アリストテレスやレオナルド・ダ・ヴィンチが最もよい、おそらくは唯一の例だろう。
- 勤勉さは重要である。最も優秀な人は、ただ優秀である人に比べて長い時間を費やしており、多くの成果を生み出している。
・良き指導者は大切な存在だ。
・適切な時に、適切な場所に居合わせることは有益である。豊かな社会（必ずしも平和な社会とは限らない）には優秀な市民が多くいるものだが、政治経済の中心地である都市や、名門大学のある都市においてもまた同様である。
・卓越性は、人生には超越的な目的があると信じている文化、また人々が自分の効力感を信じている文化で生じる傾向にある。

このような結論は、普通の人々にも当てはまるものらしいのだが、それは実際にこの章を通して示してきたことでもある。最善を尽くすためには、人は自分の興味とスキルを特定し、それに見合う活動を選択し、指導者を見つけ、たくさんの時間をつぎ込み、自分がやっていることの重要性と、自分自身の自律性を信じることである。

エクササイズ8——自分の興味や能力を最大限に活かすために課題を作り変えてみる

第6章のエクササイズは、あなたのとっておきの強みを特定して、それらを新しい方法で使ってみることで、学校または職場におけるあなたの日常を作り変えてみることを提案するものだった。この章でのエクササイズについても考え方は似ており、学校や職場において自分の興味や能力を特定して、それらを新しい方法で使ってみることを提案するものとなっている。

自分の興味や能力を特定する際に、あまりに文字通りに受け取ったり、具体的であったりすれば、このエクササイズは失敗する。たとえば、あなたが唯一自認する興味がトピアリーガーデニング（樹木を、動物や植物、幾何学模様などの形に刈り込むガーデニング法）で、都心のオフィスビルで投資銀行家として働いているならば、ビルのロビーを乗っ取ってそこに木でも植え始めない限りは、仕事にどうやって興味を反映させてよいものやら分からないだろう。だが、自分の興味について、より幅広い視点から捉え直すことができれば（ガーデニングで樹木をバランスよく整えるときの調和美への興味など）、また自分の能力についても同様に捉え直すことができれば（木々が成長する可能性を長期にわたって見通すときの能力など）、もしかしたら分散型かつ保守的な形で安全確実な投資を専門とする投資家となることで、自分の興味や能力を存分に活かすことが可能かもしれない。

あなたの興味を特定するために、余暇のすごし方について一週間にわたって記録してみることをお勧めする。それから、自分の仕事に活かせそうな、余暇の活動の根底を成すテーマについて特定してみよう。

あなたの能力を特定するために、まず正直に自分自身を振り返ってみて、この章で取り上げたガードナーの七つの多元的知能にしたがって、自分が得意としていることを検討してみよう。ガードナーが実際の成果を重視していることを念頭に置いて、自分の人生で今まで成し遂げてきた事柄に注目してみよう。すぐに答えが見つからないようであれば、ガードナーが示した次の考えにしたがってみよう――ある知能を持つ人間は、他の人の中に見られるその知能に順応する。たとえば、今までに観た映画やテレビ番組、読んだ本の中で、あなたにとって記憶に残った、または尊敬に値すると思った登場人物について考えてみよう。そのような登場人物たちの外見のよさや魅力的な生き方といった側面を超えたところに共通して見られる知能があるかどうか確認してみよう。

私の場合、このエクササイズからすぐに言語的知能を特定することができた。それは私が最もうまく順応している能力であり、私の最も発達した能力である可能性がある。あるいはこの地球上で最も影響力のある一〇〇人を掲載したタイム誌の年間号を調べてみるのもよいかもしれない。その中で、最もあなたの興味を引いた人物は誰だっただろうか？　また、その人物と共通した知能を自分の中に見出すことはできただろうか？

あなた自身の興味や能力を特定することで、それらを職場や学校で新しい方法でどのように使えるかを考えてみよう。そして少なくとも一週間（できればもっと長い期間）、毎日その方法にしたがってみよう。自分の強みを最大限に活用することで職場や学校での調子が上がったただろうか？　このエクササイズを始める前に比べて幸せに感じるようになっただろうか？

第9章　ウェルネス

精神医学はいつも精神的健康《メンタルヘルス》について議論している。
しかし、それについて誰も何もしたことがないのだ。
――ジョージ・E・バイヤン

一九九一年一一月七日、バスケットボール選手のアービン・「マジック」・ジョンソンは、エイズを発症させるウイルスであるＨＩＶの検査で陽性と出たことから、プロとしての選手生活から引退すると発表した。彼がそう発表したときにはエイズはすでに何万人もの命を奪っていたのだが、多くの人が病気を遠ざけることができるようになっていた。ジョンソンが有名人であることに加えて、自らの病気について率直に公表したことから、エイズはすべての人の問題であるというメッセージが一般の人に伝わることになった。

マジック・ジョンソンが引退したのは、プロの選手であることからくる身体への負担が彼の体を弱め、末期のエイズの進行を早めてしまうからだと思われていた。さらに彼の引退に影響を与えたのは、彼と身体的に接触することでウイルスに感染するかもしれないという、他の選手たちによる恐れであった。多くの人が示した即座の反応は、ジョンソンが死刑宣告を受けたというものだった。マジック本人は自分の状態を前向きに捉えているようであったが、当時、多くの人は、彼が自分をごまかしているのだと思っていた。彼について書かれたあらゆる記事は、まるで死亡記事のようにも読めた。

四年以上経った一九九六年一月三〇日、マジック・ジョンソンはまだ生きて元気であっただけでなく、全米プロバスケットボール協会に復帰を遂げてプレイしていた。彼は一回り大きく、強くなっており、相変わらず素晴らしい選手であった。彼は再び大きな注目を浴びたが、当時スポーツメディア周辺が注目したのは、彼があとどれくらい長く生きられるかではなく、彼の存在によって彼のチーム、レイカーズの試合記録がどれくらい伸びるかであった。

彼がＨＩＶ陽性であることに幾人かの選手が不平をこぼしたものの、ほとんどの選手は彼の復帰を歓迎した。復帰戦からもう約一五年以上経つが、マジック・ジョンソンはまだ生きて元気にやっている。彼はビジネスマンとして、慈善活動の資金調達者として、またスポーツ解説者として実に多くのことを成し遂げてきた。彼はレイカーズの経営幹部にも関与しており、チームのコーチとして短期間の任務に就いたことさえあった。彼の結婚生活は順調で、元気な子供たちもいる。

彼のその後の話は興味を引かれるものであっても知る術がない。ここで重要なことは、ウイルスの有無というような議論を越える方向で、病気と健康について考える必要がある、ということだ。

病気になるのには多くの要因がある。ある人を病気だと判断するのに考慮される要因について考えてみよう。

体調不良に対する全般的な不快感／息切れのような特有の症状／はっきりとした体への障害／細菌の存在／特定の病気であるとの診断／日常生活への障害／長寿とは対照的な短命

これらの基準はときに互いに一致しないことがある。自分は元気だと感じていても、さまざまな細菌を体内に寄生させている人もいるかもしれない。細菌の心配はないが気分が優れないと感じる人もいるかもしれない。長生きでも障害と共に人生を送る人もいるだろうし、短命でも力強い人生を送る人もいるだろう。現代の疫学で興味深い謎の一つは、なぜ女性は男性より多くの病気に罹るのに長生きするのか、ということだ。

健康に関する広義な状態は**ウェルネス**と呼ばれることがある。ウェルネスとは世界保健機関（WHO）によって数十年前に提示された定義で、広く引用される定義を体現したものだ

――「健康とは、身体的、精神的、社会的に完全に良好な状態であり、単に病気または虚弱ではないことではない」。

ウェルネスについては、場合によってはスピリチュアル面での健康、職業上の満足感、環境の安全性と同時に、これらのさまざまな構成要素の調和と統合を含めたものとしてその意味が拡大されることもある。

*歴史における健康と病気

西欧の世界で、健康と病気とがどのように考えられてきたかを簡単に見てみよう。それは主に三つの時代に区分できる。

第一の時代は太古の昔から始まり、細菌理論が認められた一九世紀中頃まで続くもので、焦点はもっぱら病気の治療に関するものだった。人は自ら病気になるまでいつもと変わらない生活を送り、医師や治療師たちは病気と闘おうとした。

第二の時代は細菌説によって到来したのだが、焦点は病気の予防へと拡大した。公衆衛生分野の従事者は、細菌が人々の体に侵入するのを防ごうとした。マラリアを媒介する蚊が寄生していた沼は干拓された。外科医は手術の前後に手を洗うようになった。食品は新鮮さを保つために検査され、賞味期限が付された。病気の治療は当然続けられたが、細菌説は特定の病気に対する特定の薬の効果について力強い理論的根拠を与えた。そうやって、元凶である細菌は根絶されたのであった。

数十年前、高地で生活する人々の生理学について内科医たちが研究を始めた。彼らは海抜ゼロ地点で生活する人々に比べて有酸素運動能力が高く、血圧が低く、耐寒能力が優れていることを発見した。少なくともこれらの要因では、高地に住む人々は平均以上であった。同様な研究は、スポーツ選手やパイロット、そして最終的には宇宙飛行士のような特殊な母集団にまで拡大された。この研究から明らかになったことは、病気の反対側にあるのは病気からの解放ではなくて、健康維持と**レジリエンス**（回復力、再起力）だということだ。

第三の時代はライフスタイルに注目するものであるが、健康を理解するために心理学が貢献できる可能性は非常に大きい。今日ではメディアによって、健康的な習慣や実践に関する情報攻めに遭っていることを考えてみれば、人々の行動が健康と関係があるという考え方が比較的新しいという事実には驚かされることだろう。

二〇世紀を通して、病気になった人とそうでない人について、研究者が今まで以上に詳細な観察を進めるのに伴って、全般的な健康または病気と関係した一連の行動について発見した。たとえば、ベロックとブレスロウは次のような行動について研究を行った。

間食をしない／毎日八時間は寝る／運動する／タバコを吸わない／お酒を飲みすぎない

このような生活習慣にあった人は、そうでなかった人に比べて概して健康的であり、より長生きした。こうしたあらゆる促進要因は本質的に行動に基づくもので、行動を変えるよう人々に働きかけることができれば、人々はより長く、よりよく生きることができるはずであることを示唆している。

＊心と体——デカルトの遺産

アリストテレスのような西洋の初期の思想家は、心と体についてははっきりとは区別しなかった。彼らは心と体には連続性があると考え、一方の健康がもう一方の健康を反映しているとした。ギリシャの基準による美は単に見かけのよさだけではなく、外見にも必然的に現れる内面的な美しさにも言及するものであった。最も初期の医師であるヒポクラテスやガレノスのような人々は、全人的な治療、つまり、患者の身体的な症状と同時に精神を治療するのが常であった。

フランスの哲学者のルネ・デカルトによる業績で、最も広く影響力を及ぼしたものは**心身二元論**として知られるようになる、心と体とを切り離して考えるという強力な見解である。この概念について、デカルト以前のギリシャの思想家たちの見解と対比してみよう。身体の健康と病気に対する心理的な影響を説明する際に、心身二元論がかなり問題を引き起こすことが理解できるだろう。

一八〇〇年代までには、因果律を含む科学的な概念が心にも応用できることが認められ、それが心理学として形を成した。心理学の発展によって、心身を切り離して考えるデカルトの根拠は事実上退けられた。だが結局は、そうなるまでにさまざまな学問分野が誕生し、一方では身体（神経学、生物学）について、また一方では精神（心理学、精神医学）について説明されることになった。当初、デカルトによって提唱された心身二元論は「心と体の問題」となり、その謎が解明されることになる。

以来、心と体の相互影響について、特に健康と病気との観点から説明しようと試みるさまざまな科学分野が発展を遂げてきた。ある意味では、これらの分野はすべてデカルトの遺産なのであって、彼が心と体とを切り離すことで作り上げた概念上の問題なのだ。

心と体の相互作用について説明するのがどんなに困難だとしても、それは確かに存在している。たとえば、ドナルド・リデルマイヤーとシェルダン・シンは、アカデミー賞を受賞した俳優たちの寿命に注目した。有名人はそれ自体魅力的な存在だが、この二人の研究者は、この調査の背後に理論的な動機を持っていた。高い社会的地位と健康との関連性は立証されているものの、その意味を解釈することは難しい。社会的地位には満足感や達成感といった心理状態だけではなく、収入、教育、医療制度を利用する機会といった複雑な要素が絡まる。アカデミー賞受賞者は、高い地位と十分な財産を持っている。だが、他の著名な俳優たちもまた同じ状況にあるわけで、オスカー受賞者たちとそれ以外の俳優たちの寿命を比較することで、受賞者の地位をめぐる純粋な心理的特徴を他の要因と区別する取っかかりができることになる。

リデルマイヤーとシンは過去七〇年間を検討して、二三五人のアカデミー賞受賞者と、オスカーにノミネートされたものの一度も賞を受賞しなかった五二七人の俳優、さらには八八七人の対照被験者（受賞者たちと同じ映画に出演し、かつほぼ同じ年に生まれた俳優たち）を特定した。結論は単純なものである――**受賞者は、ノミネートされた俳優や対照被験者よりも、平均して約四年間長生きした**（図9・1を参照）。オスカーを複数受賞した俳優は、オスカーを一回だけ受賞した俳優よりも長生きするという緩やかな傾向さえ見られた。心理的に成功と勝利を経験することで、実際に人の寿命が何年か延びるのかもしれない。

*ウェルネス運動

数百年前、西洋の医師たちは、十分な証拠があるにもかかわらず、体が自然に治癒するとは信じなかった。そのように仮定することは神秘的で、広く浸透している物質主義とは相容れないように思えたからだった。病気に自己制御力があるとは考えられなかったことから、医師が病気に積極的に介入することが期待されており、瀉血《しゃけつ》のような極端な処置は日常茶飯

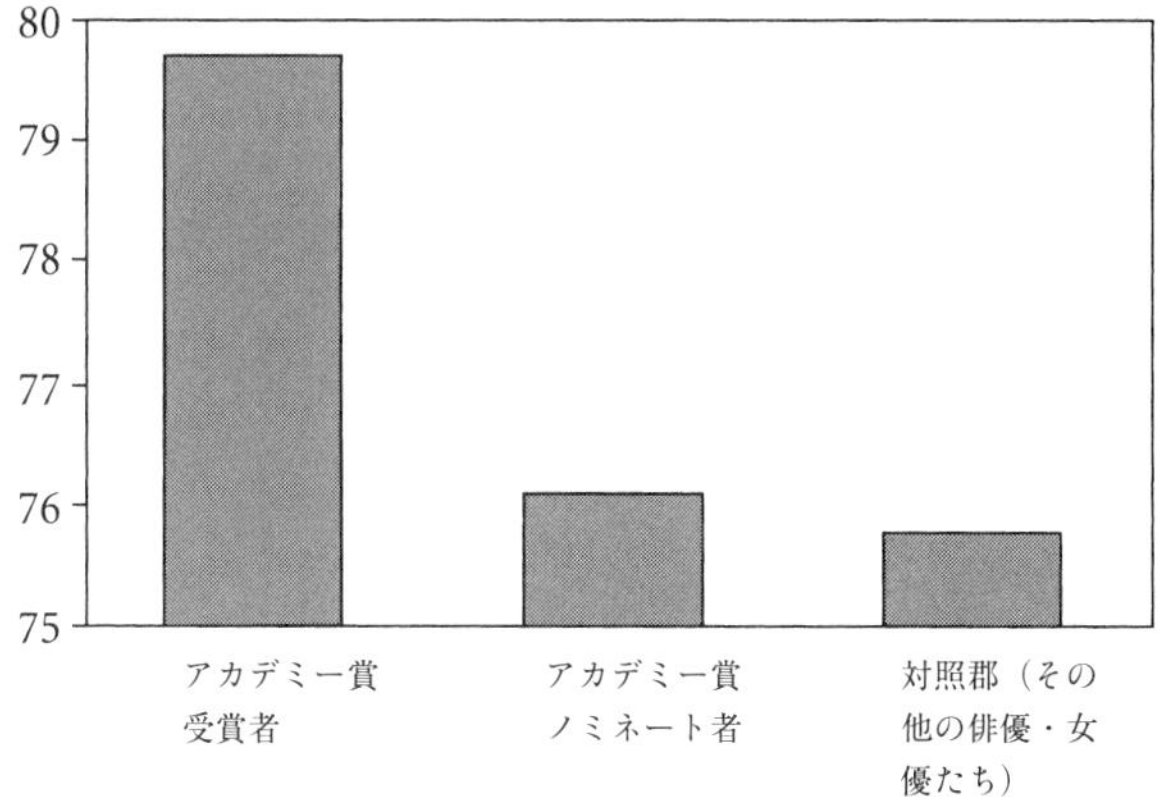

図 9.1.　アカデミー賞受賞者、ノミネート者、その他の俳優・女優たちの寿命
（リデルマイヤーとシンより引用）

だった。このような「治療」は振り返ってみれば奇怪なものに見えるが、処置を行わなければ患者の病気が不可避的に悪化して死に至る、という前提に突き動かされていたのだった。免疫の発見によって、唯物論的傾向にある医師たちにとっては、人間が病気から回復することについて神秘主義的な生への意志など仮定しなくても説明することが可能となった。

今日では、人間が数多くの伝染性の病気から自然治癒することが可能であり、実際に治癒することが知られている。また、細菌説が厳密には正しくないことも知られている。人の体には常にある細菌が寄生しており、病気が引き起こされるかどうかは免疫機構の頑健性《ロバストネス》を含む他のさまざまな要因によって決定される。人間の習慣についても免疫機能に重要な形で関与し、それゆえ全般的な健康に関係していることが知られている。

病気を克服して健康を促進するという現代の試みは、身体を掘り下げる試みであり、それは当然ながら行動的、心理学的、社会的要因を対象とした免疫機構を深く探ることでもある。喫煙や運動不足など、健康を害するような行動危険因子は変えられることは知られているし、実際に変えることで有益な効果があることも知られている。

心理療法によって感情表現スタイルや他人との関わり方が変わるようなことがあれば、それもまた健康上利益をもたらすかもしれない。健康心理学者は健康を促進するために、特に認知行動療法の領域からいろいろな**心理療法の手法**を採用した。リラクゼーション、ストレスマネジメント、バイオフィードバックを含む手法は特に人気となっている。

これらの手法は、ときおりマスコミ戦略と一緒にされ、健康促進のための幅広いメディア向け番組が提供される。たとえばあるプロジェクトでは、健康心理学者が一〇万人以上のカリフォルニア州の住民を対象とした地域密着型の健康促進プログラムに着手した。このプログラムの目標は、健康と病気に関する知識を増やし、より健康的な習慣を促進することで死亡率を低下させることだった。テレビやラジオや新聞を通して、健康的な行動に関する情報が伝えられたり、健康への心理的影響に関するクラスや講義が開催されたり、レストランで出される食べ物のカロリーや、脂肪やコレステロールなどを特定するといった環境の変化を含めて、実にさまざまなメディア戦略が利用された。

こうした介入は六年間続き、当初の目標を達成することに成功した。この地域コミュニティの住民について、その他の似たような地域の住民と比較したところ、病気の危険因子に関する知識が増えると同時に、血圧と心拍数が減少し、喫煙が減少し、心臓血管疾患に対する危険性が減少した。

健康促進プログラムが有益だとすると、単なる情報や一時的な励ましを与えること以上に、多くのことを行わなければならないだろう。たった今述べたカリフォルニア州でのプロジェクトのように成功している健康促進キャンペーンというのは、意図的に広い層に基盤を持たせるようにしており、人々の抽象的な知識と同時に、個人的な思い込みや態度、習慣、社会的な環境をも変化させるものだ。

このような健康促進に関する試みは総じて**ウェルネス運動**と呼ばれ、学校や地域コミュニティや職場に健康センターが設置される形で活動が急増している。いくつかのウェルネスプログラムは、健康維持のための活動から、栄養学上のアドバイス、ストレスマネジメント、夫婦カウンセリングまで、幅広い範囲でのサービスの提供を通してウェルネスの概念を正しく扱っているものだ。他のプログラムはその名前からしてもっと期待させられるのだが、はるかに活動範囲の狭いものとなっている。ときどき、ウェルネスセンターといっても、ただペットボトルの水を売るスポーツジムみたいなところもある。健康の促進は病気の軽減と似たような利益をもたらすわけだが、その利益はずっと先々にいつか必要とされるものであって、不十分な手段しかない時代では正当に評価するのは難しいものなのだ。

何年か前、**楽観主義者が悲観主義者よりも健康である**ことを示す私の研究が最初に発表されたとき、私は有名なメディアのほぼすべてから多くの電話取材を受けた。インタビュアーたちは私の研究について、特にその意味について明らかに興味を持っていた。

私は電話線の向こう側にいるインタビュアーたちを直接目にすることはできなかったものの、楽観主義者が悲観主義者よりも健康であるのは、楽観主義者が違ったように**行動する**からであって、自分がもっと健康になれるようなことを行うからだという私の言葉にインタビュアーたちが退屈しきっていたと言ってもいいだろう。

近道はない。奇跡も起きない。細菌を飲み込むようなスマイリーフェイスをした食細胞もない。あなたが健康になりたければ、陽気に振舞ったり、他人がよい一日をすごすことができますようにと願ったりするだけでは十分ではないだろう。私をインタビューした記者たちは応急策のようなメッセージを聞きたかったのだろうし、少なくとも読者がそんなメッセージを聞きたがっているかのような素振りを見せた。私がそんな無言の陰謀に頑として加担しなかったことから、メディアの寵児としての私のキャリアは未然にその芽を摘まれてしまった、というわけだ。

ここで私は再び言っておきたい――ウェルネスは持続的な習慣としての健康な生活習慣に

起因し、それは何か単発の出来事とは対照的なものだ。アメリカでも日本でも、ダイエットに関する本が自己啓発分野の中で最も人気があることを考えてみよう。そのような本はもう何年もの間市場に出ており、そしてこれからも何年もの間市場に出回り続けるだろう。だが、明らかなことは、本当の体重減少への近道はない、ということだ。

健康的な体重を実現することについて、さらにいくつかの一般論を記してみたい。

・予防は治療よりもはるかに効果的である。言い換えると、成人になって太りすぎないための最も効果的な方法は、人生の早期に太りすぎになるのを避けることだ。
・食事制限や断食をはじめ、心理療法、行動療法、家族療法、運動プログラムに至るまで、ほとんどのダイエット法は実際に体重が減るという点で短期的には効果がある。
・減らした体重が元に戻ってしまう傾向があるという点で、長い目で見ればほとんどのダイエット法は失敗に終わる。

最初の段階で太る要因となった生活習慣に戻ってしまえば、減らした体重を維持することは不可能だろう。これはひどく常識的なことに聞こえるかもしれないが、実は一般の人が聞きたくないメッセージなのだ。極端なダイエットに人気があるのは、数週間かそこら食べ物をカットすることが体重の問題を永久に解決すると約束するからなのだが、体重の減少はその通りにはいかない。体重の増加を防ぐ唯一の方法は**生き方を変えること**だ。研究によると、人々が食べることに対して意識的かつ穏やかな方法でアプローチすることにつながる介入こそが、長い目で見れば効を奏する介入であることが示されている。

＊精神的健康《メンタルヘルス》

この項では、特に精神的健康《メンタルヘルス》（心理的ウェルビーイング）とその意味に焦点を当ててみたい。

■レジリエンス（回復力、再起力）としての精神的健康

人間が無菌室に隔離されれば細菌には絶対に遭遇しないだろうし、免疫機構が十分に機能したか、あまり機能しなかったか、それともまったく機能しなかったかということはどうでもよい問題となる。そのような無菌室は実在しており、医学的に利用されてもいるが、心理学の領域にはそれに相応するものがない。人は人生で間違いを犯したり、挫折に遭遇したり、喪失を経験したりする。行く手に立ち塞がる困難にどう反応するかで、精神的健康の意味するところがまた別の視点から見えてくる。

一般的に、心理学者は、困難な状況から引き起こされた被害について関心がある。だが、ポジティブ心理学の観点から研究結果を見てみると、一部の人々はトラウマやストレスを受

けた後にうまく対処していることが判明している。

たとえば、子供は逆境を克服して力強く成長することができる。往々にして子供という存在は精神的に脆弱で、傷つきやすいとさえ考えられているが、このような特徴はすべての子供たちに当てはまるわけではない。子供が傷つきやすい存在だと仮定することに対して最初に直に異議を唱える形となったのが、一九八〇年代に実施された縦断的研究であった。

研究の一路線として、ノーマン・ガーメジーは「傷つかない子供」という概念を持ち出した。何人かのガーメジーの幼い調査対象者は、人生で最も深刻なストレッサー（ストレスの原因）に対して抵抗力を示し、あらゆる悪い予測をものともせずに、力強く成長していた。ハワイとアメリカ本土で実施された比較文化的研究では、エミー・ワーナーが同じ結果に到達した。ワーナーは、多くの若者が逆境に直面しても力強く成長できる資質について記述するために**レジリエンス**（回復力、再起力）という言葉を採択した。

また、青少年発達の分野で多大な影響力を持つに至ったモノグラフの中で、ボニー・ベナードは、ワーナーの調査結果を実質的にすべての若者に拡大適用した。すべての子供がレジリエンスを発現する可能性を備えていると主張し、レジリエンスは児童期の間にどんな子供でも学習できる適応反応パターン群を伴うと提唱した。ベナードによると、レジリエンスの構成要素とは次の通りだ。

粘り強さ／ハーディネス（たくましさ）／目標指向型／健全な成功への方向性／達成への動機／教育への強い希求／未来への信念／期待感／目的意識／一貫性

レジリエンスを備えている人は、健康的で柔軟なやり方でストレスの多い出来事に適応している。そのような人は明らかに精神的に健康であると見なされるべきだ。人生でよくない出来事が起きれば、そこからよいことを見つけ出してしまうような人たちなのだ。

レジリエンスに関するもう一つの見解は**フロイトの防衛機制**に端を発している。たとえば「投影」とは、自分自身が受け入れがたい特徴を他人のせいにすることだ。「抑圧」とは、自分の神経を逆なでするような記憶を自分の意識から積極的に排除しようとすることだ。「合理化」とは、イソップ寓話《ぐうわ》のキツネが、自分の食べられなかったブドウはどうせすっぱいブドウだったのだろうと決めつけたように、がっかりした後に個人史を書き直すことだ。

総じて、防衛機制とは奇異で健全ではないもののように見える。だが、ジョージ・バイヤンは、防衛が現実にそぐわない度合いによって、防衛機制を比較的未熟なものから比較的成熟したものまで階層的に位置づけることが可能だとする見解を持っていた。たとえば「否定」は、実際に起きたことを全然起きなかったと言うことによって実際の出来事を甚だしく歪める。それとは対照的に、「ユーモア」は、出来事を否定することなく現実を再構成する。また「昇華」とは、自分の葛藤や衝動を社会的に認められた活動の形へと方向づけることだ。

深刻な心の問題を抱える人は、未熟な防衛機制を好む傾向にあるのだが、さらに重要な点は、**長生きして成功する人は、成熟した防衛機制を使う傾向がある**ということだ。

ストレスに対する最もよく知られた認知療法は、心理学者のリチャード・ラザルスによって導入された。彼は、ストレスの多い出来事とその影響については、個人がそうした出来事をどのように知覚するかという観点から理解されなければならないと主張した。一次的評価では、経験した出来事で何が問題なのかを自分自身に尋ねる。出来事は個人にとっての意味合いによってまったく異なる重要性を持つ。たとえば、ある人が免停中に車を運転する場合と、そうでない場合とでスピード違反のチケットを切られるのではその意味はまったく違う。二次的評価では、出来事に対処するのに求められる資源で、自分の意のままに使えるものを判断する。くり返すが、出来事というのは、人がその出来事に対処できると思っているかどうか、そしてどのように対処するかによって大きく異なってくる。つまり、スピード違反の切符による影響は、罰金を払うだけのお金を持っているかどうか、またそれに続く自動車保険の追加経費を払うだけのお金を持っているかどうかで異なってくるのだ。

問題焦点型対処は、ストレスの多い出来事に真正面から向き合い、その影響を取り除こうとする努力を指す。**情動焦点型対処**はもっと間接的であり、それ自体は変えることのできない出来事に対する自己の感情的反応を和らげる努力を意味する。ラザルスは、いつもこれが望ましい、というような対処の方略があるわけではないと指摘した。

異なる出来事には異なる対処スタイルが必要とされる。壊れたラジエーターには問題焦点型対処方略が必要だが、傷ついた心には情動焦点型対処方略が最もふさわしい。重要なのは、ストレスの多い出来事の影響は、個人がそれをどのように評価するかで異なってくる、ということだ。精神的に健康な人は、適切な対処の方略が可能となるような仕方で出来事を評価するものだ。ラインホールド・ニーバーの祈りにあるように、「神よ、変えることのできるものについて、それを変えるだけの勇気を我々に与え賜え。変えることのできないものについては、それを受け入れるだけの冷静さを与え賜え。そして、変えることのできるものと、変えることのできないものとを識別する知恵を与え賜え」ということだ。

■成熟度としての精神的健康

時間の経過による衰えは身体の宿命だが、精神はその限りではない。ほとんどの心理的障害は年齢と共に減っていくため、年輩者は若者に比べると感情の調節に長けている。したがって、さらにもう一つの見解とは、精神的健康についてより大きな心理的成熟度の点から考えるものだ。

いくつかの縦断的研究で、ジョージ・バイヤンは、七五歳の時点で身体的に健康で、**かつ**人生に満足している状態を**「ポジティブ・エイジング」**と呼び、その予測因子について研究した。彼が発見したのは、成熟度が健康と密接に連動するという考えを支持するものだ。

最初に、サクセスフル・エイジング（幸せな老い）と強くは関係していなかった要因について、いくつかの驚くべき調査結果に触れておこうと思う。その要因とは、自分の先祖の寿命、五〇歳の時点におけるコレステロール値、自分の親の社会的階級、六五歳以前のストレスの多い人生の出来事などである。とりあえず、そのような要因については人生の早い時期において重要なものであり、それによってバイヤンによる調査対象者の最終標本に選ばれる人が決まるくらい重要なものであることが分かっている、とだけ言っておこう。

これらの要因は、七五歳で達者な人にとって、自分がどれくらい順調にすごしているかを予測する要因とはならなかったわけだが、サクセスフル・エイジングの予測要因とは次の通りである。

・喫煙者ではないこと（または四五歳以前にタバコをやめていること）
・アルコール中毒の経歴がないこと
・普通の体重を保っていること
・定期的に運動していること
・長年の教育を受けていること
・安定した結婚生活を送っていること
・成熟した防衛機制（健康を守る上手なメカニズム）を使っていること

教育に関する発見について少し説明しておこう。長年の教育を受けている事実から健康が予測されるというのは、さらなる教育を受けることがより高いＩＱ値や高額な収入を意味するからではなく、**教育がより優れた将来の方向性や忍耐力につながる**ものだからである。

エクササイズ9――習慣を変えてみる

アメリカ心理学会メディア照会サービスの古株会員である私は、大勢の雑誌や新聞の記者に向けて心理学の話題について話すことがある。毎年一二月も終わりに近づくと、新年の抱負に関する記事の担当になっている記者から少なくとも一本の電話が入ることが予想される。そこで私は悪い習慣を根絶するか、よい習慣を確立することについて、心理学者たちが発見したことを伝えようとする。

こうした電話が毎年かかってくるということは、習慣を変えるのは容易ではないということだ。それは、習慣を変えるためには、善意や、漠然とした「意志の力」だけでは十分ではないという耳障りな道理を浮き彫りにすることでもある。作家のマーク・トウェインはかつて、禁煙するのは簡単で、自分は実際に何十回もそうしたと述べた。

そうはいっても、習慣を変える方法について心理学者が把握している事柄もあることはあるのだが、数多くの実践アドバイスと同様、**「悪魔は細部に宿る」**のだ。まず、自分が変わる準備ができている必要がある。重要な理論で、ロードアイランド大学の心理学者ジェームズ・プロチャスカらは、いかなる変化も**熟考期**（変化することによる利点について考える段階）から始まり、**準備期**（変化することや、目標を設定することの難しさについて考える段階）を経て、**実行期**（適切な賞罰を用意することで実際に変化し始める段階）に至り、最終的に**維持期**（元に戻ってしまうことを防ぐために手段を講じる段階）へと進むという、一連の段階または局面で起きるという概念を形式化した。

このエクササイズの目的は、あなたの健康に関連した習慣を変えることなのだが、このエクササイズを行うのはあなたが熟考期手前の前熟考期の段階をすでに経ている場合だけに限定したいと思う。あなたが自分の健康に関する習慣を変えようなどと考えたことがなければ、このエクササイズはその次の段階に進むための適切な契機とはならないからだ。

あなたはある習慣的な行為を減らすか、やめてしまうか、または新たによい習慣を加えたいと思っているかもしれない。あるいは悪い習慣にも自分にとってそれなりに意味があるのかもしれないと考えて、ときには二つを同時にやることもできるし、実際にそうしたいと思っているかもしれない。単に悪癖を取り除くだけではその意味が宙ぶらりんなままとなり、結果的に悪癖へと逆戻りしていくことにもなりかねないだろう。地元の居酒屋での飲酒をやめたければ、それまで居酒屋に通っていた時間や、居酒屋で満たされていた社会的な欲求などを埋め合わせるだけの活動（囲碁クラブなど）に今後加わる必要があるだろう。

自分自身の変化について観察できるような習慣を具体的な形で決めておくことは重要なことだ。「もっと優れた人間になる」というのは素晴らしい目標であるが、「毎朝近所の人に挨拶をする」ことができたと分かる方がもっと簡単だろう。このように、小さな段階にしたがって習慣を変えていく方が、自分の変化に気づきながら楽しんで実行できるため容易である。たとえばウェイト・ウォッチャーズ社は、ダイエットプログラムの参加者に目標体重を決めさせるが、何キロ落としたかは一週間単位で細かく記録され、それをミーティングで励まし合えるようにしている。

あなたが自分で変えたいと思っている習慣について、日誌をつけたいと思うこともあるだろう。喫煙や飲酒を減らしたいと思っているならば、毎日、一日の終わりに、その日に何本タバコを吸ったか、または何杯お酒を飲んだかを記録してみよう。運動量を増やしたいと思っているのであれば、その日にどれくらいの距離を歩いたか、または心拍数が上がってからどれくらいの時間歩いたかを記録してみよう。実際に習慣を変えようとする前に、一、二週間にわたって日誌をつけてみるとよいだろう。こうすることで、習慣を変えるために必要な手段を正確に知ることができるだろう。

目標とその達成について研究している研究者たちは、嘲笑的に「一生懸命頑張ろう目標」と呼ばれるような安易または漠然とした目標よりも、困難で具体的な目標の方が人にやる気を起こさせるということで意見が一致している。だが、困難な目標については、もっと扱いやすい要素へと細分化する必要がある。あなたが実際に習慣を変え始めるとき、これから達成しなければならないことだけではなく、すでに達成したことにも注目してみよう。「まだ体重を二〇キロ落とさなければ」というのは手強い目標だが、「すでに五キロ落とした」と言えば肯定的だ。

ときどきは逆戻りすることも想定しておくとよいだろう。あなたがダイエット中であれば、ビスケットを一枚食べてしまったのはこのダイエットが完全に失敗する証拠だ、などと解釈してはならない。ダイエットの専門化は**節制中断効果**について報告している。これは自分のダイエットを一時的に中断してみることで起きる反応なのだが、完全に不合理な反応について言及したものである。

多くの人々はよい日と悪い日という観点からのみダイエットを概念化する。よい日というのは自分がちゃんとダイエットできている日である。悪い日というのはダイエットができなかった日で、つい先ほど述べたように自分を徹底的に責めるようなことがときどき起きる。悪い日に関する程度の違いを区別しないと、とんでもないことが起きる可能性もある。お昼にビスケットを一枚食べたことで、その日は一日中完全にダイエットを諦めてしまって、そのままビスケットの袋を平らげ、夜にはアイスクリームの大カップ、そして深夜にはピザまで平らげてしまうといったことになりかねない。

あなたと同じ目標を持つ友人や家族の協力を得て、それぞれ互いに支援や励ましを与え合うことができるのであれば、それもまた助けとなるかもしれない。

習慣を変えるために手段を講じるのはいいが、それを自分の現在のライフスタイルに取り入れることができないと分かる度に、変化すること自体は変化を維持することほど難しいものではないということが分かるだろう。これが、極端なダイエットが短期的にだけ成功する理由だし、休暇先で始めた運動プログラムが職場に戻った途端棚上げになってしまう理由なのだ。習慣を変える方法について考える際には、**変化を半永久的に維持する方法**についても同時に考えるようにしてみよう。体重を二〇キロ落とした暁にファミリーレストランでスペシャルメニューを頼んでお祝いしたりしないように。

私はあなたに一生懸命頑張れと呼びかけたりはしない。ただ、あなたが成功するようにと励ましたいだけなのだ。

第10章 ポジティブな対人関係

未熟な愛は「あなたが必要だからあなたを愛している」と言う。
成熟した愛は「あなたを愛しているからあなたが必要だ」と言う。
——エーリッヒ・フロム

本書をここまで読んできて下さった方であれば、私がポジティブ心理学を要約した次の言葉に驚くことはないと思う——**「他者は大切だ」**。

心理学者は愛というテーマについて、何年にもわたり比較的無頓着だったにもかかわらず、今や人間の本質に関するあらゆる議論において、特にポジティブな視点から中心的に扱うようになった。現代の学者によると、愛し愛される能力は、乳児期から老年期を通してウェルビーイングに強力な影響を及ぼすと共に、本質的な人間の傾向であると考えられている。

研究者たちは、さらに愛に関する生化学的な根拠について調査し始めた。そして、社会的な接触、特に皮膚と皮膚の接触に応じて脳内で放出されるホルモン様物質である**オキシトシン**に注目した。オキシトシンは妊娠中に増加し、出産の過程で急増する。オキシトシンによって母乳の生産が促進され、より一般的には**母親らしい**振舞いが促進される。

ここで注意してほしいのは、オキシトシンの図式から父親が除け者にされていないことだ。父親となる人のオキシトシン濃度は、彼の配偶者が妊娠している間に同様に上昇し、父親が幼児とすごす時間の長さに伴って上昇し続ける。これは父親が子供にどれくらい関心を持っているかにもよる。

オキシトシンが成人に影響を与えるのに、幼児が実際に存在する必要はない。これは**「抱擁ホルモン」**と呼ばれるもので、二人の間に愛の絆を作り出したり、おそらくは一夫一婦制にもつながってきたものだ。

オキシトシンは神経伝達物質である**ドーパミン**と関連しており、広くは強化や快感、また実際に嗜癖と関係している。これはつまり、「愛に溺れる」という比喩が生化学的に裏づけられたものであることを意味している。恋愛中だと自称する人に関する神経画像の研究では、自分の愛しい恋人の写真を見ているときと、同じ年齢と性別の親しい友人の写真を見ているときとでは脳が異なって機能することが示されている。

このときに関係する神経回路は、人がコカインでハイになっているときに活発となる神経回路と同じものだ。さらなる研究から明らかとなったのは、母親が自分の子供の写真を見るときに、**ネガティブな感情と社会的比較に関与する脳の領域が非活性化する**ことだ。このように、大半の人がすでに身をもって知っていること――お母さんの愛は無条件の愛である可能性――は科学的に裏づけられた事項なのだ。生物学は、関係性そのものが大切であることを教えてくれている。

まさにその通りなのだろう。幼児が長期に及んで無力感に陥る状況に置かれた場合、幼児の深い部分で愛を構築すると同時に、幼児の生存を保証する必要がある。人間の祖先は、子孫を残す目的のために配偶者を惹きつける手段に加えて、子供を保護して育てることを保証するのに、配偶者との間に絆を確立する手段が必要だった。子供も同じく親に愛情や関心を持ってもらうため（それがときに個人的な犠牲を強いるほどであっても）親にとって十分に魅力的な存在であることが必要とされた。たとえば哺乳類の赤ちゃんは際立ってうるさいが、それは自分が世話を必要としているとの信号を親に送っているからだ。愛はそこにどう関係しているのだろうか？　そのすべてにおいてだ。

＊心理学における愛の言葉

一九七五年、二人の若手の社会科学者、エレン・バーシャイドとエレイン・ハットフィールドは、ロマンチックな愛について研究するため、全米科学財団から八四〇〇〇ドルの助成金を受け取った。この助成金に目をとめたのが、ウィスコンシン州の上院議員ウィリアム・プロクスマイヤーだった。彼はちょうど同年に、公的資金を無駄に使っていると判断される人物に与えられる「金羊毛勲賞」と称する賞を設けたのだが、米国上院議会の議場で精力的に反対の意思表明をした挙げ句、アメリカの納税者を騙したとして二人を初の受賞者とした。

愛の言葉について研究するというささやかな案は、なぜそんなにも強いネガティブな感情を引き起こしたのだろうか？　よく耳にする批判は互いにもつれ合っているようにも見受けられる。愛は研究対象となるにはあまりに重要なもので――あまりにつまらないものだ。愛は常識的で――深い謎だ。愛は神聖なもので――少なくとも性的に親密な形を取るときはとんでもないものだ。おそらく、社会科学にまん延する、ネガティブなものに注目するという偏りから、純粋な善を見すごしてしまう結果へと結びついてしまったのだろう。

だが、失恋や離婚、配偶者による虐待や子供へのネグレクト（育児放棄）という形による愛の被害者たちがいる。精神科医たちは診断名をまだ付与していないものの、孤独は間違いなく不安や抑うつ、統合失調症、薬物濫用のような本格的な疾病の中心付近に位置づけられるものだ。愛の欠如から生じる問題を浮き彫りにするという方法を採った研究者たちもいた。

社会心理学者のジック・ルービンは愛について正面きって注目し、明らかにあいまいなこのテーマに対して、心理学の他のあらゆるテーマに対するのと同じくらいの厳密さをもってアプローチする可能性を示したことで称賛に値する学者だ。ルービンは、「好きであること」と「愛すること」とを区別した自己報告式尺度を開発した。この尺度は一人の人間が他の何人かについて回答するものだ。たとえば**「好意」**の項目には次のものが含まれる。

・自分は［　　］がいつになくうまく順応していると思う。
・ほとんどの人は［　　］に少し会っただけで好意的に反応する。
・［　　］は自分が知っている人たちの中で最も好ましい人物だ。
・［　　］は自分自身が最もそうなりたいと思うタイプの人間だ。

「愛」の項目には次のものが含まれる。

・自分は実際に［　　］を全面的に信用できると思う。
・自分は［　　］のためなら何だってしてあげる。
・［　　］と一緒にいられないとしたら自分は惨《みじ》めに思うだろう。
・自分は実際に［　　］を何であってもゆるせる。

回答者は「まったく当てはまらない」から「大変よく当てはまる」までの五段階尺度で、自分がどれくらい同意できるかを回答する。明らかに、好意の項目には他者に対するポジティブな評価が反映されるが、愛の項目には自分の感情的な愛着が反映される。

ルービンは自らの研究で、ミシガン大学の大学生を対象に、交際中の学生たちについて調査した。「愛に関する尺度」は、意中の人と恋愛関係にあり、最終的にはその相手と結婚するという期待感を持っているとした報告と大いに関連していた。研究者がカップルをマジックミラー越しに観察するという実験室の研究では、愛に関する尺度に基づいて、二人がどれくらい同時に目と目を合わせるかが予測された。

さらに、交際中のカップルに関する縦断的研究では、愛に関する尺度での得点から、数ヵ月後にも恋愛関係がそのまま続いているか、さらに強まっていると予測されたカップルがいたが、これは両者共にもともと高得点であった場合に限られた。愛に関する尺度で不一致が見られたカップルの場合は、そのまま一緒にいる可能性は低かった。好意は、これらの調査結果に対してはわずかにしか影響しなかったものの、好意に関する尺度もまたメロドラマの筋書きをものともせず愛が続くことを予測した、という点には注目すべきだろう。

このような調査結果はいずれも驚くようなものではないが、この研究の本当の重要性は、心理学者が、他のテーマに関する研究に用いるのと同じような手法を恋愛に関する研究にも適用できることを証明したことにあった。科学において何が可能で、何が不可能かという議論は、学者や政治家や評論家が不可能だと主張することを研究者が本当に実行するときには、むしろ迅速に解決するものなのだ。

愛に関する研究におけるもう一人の先駆者は、サルに危害を加えず、かつ心温まるサルの赤ちゃんの研究によって有名になった。ハリー・ハーローは、幼児の母親への愛着が、単に自分が食べる必要があるという事実に基づくものなのかどうかが知りたかった。ハーローはサルの赤ちゃんが生まれた直後に母親ザルから引き離して、二つの定常モデルを用いてそれぞれ個別に檻の中で育てた。人形は針金で作られたものとテリー織の布のものとがあった（図10・1を参照）。針金製の母親には授乳用の乳首がついており、布製の母親は食べ物を与えないが心地よく感じる肌触りをしていた。愛着が食物を与えることに起因するとすれば、赤ちゃんザルは食べ物に関係した母親の方への愛着を形成するはずだった。

だが、赤ちゃんザルは布製の母親の方を好んだのだった。空腹時には針金製の母親を求めたものの、それ以外は布製の母親の近くに居続けた。赤ちゃんザルが慣れない光景や音を見聞きして脅えたときには布製の母親に駆け寄ってしがみついた。ハーローは、幼児がテリー織モデルのような抱き締めやすいものに愛着を形成する傾向があると結論づけた。毛布とテディベアはこれとまったく同じ理由から人間の子供たちに人気があるのかもしれない。ハーローの研究は、動物の間でさえ、社会的なつながりが生理的な必要性を満たす以上の役割を反映することを示した点で重要である。

ハーローはさらに、これと関連した研究で、アカゲザルを完全に孤立した状況で育てた。一年間、他のサルと接触させなかった結果、アカゲザルたちはビクビクして引きこもった状態になった。自分に噛みつくなど、奇妙としか言えないいくつかの共通の行為も見受けられた。孤立したサルは他のサルと普通に接触することはなく、赤ちゃんザルとも交わることはなかった。そのようなサルは、栄養失調でも身体的外傷があるわけでもなかったが、仲間たちと接触しなかったことで、社会的発達に著しい障害を来したのだった。

その他の研究では、隔離されたサルが普通に成長したサルと一緒にされた場合には、そのような問題は修正可能であることが示されている。隔離されたサルは、そのうち普通に交わることを学び、初期の頃の隔離による影響をほとんど示さなくなる。同様に人間の子供たちに関する研究でも、初期の頃の隔離については、子供がその後支援を得られるような環境に置かれた場合には、その影響の多くが改善されることが明らかとなっている。隔離があまりに長期に及ぶ場合には簡単には改善されないのだが、これは社会的発達に関する**臨界期**の考え方にも一理あることを示唆するものだ。動物行動学者のコンラート・ローレンツによる研究では、ガチョウの子が最初に目にする動く物体を追いかけて愛着を持つ**刷り込み**の過程が明らかにされたが、この現象もまた臨界期に起きることが知られている。

愛に関する研究が具体化するのに伴って二つの見解が出現した。一つは頭（思考）を強調するもので、もう一つは心（感情）を強調するものであるが、これは心理学が愛の問題にアプローチするのに有益な方法として現在でも役に立っている見解だ。それぞれの見解について次に概略を述べてみよう。

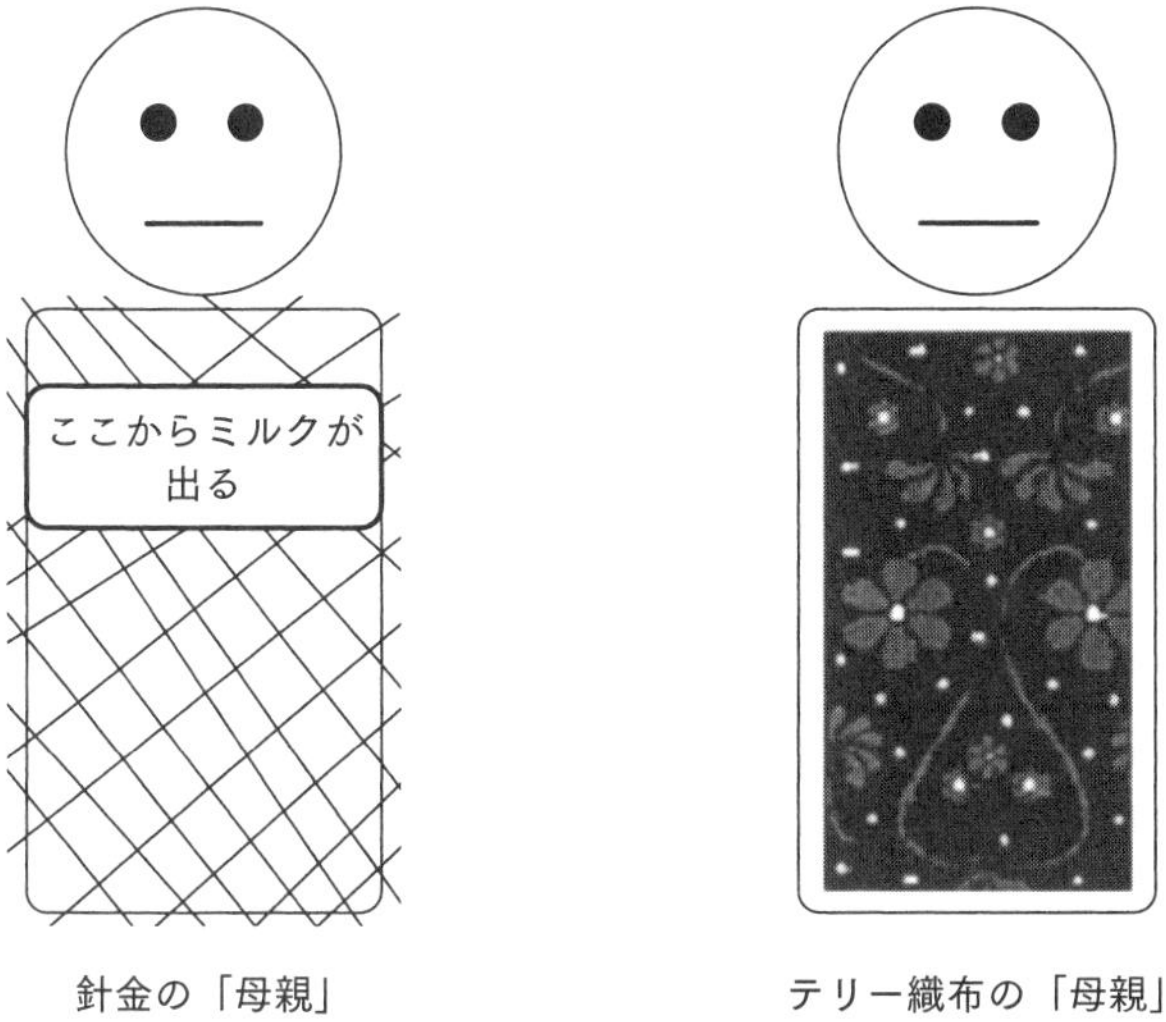

図 10.1.　ハリー・ハーローの代理母実験
左の「母親」は針金でできており、ミルクを与える。右の「母親」はテリー織の布でできており、心地よい肌触りをしている。

＊公平理論

公平理論は、友情や恋愛といった親密な関係にある二人の人間が、その関係から得るものがその関係に費やすものと比例していると見なす程度に応じて関係を持続すると提唱している。公平な関係は持続し、不公平な関係は崩壊する。

確かに誰でも、自分の誕生日を覚えてくれていない人や、折り返し電話するのを怠る人、自分を陰口から擁護してくれない人を友人に持つことはあるだろう——自分がその友人のためにすべてをやってあげているとしても。これは不安定な関係であるから、何かが変わらなければならない。友人がもっと何かをしてくれる必要があるか、または自分が何かをしてあげることをもっと控えるか、そうでなければこうした関係に未来はない。

公平理論は、自分が他者と交流する際に関わる損失と利益とを計算することを前提とする。これは経済理論であり、人々が互いに与えたり受け取ったりするものに注目することになる。**個人間関係資源**《インターパーソナル・リソース》と呼ばれる代表的な一覧には次のものが含まれる。

品物／情報／愛情／金銭／サービス／地位

この点についてよく考えてみると、これらの資源のいくつかは特別に留意することもなく交換できるのが分かるだろう（品物と金銭など）。ところがその他のものは、もちろん交換は可能だろうが、あまりまともな交換とはならないようだ（愛情と金銭など）。

類似する一覧は**ソーシャル・サポート**に関する研究に基づいているが、これは自分がストレスの多い出来事に対処する際に、他人がどのようにして手伝ってくれるかについて言及したものだ。

・評価的サポート……建設的なフィードバック、肯定、社会的比較
・情緒的サポート……共感、信頼、思いやり、いたわり
・情報的サポート……アドバイス、提案、解決策
・道具的サポート……具体的な援助やサービス

公平理論による一般的予測は、数多くの研究によって支持されている。たとえば、恋愛関係にある人たちは、かなりの部分で互いに身体的な魅力を持ち合わせている。恋愛する相手の容姿が魅力的なのは望ましいことで、親密な関係においてはプラスの要素ともなる。魅力的な容姿の人との釣り合いを取るための最も簡単な方法の一つは、自分自身の容姿を魅力的にすることだ。面白いことに、同性の友人同士でも身体的魅力によってペアとなる傾向があ

るのだが、これは女性より男性の間で明らかに見受けられる傾向のようだ。

公平理論はまた、親密な関係にある人々が、身体的魅力などの一側面で不釣合いである場合には、職業的成功などの別の側面で**補償的に不釣合いである**ことが必要であると予測している。たとえば、容姿が非常に魅力的な女性は、財力がその他の欠点を補って余りあるような金持ちの男性と結婚する可能性がより高くなる。身体的魅力が実社会における必需品となっている現状を嘆くこともできるだろうが、これは心理学者がくり返し発見する事実でもあるのだ。

進化論的な解釈では、恋愛の相手から感知する利点について、男性と女性とでは異なる仕方で評価するとされているが、これは公平理論とも一致する。アメリカの若い男女が恋愛において異なる理由から嫉妬の感情を経験することを考えてみるとよい。男性は相手（女性）の**性的な不貞**の可能性に対していっそう嫉妬深くなる。女性は相手（男性）の**感情的な不貞**の可能性に対していっそう嫉妬深くなるのだ。心理学者のバスらはこのような結果を踏まえて、進化論的な解釈を発展させた。男性が相手の性的な貞節を重視するのは、自分が確かに相手の子供の父親だと信じたいからであり、それに対して女性が相手の感情的な忠誠を重視するのは、いったん子供を授かったからには相手がずっと一緒にいて援助し続けてくれることを確信したいからだと提唱した。

目の前にある公平さというのは、長期的な関係が続くかどうかを決める唯一の要因ではない。心理学者は、誰が一緒に居続けるか、または誰が関係を絶つかを決定する他の因子について実証した。たとえば、あるカップルが自分たちの関係に満足していて、代わりとなる適当な対象物が存在せず、各自が多くの時間と努力をその関係につぎ込んでいるとすれば、二人が別れる可能性は低くなる。

だが、公平理論には限界があり、あらゆる愛の形について説明できるだけの力はない。献身的な愛や利他的行為などは、代償的な期待感による行為ではないため、公平理論では結局のところ説明できないのだ。たとえば臓器提供者について考えてみるとよい。ナチス・ドイツで、自分たちの命の危険を冒してまでもユダヤ人たちをかくまったキリスト教徒たちのことを考えてみよう。

さらに、ボランティア活動が、高い人生の満足度と良好な健康とに関係していることを示す研究について考えてみるとよい。このような研究結果は、**ソーシャル・サポートを受けるよりも与える方が有益である**ことを示す他の研究と関連づけられたときには、公平理論の正当性が疑わしくなる。言い換えれば、公平な関係が報われるのではなくて、損得勘定が五分五分になろうとなるまいと、愛やサポートを与えることのできる関係が報われるのである。

最後に、公平理論が最もうまくいかないのは、人々がそれぞれの関係に持ち込む気持ちについて無視しているからだ。読者の皆さんは本書を通して、西欧の思想家がいかに頻繁に感情の上に思考を位置づけてきたのかが理解できたことと思うが、ポジティブ心理学における実際のデータがいかにそれとはちょうど逆のことを示すかも同時に理解できた、というわけだ。何度もくり返すが、**心は頭に勝る。**友人や配偶者を持つのは、その人たちが自分にとって益になると「考える」からではなく、自分がその人たちを愛しているからだろう。

＊愛着理論

親密な関係に関する二つ目の重要な見解は**愛着理論**といって、人々を結びつける感情について強調するものだ。この理論における重要人物はイギリスの精神科医ジョン・ボウルビィであるが、彼は一九五〇年にＷＨＯから、第二次世界大戦で孤児となった子供たちの精神衛生状態を報告するよう依頼された。彼の報告書における重要な結論とは、普通の発達のためには少なくとも一人の成人の養育者との「温かで継続的な関係」が必要だというものであった。

孤児院で育てられた子供は、食べ物や安全性などの基本的欲求が十分に満たされた場所にあってでさえ、持続的な感情のつながりを構築する機会が欠如したときには苦しむことになった。見て見ぬふりをされたほとんどの孤児は、頭をぶつけたり、ふさぎ込んだりするような病的な行為を示した。多くの子供たちは身体的な成長を遂げることができなかった。事実、何人かの子供たちは、ただ愛が欠如していたことから死んでしまったのだった。

愛着理論の核心は、幼児とその養育者との関係性と近接性とを調整することで愛着が生存を強化する、という命題にある。幼児は自分の養育者の所在を絶えず観察して、相手が近くにいてくれる限り満足して遊ぶことができる。幼児と養育者との間の距離があまりに大きくなるような場合、幼児は動揺して、近接性を再び確立することに注意と努力を向け直す。ボウルビィは、このような愛着システムが一生を通して、まさに「揺りかごから墓場まで」作用すると提唱した。

ボウルビィの愛着理論に影響を受けた他の研究者たちは、乳幼児と、乳幼児の社会的行動について詳細な観察を始めた。一致した見解の概要は次の通りである。まだ本当に幼い頃、人間の乳幼児は社会的によく反応するが、人間のことは識別してもごく少数の人しか識別しない。乳幼児は一人ひとりに目をやるが、特に人の顔を見る。ジョンソンらによるある重要な研究では、乳児が誕生直後の**最初の一時間**以内で、形は似ているが顔らしくない動く刺激物に比べて、顔のような動く刺激物を目で追う傾向が強いことを示した（図10・2を参照）。このような傾向は学習することはできない。乳幼児は進化論によって、環境の中で最も重要な特徴（つまり両親）に注意が向きやすいようになっており、同様に両親の注意力は乳幼児の反応に引きつけられやすいようになっている。

人間の乳児は出生して二、三ヶ月以内に、自分の主な養育者を他の人々と区別し始める。乳児は見慣れた人たちに対しては、その人たちの前で微笑んだり、声を出したり、安らぎを得やすいなど、異なる反応を示す。約六、七ヶ月後には第三の段階に入るのだが、これは子供が一人の特定の個人（通常は母親だが必ずしもそうとは限らない）に強い愛着を示す時期である。この段階の特徴は、幼児が愛着を持っている人との接触を積極的に求めることである。幼児はその人の後を追って這い這いし、その人に呼びかける。見知らぬ人は恐怖をもたらす存在だ。このパターンは、その子の人生でその後数年間は継続する。

愛着のこの第三の段階は、**ストレンジ・シチュエーション法**と呼ばれる方法で研究されたのだが、一歳前後の幼児が母親から引き離されるときにどのような反応を見せるかが観察された。幼児は母親（または他の世話する人）に連れられて、おもちゃでいっぱいの遊戯室を備えた乳幼児研究用の実験室に来訪する。そして、マジックミラーの後ろにいる研究者たちが観察を行う形で、注意深く準備された一連の実験が行われる。

・母親が、おもちゃからある程度離れた距離に赤ちゃんを床に置いてから座る。
・見知らぬ人が遊戯室に入って来て、やはり同じように座る。
・見知らぬ人は母親と話をし、それから赤ちゃんと遊ぼうとする。
・次に、母親は、二、三分の間、自分の赤ちゃんをその見知らぬ人と一緒に残したまま退室する。
・母親は間もなくして部屋に戻り、自分の赤ちゃんと再会する。

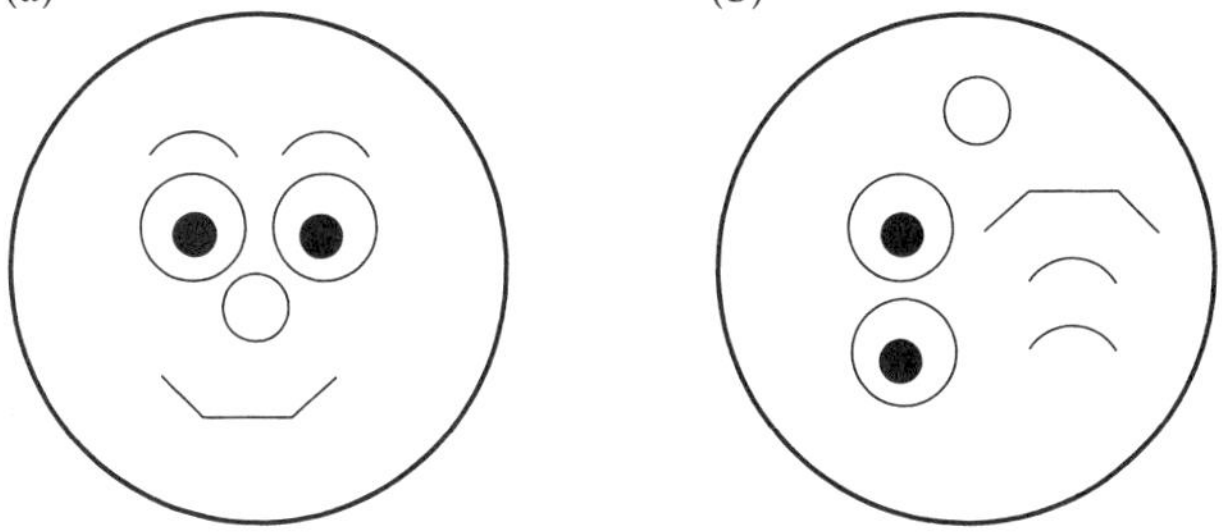

図 10.2.　乳児の注意を引くのはどちら？
新生児は、形は似ているが顔らしくない刺激物（b）に比べて、顔のような動く刺激物（a）を目で追う傾向が強い。

・今度は母親と見知らぬ人の両者が、再び二、三分の間退室する。
・見知らぬ人が最初に部屋に戻り、赤ちゃんと遊ぼうとする。
・最後に、母親が部屋に戻り、自分の赤ちゃんを引き取る。

この研究手法は、子供が分離に対してどのような反応を示すかについて豊かな情報を与えてくれる。母親が最初に部屋を出るとき、およそ半分の子供たちは母親が戻って来る前に泣き出す。そのうちの四分の三以上の子供たちは、母親が戻って来たときに微笑むか、触るか、話すかして母親に接触しようと反応する。母親が再び部屋を出るとき、普通の子供は再び動揺する。見知らぬ人はここで子供をなだめることに失敗する。母親が戻って来たとき、半分の子供たちは泣き続け、四分の三の子供たちは母親の腕に急いですがろうとする。

子供はいろいろな仕方でストレンジ・シチュエーション法に反応する。エインズワースは、こうした状況における三つの異なる行動パターンについて説明した。**「回避型」**傾向にある子供（テストされた子供たちのおよそ二〇パーセント）は母親が立ち去るときにも泣き出さず、母親を無視するか、母親が戻ってくると同時に背を向けるかする。**「安定型」**の愛着を持つ子供（およそ七〇パーセント）は、自分の母親との接触を求めて維持しようとするパターンを示す。第三のパターンはおよそ一〇パーセントの子供だけが示すパターンなのだが**「アンビバレント型」**と呼ばれる。このような子供は、母親が立ち去るときに泣き出すのだが、母親が戻ってきても慰められることはない。

ストレンジ・シチュエーション法は、愛着に関してその他の要因が及ぼす影響を評価するのに用いることができる。自分の母親が面倒を見てくれるときに、協力的で愛情豊かであるような子供は、安定型の愛着パターンを示す――このような子供は、自分の母親が立ち去るのを見ると悲しみ、母親が戻って来るのを見て喜ぶ。母親が批判的な態度で子供を拒絶する場合には、回避型かアンビバレントな子供を生み出すことになる。母親が抑うつ状態にある場合には、自分の子供に対して感情面での対処ができないかもしれず、結果的に回避型の子供になることがある。

どんなパターンが確立されるとしても、そのパターンは子供が他人と関係していく上でその後も持続的に影響を及ぼすことになる。たとえば、不安定な愛着を持つ子供は、二歳で周囲の人に対してだんだん社交的でなくなり、四歳で柔軟性を失い頑固になっていき、六歳で抑うつ状態になったり、内に引きこもったりする傾向が強くなる。

乳幼児期に安定型の愛着を持った子供は、自分の両親に対して適切な自己主張をするようになる。そのような子供は熱心に世界を探求し、問題解決に対して粘り強さを発揮すると同時に、満足感が得られないときには援助を求めたり、慰めを求めたりする姿勢がより強く見られる。要するに、安定型の愛着を持つ子供は、依存と自律とのバランスが取れていることになる。

乳幼児期における安定型の愛着がこのような望ましい結果のすべてを保証するわけではないが、研究の一貫性については注目すべきだろう。安定型の愛着は他人との良好な関係につながり、同様に他人との良好な関係がよい人生の実現にも関係していることが分かっている。自分の楽しみや、その楽しみをどう味わうかにおいて他人は重要な位置を占めている。人生の満足度に関する社会的な予測因子は特に強力だ。強み《キャラクター・ストレングス》としての徳性に関して言えば、心の強みは頭の強みよりも大きな満足感をもたらす。教師や指導者は自分の達成を可能にしてくれる。他人との良好な関係は健康や長寿の基礎を成すものだ。

愛に関する研究で、今日主要な二人の研究者であるハリー・リースとシェリー・ゲーブルは、さまざまな年齢層や文化の違いを越えて、他人との良好な関係は、人生の満足度と感情面の健康にとって「唯一最も重要な」源泉であると結論するに至った。逆に言えば、人生のなかでうまくいかなかった悪い出来事やものごとについて述べるよう求められた場合、大半の人は、人間関係における争いや喪失について語るということだ。

乳幼児期の安定型の愛着は、この特定の時期に限らず、生涯において影響を及ぼすものだ。子供、青年、そして大人と、それぞれ自分の過去の愛着の歴史を抱えているが、これはつまり何歳になっても「安定型であるかどうか」で説明されるということだ。

さらに面白い発見は、乳幼児期に確立された愛着スタイルが、成人になってからの恋愛関係における振舞い方にも現れるという点だ。一九八七年、心理学者のシンディー・ハザンとフィリップ・シェーバーは、大人たちが親密な関係にどのように対応するかによって、安定型か、回避型か、アンビバレント型に分類されると考えた。ここに、この研究者たちによって考案された非常に簡単なテストについて記しておこう。次の文章を読んで、あなたが人とどのような関わり方をしているのかを最もよく表す文章を選んでみよう。

・自分は割と簡単に他人と親しくなれる。他人を頼りにし、自分が頼りにされることに慣れている。人から見捨てられることや、誰かと親しくなりすぎることについて普段から心配することはない。

・自分は人をなかなか完全に信用できない。他人と親しくすることにいくぶん居心地の悪さを感じる。人があまりに親しげにしてきたりすると落ち着かなくなる。よく、自分がそのまま一人で居心地よくいるよりも、人にもっと親しくするようにと周りから望まれているように感じる。自分から他人に頼るのは苦手だ。

・自分は他人と親しくなりたいと思っているのに比べて、他人は自分とは親しくなりたがらない。よく、自分が親しくしている人は、本当はこの自分を愛していないか、自分と一緒にいたくないのではと心配してしまう。他人と完全に同化したいのだが、こうした思いがときどき人々を遠ざけてしまうようだ。

親しい関係に喜びを見出し、親密さを築くことにも臆さない人々がいる。相手が信頼できて頼れる存在であることを期待し、ためらわずに相手に安らぎと支えを求め、また相手からも同じようにそう求められる人々だ。これは「安定型」の関係（テストの一つ目の選択肢）である。親しい関係を居心地が悪いと感じる人々もいる。相手を信用するのは困難だし、感情的には相手と距離を置いている。親密さよりも独立性に価値を置き、行き詰まったときには人に慰めを求めるよりも、一人で閉じこもる方がよいと考える人々だ（二つ目の選択肢・「回避型」の関係）。あるいは相手に見捨てられるのではないかといつも心配している人々もいる。相手が自分に親しくできる、または親しくなろうとする以上の親密さがほしいと相手に望むのだ（三つ目の選択肢・「アンビバレント型」の関係）。

＊愛の類型学

二人の人間における関係には明らかに多様な形が存在する。公的な関係であっても私的な関係であっても、関係は規範によって規定され、さまざまな時代や文化における関係のあり方はその社会の支配的な価値観によって変化する。欧米の文化が世界中のメディアによって広まった結果、世界中の人々の関係がますます類似したものになっているという挑発的な所見を述べた心理学者たちもいる。たとえば、伝統的には欧米人の人間関係において目標とされた「快感を追求して苦痛を忌避する」といったあり方は、今やアジア人の人間関係にも当てはまるようになっている。

■親和

人々が他人と築き上げていると思われるいくつかの関係について考えてみよう。**親和**とは、単純に誰か他の人と関わりたいと欲することであり、相手がどういう人かという人物特定はそれほど重要ではない。レオン・フェスティンガーによる**社会的比較**の概念は親和動機について説明するものだ。人々は自分自身のスキルや、適性や、態度や、価値観を評価するために、他人のそれらと比較する。他人と関係することなしには自分自身を評価できない。要するに、親和は自分自身を評価するのに役立つものだ。

心理学者のスタンリー・シャクターは、親和に対する関心から「同病相哀れむ」という格言を調査するに至った。彼は心理学部の学生たちを実験参加者として引き入れ、実験では痛みを伴う一連の電気ショックを受けることになっていると説明した。対照群の学生たちにはこのことについて説明しなかった。研究者が実験機材を組み立てていた間に、両集団の学生たちに一〇分の遅れが生じた。学生は一人で、または他の学生たちと一緒に待っていることができた。

さて、学生たちはどちらを選んだのだろうか？　電気ショックについて予期しなかった学生たちに比べて、電気ショックについて予め知っていた実験群の学生たちは、他の人たちと一緒にその一〇分間をすごす方を好んだ。人はこのように不安なときに他人を求めるわけだが、これはおそらく他人が自分の心配を軽減してくれるからだ。社会的比較の過程はここでも作用しているのかもしれない。他の人々を見ることで、漠然とした状況で自分がどう行動したり感じたりすべきか、その手がかりが得られる。

シャクターはさらなる研究によって、この現象について明確にした。さらなる選択肢が与えられたとき、不安な人は、他の不安な人たちと関わることを好む――**「不幸は不幸な道連れを欲しがる」**のだ。不幸そのものが魅力的なのではなく、不幸が私たちに教えてくれることが興味深い、というのがポジティブ心理学の一歩踏み込んだ見解だ。

■好意

好意を持つ人たちは互いにポジティブな態度を取り合うが、ポジティブな態度を生み出す要因について、心理学者は相当分のことを熟知している。

・近接性……他の条件が同じであれば、自分の近くにいる人に好意を持つ。
・類似性……他の条件が同じであれば、パーソナリティ特性、価値観、信念が自分と似ている人に好意を持つ。
・相補性欲求……他の条件が同じであれば、自分の欲求を満たしてくれる人に好意を持つ。
・高い能力……他の条件が同じであれば、能力の高い人に好意を持つ。
・魅力……他の条件が同じであれば、身体的魅力のある人か、さもなければ感じのよい人に好意を持つ。
・互酬性……他の条件が同じであれば、自分を好んでくれる人に好意を持つ。

■友情

類似性に対する相互知覚と、互酬性に対する期待感とが好意と結びつく場合、それは**友情**と呼ばれる。「友達」という言葉は早くて三、四歳の子供たちの間で登場するが、それは子供が仲間たちと選択的に交流し始めて間もなくのことである。七五パーセントもの保育園児が互酬性に基づく友情を築くのだが、それは少なくとも互いのために惜し気もなく費やされる時間によって判断される。確かに、幼児たちの友情は、具体的で共通の活動を中心とする――「一緒に遊ぶ」。

青年期には、八〇パーセントから九〇パーセントの一〇代の若者たちが友人の存在を報告しており、通常、「最高の」友人と「よい」友人とを区別する。いずれの場合にせよ、青年期の友情とは、共有の活動のみならず、感情面での助け合いや、自分がどれだけ相手に心を開いているかによっても特徴づけられる――「自分たちはお互いに何でも話し合う」。

成人になると、友人は大抵、自分の仕事の同僚から得ることになるのだが、大人の友情が共通の仕事を中心とするために、大人の友情は仕事と「融合」したものだと学者が解説するまでになっている。似たような融合は、同じ年齢の子供を持つ隣人同士で起きることもある。九〇パーセント以上の大人は友人を持つが、年輩者の間ではその割合が少し減少する。老年期の友情は、多くは側にいて支え合うことを特徴とする――「自分たちはお互いに助け合っている」。

友情に関する表面上の特徴は明らかに変化するものの、友人を持つことと、人生の満足度ならびにウェルビーイングとの間には一貫して強い相関がある。だが、友情がもたらす利益について結論を述べるには、相手の友人が協力的であるかどうかで修正が必要となるだろう。人を疲弊させ、人の利益を損なうような悪友は確かに存在する。よい友人は相手のウェルビーイングを増強してくれるものだが、悪友は逆にそれを減退させる存在であることが研究で示されている。

よい友人とはいったい何だろうか？　私が同僚と数年前にインターネットで成人の標本を使用して行った、非常に簡単な調査の結果についてここで説明してみたい。当時はポジティブ心理学がようやく形を成してきた頃であったため、私たちはその新しい視点から「最高の親友」なる存在について知りたかった。回答者はウェブサイトにログインして、自分にとって今までで最高の親友として特定した人物に関する一連の質問に答えた。二八九人の回答者のほとんどが、中年の、大学教育を受けたアメリカ人であったが、優に九七パーセントの人がそのような人物を一人挙げることができた。わずか一五パーセントの人が自分の最初の親友だったと回答し、そのうちの七六パーセントの人が、その人物が、その人物と今でも友人関係にあると回答した。実際に回答者が説明したその人物とは、平均して人生の半分以上の間ずっと友人であり続けた。親友は同性でも異性でもあり得たが、そのような特別な親友というのは、通常、回答者と非常に近しい年齢にある人であった。

私たちは回答者に対して、自分の友人と、その友人との関係を示す特徴について、五段階尺度で表すよう依頼した。自分の友情について説明する際に、それらの特徴をどれくらい重要だと考えているかが尺度に反映されるようになっていた。最も重要な特徴として一貫して現れた特徴（五段階尺度で４・０以上）は、ポジティブ感情を特徴とする互恵的で持続的な関係にある人物が親友である、という見方に収斂《しゅうれん》した。親友の存在こそが、公平理論ならびに愛着理論の前提を支持してくれるものなのだ。

回答者は自分の親友について、信頼できて、正直で、忠実で、献身的だと述べた。さらに、自分の親友は親切で愛情深く、茶目っ気があり楽しい人だと述べた。自分の友人は「自分の一番よい部分を引き出してくれる」というのもよく聞かれた説明だった。比較的重要ではない（五段階尺度で2・5以下）と評価された特徴というのは、友人の社会的地位や身体的魅力、身体的健康、スキル、野心、達成といった特徴だった。こうした特徴は友情の可能性に道を開いてくれるかもしれないが、だからといってこうした特徴を備えた友情が、自分が今までに経験した最高の友情へと変容することはない。

■愛

ある関係が、互恵的な排他性や、二人だけの世界に熱中する状態や、互いに助け合う傾向や、相互依存性によって特徴づけられる場合、少なくとも西洋の文化においてはそれを**愛**と呼ぶ。愛の概念については二つに分けて説明できる。

情愛と**友愛**には共通する中にも一つの違いがある。情愛はことの始めに起きて、エクスタシーから苦悶に至るまで、極度の没頭や、激しい感情起伏を伴うことを特徴とする。友愛は、人生においてつながりを持った二人の人間によって共有される、揺るぎない愛である。性的な欲求が静まるのに伴って、情愛から友愛が生まれるのを見るのは普通であるが、これら二つの愛の関係はもっと複雑なものだ。情愛と友愛は連続して生じるというよりはむしろ共存するものかもしれないし、一方の愛が前後で生じることなく、一方の愛だけを経験することもあるかもしれない。

実際、私が前の項で述べた親友に関する研究は、同様に友愛についての研究でもある。つまり友情と愛情との間にはっきりとした境界線を引くことに注意しなければならないわけだが、私にはどうも一〇代の若者だけがそうしているように思う。いずれにせよ重要なのは、愛とは情愛と友愛を特徴とするということであり、恋愛関係においてはこの両方が望まれるという点である。

今も続いている歴史的な議論によると、私たちが今日考えるような恋愛は、過去数世紀以前に存在していたかどうかさえ怪しいという。確かに、恋愛による結婚というのは比較的新しい発明であり、西洋世界では一八世紀に遡ることが確認されるだけで、世界のその他多くの地域ではいまだに一般的ではない。けれどもこのような事実があるからといって、ヨーロッパ中世に見られる宮廷風恋愛という文化的発明以前には情熱がなかったということではない。ちなみにこの宮廷風恋愛という定型化した儀式が、結果的に近代西欧の結婚式と化したわけだ。またある学者たちは、情愛（単純に言えば「二人の人間の間において激しく引きつけ合う力」と定義される）とは人間の普遍的特性であり、情愛が結果的に性的行為と結婚とを結びつけたのだと論じた。

アメリカでは、人口のおよそ九五パーセントはある時点で結婚する。特に職業的キャリアを持つ女性たちの間で初婚の平均年齢が上がったものの、この全体的な数字はここ数十年間ほぼ同じ状態で推移している。恋愛から結婚への移行はどのようにして起きるのだろうか？西欧の恋愛結婚について、発達心理学者はその過程を一連の段階として捉えている。最も表面的な段階では、外見、社会的身分、立ち居振舞いといった特徴によって将来の配偶者が判断される。次の段階では、相手の信念や態度についてもっと深く見ることを伴うが、これらの要素が一致することが重要である。最後に、将来の配偶者たちは、自分たちの必要性がどれくらいよく調和するかで互いを選ぶ。先導者《リーダー》と追従者《フォロワー》のように、互いの関係を支配する必要性を持つ二人はうまくやっていけないだろう。

結婚に伴う満足度について、研究者は広範囲に研究してきたのだが、予想通り、結婚の初期に満足度が高いことを発見した。夫婦に青年期の子供がいる場合には、満足度が最低点に落ち込む。何十年も結婚生活を続けている夫婦においては、子供がいったん家を離れると、結婚生活の満足度は再び高くなり始める。

これらはあくまでもデータ上の傾向であって、これをもって時間が重大な要因であるなどと仮定すべきではない。感情面の安定、尊敬の念、コミュニケーション、性的行為、貞節など、他にも多くの要因が結婚の満足度に関係している。これらの要因がどのように作用して結婚の満足度に影響するのかは、夫婦がどれくらい長く一緒にいるかによる。概して、男性は女性よりも結婚に対してより大きな満足感を報告している。女性は子供がいるか、または外で仕事をしている場合には、結婚生活についてより高く評価する傾向がある。

今日、多くの女性は、家庭と仕事の両方を持っているが、育児と仕事を両立している女性たちは結婚生活に対する満足度の低下を経験する傾向がある。よくありがちな説明としては、夫が同等に育児をしないか家の雑用をしないかで、女性の負担が大きすぎる、というものだ。

面白いことに、結婚している人は、独身の人に比べて、身体的にも感情的にも健康であるという事実がある。この現象についてはいろいろな説明がある。おそらく、あまり健康でない人は第一に結婚しない。結婚がもたらす人との交わりが、病気から身を守ることにつながると思われる。よい結婚は免疫力に直接的な影響を及ぼしさえするのだろう。いかなる理由であれ、結婚による健康への効果は、女性よりも男性にとって大きいものとなっている。

離婚についても少し触れてみよう。一八〇〇年代中頃のアメリカでは、およそたった四パーセントの結婚生活が離婚に終わった。一九七〇年代以降、この数字は四〇パーセント以上に増大した。一見したところ、アメリカの家族は信じられないような危機に直面しているようにも見えるが、これらの数字を歴史的な文脈において位置づけてみると、別の見方ができることに気づくはずだ。

今日、人々が平均してもっと長く生きるようになったことを考慮すると、一世紀以上前に比べても、夫婦共に揃った形での結婚生活が同じ割合で存在しているといえる。その昔、結婚生活は片方の配偶者の早すぎる死をもって終止符が打たれた。今日では、同じ割合の結婚生活が離婚をもって終わりを告げる。もちろん、死による結婚生活の終焉は、離婚による結婚生活の終焉とは異なるが、アメリカでは二〇世紀を通して両親のいる世帯の割合がまったく変わらなかったという事実はそのままだ。

平均的な離婚というものがあるとすれば、それは六、七年の結婚生活の後にやってくる。だが、離婚は、結婚生活の間のどんな時点でも起きる可能性がある。驚いたことに、**結婚生活に対する不満自体は、離婚の強い予測因子ではない**。代わりとなる相手の存在や、職業上の判断、財政的な危機などの考慮すべき問題が組み合わさることで離婚となる。その人の属する文化集団で離婚がどの程度合法と見なされているかという点も、離婚に至るもう一つの重要な要因となる。明らかな例としては、宗教によって離婚が禁止されている文化圏の場合、一般集団に比べて離婚する可能性は低くなる。

大半の人は、離婚してから二年以内に十分な調整を行う。特に成人期の早い時期に離婚を経験した人の多くは再婚する。再婚は初婚とは必然的に異なるものの、平均して同じくらいの満足感が得られるものだ。再婚が多かれ少なかれ離婚で終わる可能性があるかどうかは定かではない。というのも、そのような比較は年齢的な要因と混同されるからなのだが、それは年齢が上がるにつれて相手が死亡する可能性が高くなるからだ。

一方、順調な結婚生活についてはどうだろうか？　心理学者のジョン・ゴットマンらは、結婚に関して普通の回顧的方法とは違った縦断的研究を行い、夫婦間の意見の相違や、怒りなどの感情が、必ずしも有害であるわけではないことを発見した。すべての夫婦が意見の食い違いを経験するものだ。結婚生活をよいものにするためには、夫婦が口論するための建設的な方法を学ぶことだ。

事実、口論を避ける夫婦は、短期的には満足感を得るものの、長期的に見れば自分たちの結婚生活の成功に対して代償を払うことになるのだ。夫婦は**「関係の効力感」**と呼ばれる、夫婦であれば争いごとを一緒に乗り越えられるという共通の信念をはっきりと示すような形で、真正面から不満を表出させるべきなのだ。

言い争いをしている最中に愚痴を言ったり、防衛的になったり、頑固になったりするというのは離婚の兆候を示す現象であるが、一方で、ユーモアや愛情が生まれるなど、より一般的に言えばポジティブな解釈ができるようであれば、良好な結婚生活を特徴づけるものとなる。ゴットマンは実際のやり取りにおいて、**良好な結婚生活のためには、確実にポジティブな要素と、確実にネガティブな要素の比率が、５：１を上回っていなければならない**と示すに至った。つまり、自分の配偶者が声に出して言う一つひとつの不平不満や批判に対して、それぞれ少なくとも五つの褒め言葉が必要だということだ！　配偶者は誰も読心術師《マインドリーダー》ではないので、褒め言葉ははっきりと口に出して言わなくてはならない。押し黙ったり、ぼそぼそとつぶやいたり、暗にほのめかしたりしても効果はないのだ。

ゲーブルらはこのような見識について、職場での昇給のようなよい出来事を含めて、自分の相手に何か起きたときには四通りの仕方で対応できるとして詳しく説明した。

・積極的－建設的な反応（熱心な反応）……「それはよかった！　あなたならきっとどんどんお給料が増えていくわね」。

・積極的－破壊的な反応（マイナス面の可能性を指摘する反応）……「会社はこれからあなたをもっと働かせることになるの？」。

・受動的－建設的な反応（控え目な反応）……「それはよかったわね」。

・受動的－破壊的な反応（無関心を伝える反応）……「この辺では今日は一日中雨が降っていたのよ」。

「積極的－建設的な反応」をする夫婦は、素晴らしい結婚生活を営んでいると思われる。その他の反応の場合で、特にその反応が目立つような場合、それは結婚生活に対する不満と関係している。

ずっと幸せに生きていくためにはポリアンナ（極度なまでの楽観主義者）である必要はない。要するに、ポジティブさとネガティブさの比率が大切なのであって、ゲーブルらはそれが

3：1を上回る必要があることを示したのだ。

比率の正確な値は大切ではなく、その値はおそらく夫婦としての機能や、その他の夫婦関係の細かい事情によって変化する。けれども、このような比率を割り出す研究者は全員、ある関係が存続して発展するためには、ポジティブさとネガティブさの比率が1：1を上回らなければならないということで意見が一致している。これは、ネガティブな要素がポジティブな要素よりも強力であることを意味しているのかもしれないのだが、つまりは人々がネガティブな要素の方に強い関心を向けやすい、というだけの話だ。

これは、人間関係では、ほとんどの場合に悪い出来事よりもよい出来事を多く経験するものの、たった一つの悪い出来事が奪い去っていくかもしれない満足度は、複数のよい出来事からもたらされる満足度をもってしても補償されることはない、ということを意味しているのかもしれない。とにかく、このような研究結果は、よいことが続いてほしいと思うならばポジティブな面を引き立てることを奨励しているのである。

エクササイズ10――積極的‐建設的な反応

この章で述べたように、よい結婚生活は夫婦間で「積極的‐建設的な反応」が実践されていることを特徴とする。こうした発見から、配偶者、友人、子供、職場の同僚といったあらゆる関係をよりよいものにする可能性のあるエクササイズを試してみることができる。

あなたが親しくしている人を選んで、その人がよい知らせを伝えてくる度にあなたがどう反応するかについて記録をつけ始めてみよう。


「学期末の成績で5をもらった！」

「私のソフトボールチームがトーナメントで優勝した！」

「ダイエットの効果が出てきている！」


自分の反応に決まったパターンを見つけることができるまでしばらく観察してみよう。

あなたは相手に質問をしたり、相手と一緒に喜びを分かち合ったりと、熱心な反応を示しているだろうか？　その他の反応の仕方はせず、頻繁に熱心な反応を示すようにしているだろうか？　そのような場合、あなたは「積極的－建設的な反応」を示していることになり、その相手とはすでに素晴らしい関係を築いていることだろう。その通りだと言うのであれば、このエクササイズには誰か別の相手を選んでみよう。普段は「積極的－建設的な反応」を示していないという相手が見つかるまで、諦めずに探し続けてみよう。


相手を深く愛しているからこそ、その愛情から真摯な批判的反応が生まれてしまうことがあるかもしれない。子供が調子に乗ってはいけないから、あえて抑えた反応を示すこともあるかもしれない。よい知らせが立ち消えになってしまって配偶者をがっかりさせたくないから熱心に反応しない、という配慮だってあるかもしれない。それでも絶えず「建設的」な非難を続けているか、熱意を和らげた形で示し続けているという場合には、関係性が危ぶまれることになる。相手があなたから受け取るメッセージがまさにそれだけだからだ。というわけで、よい知らせについては、そのつど積極的かつ建設的な反応を心がけると決めてみよう。自分の反応について観察し続けてみて、「積極的－建設的な反応」を示す回数が他の反応の仕方に比べて少なくとも3：1で上回ることを確認しよう。

私がポジティブ心理学のエクササイズについていつも言っているように、**エクササイズには若干の常識を働かせるようにしよう**。あなたの夫が誰か別の女性と結婚したいと言い出すとか、子供がサーカスで働きたいから中学校を中退したと報告しに来た、というときにはもちろんポジティブな反応など示す必要はない。そしてもちろん、相手にポジティブな反応をするときに、この本にそうするように書いてあったから、などと伝えないように。

何よりも、愛する相手から伝えられるよい知らせは、そのほとんどが自然と熱心な反応を引き起こすものだ。だからその通りに反応してみることで、あなたと相手との関係がどうなるか観察してみればよいだろう。

第11章 よい制度

政府、教会、企業などの制度は、人間の自由に貢献する以外には適切な役割は持っていない。全体としてこの役割をはたすのに失敗する限り、制度は間違っているのであり、再建を必要とするのである。

——C・H・クーリー

二〇〇三年に、私はマーティン・セリグマンと共に、一二〇人の大学生に向けてポジティブ心理学のクラスを指導した。これは当時、かつて開講されたポジティブ心理学のクラスの中でも最大のものであった。私たちは学生と教師たちの関心の高まりに応じて行っていた以前の小さなセミナーのようなクラスではもはや教えきれないことを知った。そこで、クラスの一部として、私たちが事前に計画していた毎週の講義を行うことになった。

当初、セリグマンとチクセントミハイによって明確に打ち出された、ポジティブな経験、ポジティブな特性、ポジティブな制度というポジティブ心理学の枠組みにしたがって毎週の授業計画を立てていった。セリグマンと私にとって、ポジティブな経験とポジティブな特性に関して授業計画を立てることには何の支障もなかった。講義に取り入れることができそうな、ポジティブ心理学に関するあらゆる理論や、研究結果や、応用事例があったし、その概念の多くは本書の前の章で扱ったものだ。学生たちにポジティブな制度について教えるために、教育、政府、社会福祉事業、ビジネス、宗教の分野に精通している講演者を招聘した。私たちは講演者に、特定分野の専門知識の文脈から「よい」制度について話してもらえるよう依頼した。

私の大好きだった講演者は、救助犬の調教師として連邦緊急事態管理庁（FEMA）で働いていたペンシルベニア出身の女性であった。彼女は犬を一緒に連れてきて、二〇〇一年九月一一日のテロ事件の直後に世界貿易センターで生存者を探し出す仕事をした経験について、九〇分間クラスで講演をした。

彼女は、自分の犬と他の犬たちの足にどのように水ぶくれができて出血したか、それでも犬たちがどのように働き続けたかを私たちに話してくれた。犬たちがイライラを起こしたのは、単に死体だけを見つけて、生存者を見つけられなかったときだけだったというが、それは犬が何にもまして生き物を見つけるよう訓練を受けているからだった。当時の状況に対処する唯一の方法は、調教師が現場にいた他の救出作業者にがれきの中に隠れてもらうように頼み、犬によって「発見される」よう仕向けることで、犬たちのやる気を持続させるようにしたことだったという。彼女の話はひどく悲しくて、また同時に心温まるものだった。

ＦＥＭＡの講演者による発表は魅力的で、感動すら覚えるものであったが、私たちがこの話について振り返ってみたときには、ポジティブな制度に関する特徴が捉えにくいままであることに気がついた。

もう一人の講演者は、当時のペンシルベニア大学学長のジュディス・ロダンであったが、彼女は自分が大学の実権を握っていた一〇年間を振り返った。彼女が話してくれたことは、これもまた魅力的で感動的だった。彼女が学長に就任した当時、大学と、大学が位置する極めて治安の悪い近隣の西フィラデルフィア地区との間に壁を建設する計画が持ち上がっていた。ロダンはこの計画に強く反対し、よりよい生活と仕事、そしてもちろん勉学のために、西フィラデルフィア地区を改善する取り組みを始めた。彼女をはじめ、大学行政の同僚たちは、この取り組みに素晴らしいやり方で成功した。西フィラデルフィア地区には今や食品雑貨店やレストラン、そして彼女が学長に就任する前には営業していなかった店が開店している。大学は近隣に優れた小学校を作るのを援助した。さらに、大学は西フィラデルフィア地区で家の購入を希望した大学の職員や教員に低利率での住宅ローンを取り計らい、多くの人がその機会を利用した。家と庭の外観はよくなり始め、その後もどんどんよくなっていった。

だが、実際に正しいことをやろうと試みる組織や制度については、この話をはじめ、私たちが耳にした他のあらゆる話からも、もっと本質的な教訓が得られる。**制度は必然的に複雑であるため、全面的にポジティブであるとか、全面的にネガティブであるといった特徴づけはほとんど不可能**なのだ。

制度には、常によい部分と悪い部分とが混在している。マクドナルドについて考えてみよう。お客さんを特大サイズに太らせることを奨励して健康に害を与えるのには問題があるが、シニア世代に仕事を与えたり、助けを必要としている子供やその家族のための宿泊施設である「ドナルド・マクドナルド・ハウス」を運営したりしているのは称賛に値する活動だ。マイクロソフトについて考えてみよう。競争市場での攻撃的な態度は真っ向から批判の的となったが、独占に近い状態で支配するこの企業が可能にした慈善事業への多大な貢献もまた同じく真っ向から称賛されている。

要するに、「ポジティブ」というのは制度全体にうまく適用される形容詞ではない。心理学的観点から見たよい人生を創造し、奨励していく役割を制度が担うことを議論する際に、**「何の目的のためのポジティブか？」**と問うべきなのだ。私は考えた挙げ句、「ポジティブな制度」という言葉を、「ポジティブな要素を促進するよい制度」という概念に置き換えた。簡単に言えば、ある成果を出すことを可能にする制度とそうではない制度がある、ということだ。人がある特定の成果を望ましいと考えるかどうかは、その人自身の価値観によって特徴づけられる。

同時に、制度では、承認された目的にしたがって、もっとよい仕事か悪い仕事かしかできないわけで、制度や時代の違いを越えた比較検討が有益だ。たとえばハリス世論調査では、社会の主要な制度におけるリーダーたちに対するアメリカ人の信頼度について何年にもわたって調査をした結果、ここ数十年の間、信頼度が事実上すべての制度において一般的に減少したことが判明した。図11・1は、二〇〇五年初めに行われた電話調査から得られた代表的な結果について示したものだ。

はたしてこの減少が、制度の危機に相当するのかどうか私には分からないのだが、確かに、議会、大企業、新聞社、法律事務所のリーダーたちは現在の結果を誇りには思えないだろう。表明された信頼度は、制度がどれくらいうまく機能しているかを示す完全な尺度ではないが、人々がそうした制度とどのようにつき合っているのかについて、確かにある傾向を示してくれるものだ。人々の信頼をどのように回復できるだろうか？　これは、私がこの章の終わりに立ち返る問いである。

＊よい制度における共通の特徴

「ポジティブな特性」というのは定義の上では一個人の特徴であるが、それに対応するもの

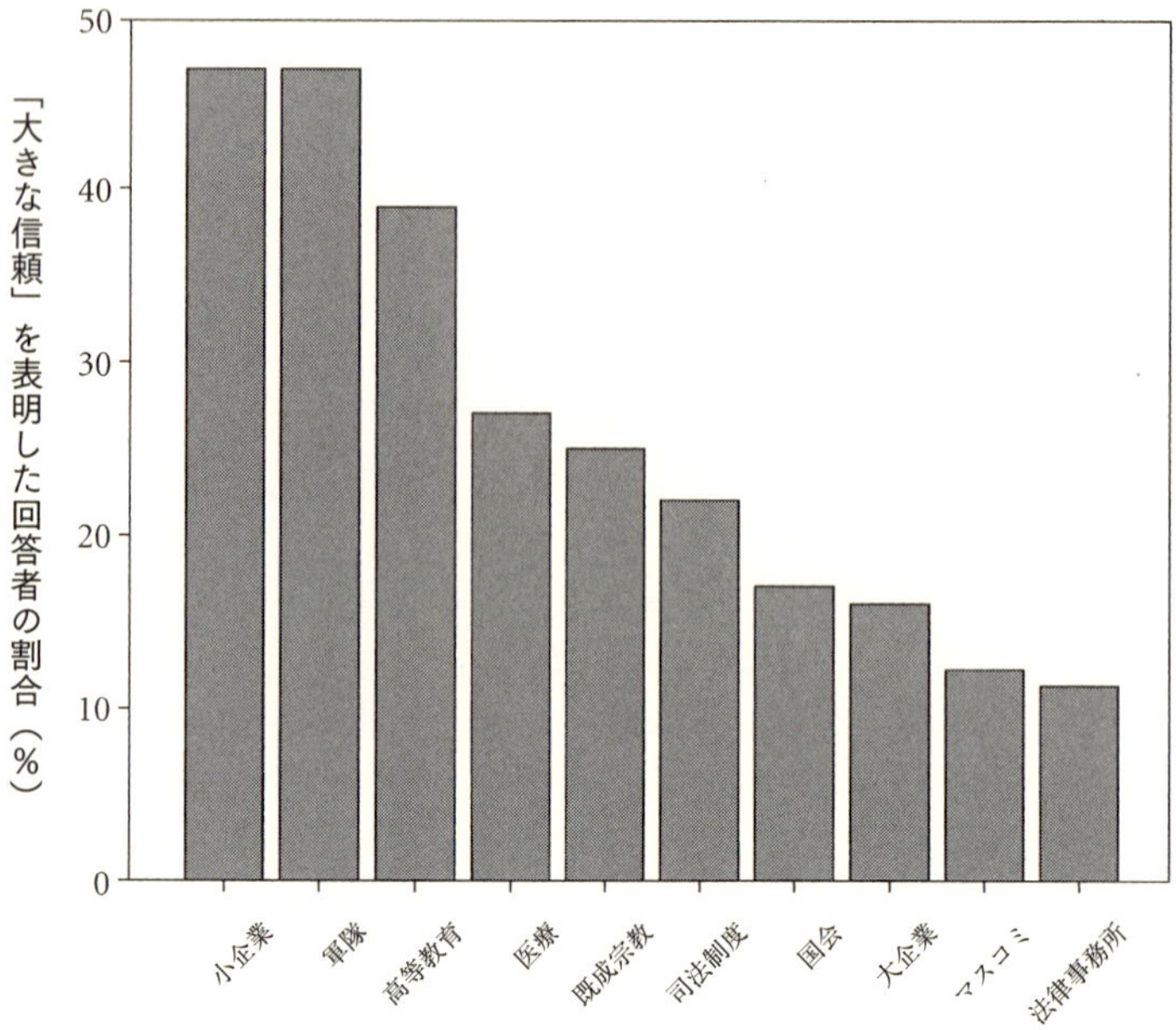

図 11.1.　社会的制度への信頼度

ハリス世論調査では、社会の主要な制度におけるリーダーたちに対する信頼について、アメリカの 1012 人の成人を対象に電話調査が行われた。調査結果は「大きな信頼」を表明した回答者たちの割合を反映したもの。

が制度レベルにおいて存在すると私は考えている。一般書では、「よい」組織について論じた本が人気となっており、このジャンルでは共通して、関連した特徴を明瞭に書き記す手法が見受けられる。その特徴の多くは、第6章で触れた、個人レベルにおけるポジティブな特性に似ており、そのうちのいくつかには同じ名称が使われていたりさえする。このような特徴は、制度に対して規定された目標に貢献するのみならず、制度内における個人の充実感にも貢献するものだ。

制度レベルの美徳で最も重要なものは何だろうか？　制度レベルの美徳と言うとき、私は集団全体の道徳的な特徴について言っているのであって、単なる個々のメンバーの特徴に関する概要や複合物を指しているのではない。制度レベルの美徳は、組織文化において持続できる構成要素でなければならない。

制度レベルでの美徳は、組織の**道徳的な目標**のために有益なものであって、単に組織にとっての最重要事項、たとえば収益の増大や、権力の掌握や、活動の持続などに対して貢献するものではない。いかなる制度にも複数の目標があり、制度的な観点からそのすべてがよい目標だと考えられるという事実がある。だがこの事実は、他の望ましい目標に貢献するような特徴から制度レベルの美徳を切り離して考えようとするときに問題となってくるものだ。

私はこれまで、職業組織の中でも、何がある組織を他の組織よりも優れたものにするのか、その説明を試みた一般書をたくさん読んできた。このような試みは事実上、多元的事例研究ともいえるが、主要な特徴について識別することを目的として、よい企業として合意が見られる企業と、おそらくあまりよくないとされる企業とを比較検討してみた。このような、ともすれば挑発的な比較が問題となるのは、「よさ」を決定するのに使われる基準において、企業の収益性や、存続性や、顧客満足度や、評判などが「道徳的なよさ」と混合されてしまっている点であり、その結果としてある主要な特徴に関する「道徳的望ましさ」が特定されることに対して議論が起きるのだ。

このようなジレンマに対処する一つの解決法は、私の先ほどの**「充実感に貢献する」**という個人レベルの美徳に関する特徴づけに立ち返ること、また、制度レベルの美徳を特定するのに類似の法則を適用することを提案することだ。

つまり、制度レベルの美徳が、個々のメンバーの充実感に貢献する組織の特徴と同義となるわけだ。充実感は、刹那的な快楽や、幸福感そのものとも混同されてはならないのだが、これは、幸福感が単に「ポジティブ感情があってネガティブ感情がない状態である」と解釈される場合に当てはまる。充実感とは、道徳的に称賛に値する活動のために長い時間かけて努力をし、意志に基づき選択を行い追求してきたことを反映したものでなくてはならない。こうしたわけで、私はここで慎重に言葉を使いたい——美徳が自然に充実感を引き起こすというよりは、**美徳は充実感に貢献する**ものだ。充実感への近道はない。

それではこの、美徳が充実感に貢献する関係とはいったいどのようなものなのだろうか？

私はここで再び、「幸せの実現とは道徳的な行動の結果なのではなくて、道徳的な行動に内在的な特徴である」と考えるアリストテレスの「エウダイモニア」の概念に注目したい。

この文脈における最も興味深い制度レベルの美徳というのは、育まれて称賛されるような美徳で、組織のメンバーたちのアイデンティティの源とも誇りともなるような美徳である。組織のメンバーとしての地位が流動的である限り、メンバーは自分がまだその組織でメンバーとして居続ける理由として制度レベルの美徳を指摘する。この街区は住むのに「よい」地域だ、この会社は働くのに「よい」職場だ、この大学は通うのに「よい」学校だと言うとき、それは自分たちがそうすることで充実感を持っている——満足しており嬉しく思っている——ということなのだ。ポジティブ心理学の言葉では、**よい組織**とはメンバーにとってのよい人生を可能にするものであり、**よい人生**とは単に収入や地位や快感に関するコードではないことが分かっている。

＊よい家族

一つの社会の中でさえ実に多様な家族の形態があるが、家族はすべての社会における重要な制度だといえる。アメリカ国内だけでも近年の変化が激しいことを考えてみたらよい。まず、一九四七年から五七年の第二次世界大戦後のベビーブーム世代を除いては、アメリカの出生率は二〇世紀を通して着実に減少した。それに伴い家族はより少人数となった。次に、効果的な避妊法によって、何世代も前と比べて、アメリカの大半の成人が高齢になってから親になるようになった。それにしたがって家族も高齢となった。第三には、離婚とそれに続く再婚の増加で、継親《ままおや》のいる家族がますます多くなってきている。さらには婚姻関係を結んでいない親も増えてきている傾向を考えると、家族は間違いなくもっと複雑になってきている。

心理学者は、両親が子供に望む振舞いをどのように奨励し、意に沿わない振舞いをどのようにやめさせるかといった親の育児スタイルに関心を持っている。少なくともアメリカでは、次の三つの主要な育児スタイルが確認されている。

・**権威主義的な育児スタイル**は強硬で、懲罰的で、感情的に冷たいものだ。そのような親は自分の子供を従属させることに重きを置いており、子供が自立心を持ったり、自分の意思でものごとを決定したりするのをよしとしない――「どうしてですって？　それは私がそう言ったからよ」。

・**許容的な育児スタイル**は愛情が感じられるものの甘い。そのような親は、自分の子供に対する支配力をほとんど行使しない。実際、子供は自由を与えられ、自分の意思でものごとを決定することも許されるものの、そこに指導はほとんど与えられない――「あなたが望むことならもちろん何をしてもいいわよ」。

・**威厳ある育児スタイル**には親が子供と話し合う過程が含まれる。そのような親は子供に制限を加えるが、その理由をきちんと説明して、子供の自立心を助長する。子供が責任感を見せるようになると、両親はもっと自由を許すようになる。ものごとを決定する際には意見を交換し合う――「このことについてよく話し合ってみようよ」。

育児をめぐるこうした異なるスタイルは、子供におけるその後の社会性の発達に影響を及ぼす。権威主義的な親は、不幸で、依存性で、従順な子供を生み出す傾向にある。許容的な親は、外向的で社交的であるものの、未熟で落ち着きがなく、攻撃性を持つ子供を育てることになる。最高のアプローチは威厳ある親のアプローチのようだが、子供は友好的で協力的、社会的に責任感があって、自立的であるようだ。子供が経験する親の育児スタイルに関係なく、親となった子供は全く同じようにして自分の子供を育てる傾向にある。

研究者は、親となることについて、成人になってからの人生で実りの多い側面と、ストレスの多い側面との両方があることを発見した。大半の親は、自分に人生をやり直す機会が与えられたとしたら、再び赤ちゃんを授かることを希望すると報告している。いずれにせよ、家庭における子供の存在は、夫と妻との関係を大いに変えるものだ。子育ての責任は多くの場合母親に降りかかるが、これはおそらく母親たちの間で見られる抑うつの増加に関係している。アメリカにおける典型的な母親の場合、以前には夫との間で家事を分担していたことも関係なくなり、子供の出生に引き続き、家庭の雑用をもっと引き受ける羽目になる。

子供たちが成長して家を出るときに、親としての役割が変わる。一時期、心理学者は、親、特に母親が、子供たち全員が家を出たときに目的を喪失するいわゆる**「巣立ち症候群」**に陥りやすいと思っていた。だが、研究では、この概念が支持できないのだ。どちらかといえばそのまさに正反対のことが起きる――自分の子供たちがいったん家を離れると、母親は最高の満足度と気力が得られたと報告している。もちろんそうだろう。一方では生活の負担がより少なくなっている。また一方では甘えん坊だった子供が自主性のある大人へと満足に成長した姿は、親としての成功を意味する。

＊よい学校

制度としての学校にはユニークな特徴がある。生徒たちは学校の主要なメンバーであるが、それは企業における顧客やクライアントに相当し、生徒たちこそが究極の活動目的または生産物というわけだ。学校はときに「人生産業」と呼ばれるが、これは教育が生徒たちに今すぐに影響を及ぼすわけではなく、教室から遠く離れた現場で生涯にわたって影響し続けることを意味する。学校が与える甚大な影響というのは教育の面白い副産物などではなく、学校の掲げる明白な目標における不可欠な要素なのだ。学校の意図とはもちろん、知識を伝達し、優れた知性を助長することだが、そこにはかけ算や動詞活用を教えるだけではない、実に多くのものが含まれる。

優秀な学校に関する議論では、たいていは達成のみに注目して、誰が達成したかについては注目しない。だが、卒業率や試験の得点を、教育の持つ道徳的な目標と混同してはならない。同様に、優秀な学校には、暴力や、薬物乱用や、その他の不健全な行動といったネガティブな所産を減少させる役割をはたす可能性がある。だが、こうした問題を回避することだけが問題の全体像であるはずがない。さもなければ学校は警察署と見分けがつかなくなってしまう。

私は生徒たちの道徳的充足と人間的成長に貢献する学校の特徴について関心を持っている。この項目に関する背景的なことを学ぶために、私は教育理論家による同様の議論について懸命に調べた。

景気のよい産業である「徳性教育」は、当初期待していたものよりも私の意図に沿うものではなかった。徳性教育に関する数多くの言説は、育成されるべき個人レベルの徳性面に関して詳説することに終始しているのだが、実際にそのような徳性面を可能にする学校の特徴とは異なるものであった。徳性教育の提唱者がその実践面を推奨する場合など、その多くは心理的に考えが甘いように思われる。

私が目下意図することに大いに役立ってくれたのは、ミシガン大学のマーティン・メイヤーらによる研究で、生徒たちが勉学に専念して熱心に取り組むことを奨励する学校に対して、心理学的視点から注目した研究だった。学校に対するポジティブな態度と動機づけは、生徒たちの優秀な学業成績につながる。だが、それよりも大切なことは、生徒たちを卒業後も長く心理的な利益が得られるような生涯の学習者にすることである。

よい学校と定義される学校の特徴には、明瞭かつ共有された学校の目標に関する展望が含まれる。学校が何を支持しており、何を目指しているのかを示す展望だ。学校が明確な目標を掲げて初めて、生徒たちはそれを受け入れることができる。目標は、学習に対する動機づけや、学習過程への投資の他にも、達成のために必要とされる猛勉強へのコミットメントを増大させる。

すでに述べたように、生徒たちを有益な生涯学習者とするために準備を行うのがよい学校だ。そのような学校はしたがって、生徒たちが安心できる環境を提供することから始まって、生徒たちが思いやりや責任感を持ち、最終的には有益な社会のメンバーとなるよう積極的に導く段階へと進む。社会的能力と感情的能力は、適切なエクササイズや活動によって助長することが可能だ。そのためにお金をかける必要もなく、とにかく従来の学業の遂行と十分に両立できるものだ。

徳性を養成する教育プログラムに対する厳密な評価は本格的に始まったばかりだが、差し当たっては、校内暴力のような問題を減らすプログラムに関するもっと広範囲な研究について検討することができるだろう。以上のような意味で、「よい学校」と判断された学校に関するいくつかの結論を次に記してみよう。

・生徒が、授業を意義のあるものだと認めている。
・生徒が、学校で起きる出来事に対して、自分で責任を持つことを理解している。
・生徒が、学校の規則について、確固としており、公平で、明確で、一貫して強制力を持つものであり、懲罰ではなく、矯正やスキルの向上に重点を置いたものとして認識している。
・生徒が、学校の報賞制度を正当なものと考えている――学校は生徒の成果を認め、生徒のポジティブな行動に対して報酬を与える。
・強力で効果的な学校の自治が存在する。
・校長が強いリーダーシップを示す。
・学校の機械的な側面を減らし、生徒と教師との人間的な交流を増やすことで、ひいては生徒の所属感と連帯感を強めるような実践方法が適所に工夫されている。

＊よい職場

仕事をすることの心理的な重要性はいくら評価してもしすぎることはない。ブリーフとノードは次のような見解に基づき、仕事の心理学に関する彼らの本を紹介した。

私たちは人生の意味について調査するために研究を始めたのではなかったが、仕事の意味に関する私たちの研究に、そのような調査を盛り込まないようにするのは難しいことが分かった。実際、アメリカでは人々が仕事にのめり込むことを考えると……仕事と人生は一つだと仮定されていたとして、この仮定は多くの読者によって批判されたことすらなかったかもしれないのだ。

仕事とは従来、「人々が生計を立てるため経済的補償として何を行うか」というように経済用語で定義されるが、このような定義では、それよりもっと豊かな心理学的意味がぼやけてしまう。

多くの場合、人は仕事によって定義される。仕事というのは賃金を受け取る以上のことだ。仕事は平均的な成人の活動時間の三分の一から二分の一までの時間を消費する。他の活動に比べても、仕事は人間の最も重要なアイデンティティの一つを形成するものだが、それは人々の生活を特定の方向に導くことによるものだ。「あなたは何をしておられるのですか?」というのはいく通りにも答えることのできる会話の切り出し口上だが、ほとんどの人がこれを仕事に関する質問として捉える。

米国労働省労働統計局は、アメリカ一国だけで三万種以上もの仕事をリストアップしている。働く人に仕事の意味を理解させる試みにおいて、心理学者は三万以上もの多種多様な生計を立てる手段を分類するための要因について提案した。たとえば仕事は、商品（ものを生産すること）やサービス（人々を支援すること）を伴うかどうかに関係なく、身体的な必要条件、知的水準、対人関係の特徴などによって違いを見せる。

仕事は、その最も広義な意味において、歴史的かつ文化的文脈の中に位置づけられるべきだ。個人にとっての仕事の意味は社会的条件によって異なる。景気後退や不況の間、労働者は自分が雇われていることにただただ感謝する。好景気のとき、労働者は単に働くだけでは満足せず、今の仕事の代わりとなる仕事を探すのにもっと意欲的になるが、それはそうすることが可能だからだ。国が戦争中ならば、軍需産業で働く人たちは、国が平和であるときよりも充実感のある仕事ができることだろう。

イングランドとホワイトリーは、六つの国の労働者について次の点に注目して研究した。

・労働者自身の人生における仕事の重要性。
・労働者自身が好む目標と価値観。これは経済的な動機（給料がよい、仕事が安定している）から、表に明確に現れた理由（新たなことを学ぶ機会がある、職場で他の人たちとの関係がよい、自主性が与えられている）に至るまでの範囲をカバーしたもの。
・仕事を社会的権利または社会的義務と考えているかどうか。

研究者たちは、仕事に関する質問紙への回答からいくつかの共通の型を識別し、仕事の意味という観点から労働者に関する類型論を提唱した。

・**疎外された労働者**……この労働者にとって、仕事は人生において重要ではない。経済的理由からでも、はっきりと示された理由からでもなく仕事を続けている。仕事について、より大きな社会に対する義務をはたすものとも考えていない。
・**経済的な労働者**……この労働者にとっての仕事の意味は、もっぱら高い給料と安定性を中心に展開している。
・**義務志向の労働者**……この労働者は、仕事を人生において非常に重要なものと考えており、はっきりと示された理由から仕事を引き受け、仕事を社会の義務と考えている。
・**バランスのよい労働者**……仕事はこの個人の人生にとって非常に重要なものであり、仕事によって経済的目標も、はっきりと示された目標も共に満たすことができる。

調査対象となったすべての国において、疎外された労働者は概して若年層で、女性である傾向にあり、あまり変化に富むこともなく、責任もない低賃金の仕事に従事していた。想像に難くないが、疎外された労働者は、仕事に対する満足度が低いと評価した。経済的な労働者は、概してあまり教育を受けておらず、いくぶんか男性が多い傾向にあった。仕事はあまり変化に富むこともなく、責任もないものだった。このような労働者たちにとって賃金は重要であるにもかかわらず、それほど多くは稼いでいない傾向にあった。仕事に対する満足度もまた低いものであった。

義務志向の労働者たちは概して高齢層で、いくぶん女性が多い傾向にあった。管理職やセールスなど、変化に富み、責任のある職業に従事しており、たいていはよい収入を得ていた。仕事に対する満足度も高かった。バランスのとれた労働者は通常、他のタイプの労働者に比べてもっと高齢層の男性で、高い教育を受けていた。いろいろな仕事に取り組み、その大方は自律性の高い仕事だった。このタイプの労働者たちは最も長い時間を仕事に費やしており、最も高い収入を得ていた。仕事に対する満足度も非常に高いと評価した。

このような結果は別に驚くようなものではないが、この分類によって捉えられる個人にとっての仕事の意味というものが、動機から教育レベル、そして収入に至るまで、個人的・職業的特徴の範囲と関連していることに注目してみよう。どの特徴一つとっても、仕事の意味との関連で言えば、極めて重要な特徴であるとは証明されていない。仕事の重要性とは複合的に測定されるものなのだ。

イングランドとホワイトリーは、さまざまな国における仕事について何を学んだのだろうか？　**アメリカと日本の労働者がちょうど正反対である**ことを考えてみよう。両者の違いから、日本の労働者たちはアメリカの労働者たちに比べて「より優れている」という、(両国において）よく聞かれる非難について若干明らかになったことがある。

日本の労働者はアメリカの労働者に比べて、週につき平均してより多くの時間を仕事に費やす。日本の労働者が自分の仕事について説明するとき、変化に満ちているとか、自分のスキルを存分に活かしている、といった言い方をすることは少ない。にもかかわらず、日本の労働者はアメリカの労働者よりもずっと高い仕事の満足度を報告する。「機会が与えられれば再び同じ仕事を選ぶと思う」と言いそうな可能性が高いし、「たとえ経済的な理由がなくても働き続けると思う」とも言いそうだ。

このような調査結果は矛盾しているかのように見える。なぜ日本の労働者は、時間が余計にかかり、変化が少なく、自分のスキルがあまり活かせないような仕事に高い満足感を覚えるのだろうか？　その答えはおそらく、仕事に対する心理的意味にある。日本の労働者は義務志向、またはバランスのよい労働者として分類される可能性が高く、一方のアメリカの労働者は経済的または疎外された労働者として分類される可能性が高い、というわけだ。

仕事の意味、および仕事の意味が満足感または不満につながるというのは、このように国によって異なるのだが、それについては数えきれないくらいの理由がある。また、これらの理由が、一握りの単純な実践方法や手順に還元されることはありそうにもない。むしろ、日本とアメリカの労働者におけるこうした違いを理解したければ、もっと仕事の意義が浮き彫りになるような大きな文化的背景を考慮する必要があるだろう。

一世代前のアメリカでは、日本人の仕事の流儀やマネジメント技術を取り入れることの実現可能性について数多くの議論があった。振り返ってみれば、これは愚かなことであったようだ。たとえば日本の企業では、従業員が一緒にラジオ体操に参加することを奨励する。けれども、体操をするからといって、アメリカの従業員があまり疎外感を感じずに済むようになるとか、仕事への動機づけの面でもっとバランスが取れるようになるといったことは起きない。仕事の意味については、アメリカの文化から見て意味を成すような革新に取り組むことでもっとポジティブな方向に変えていく必要性がある。アメリカにおける「個人」の重みを考慮して、労働者自身に仕事に対する責任を持たせるようにすれば、制服着用や、誰にでも務まるような仕事を強要するよりは、もっと仕事に満足感を得られるようになるだろう。

働く人たちの文化的背景に合わせることに加え、よい職場は、ある制度レベルの美徳によって特徴づけられる。優れた職業組織には、従業員と顧客とが共に尊重できるようなはっきりとした道徳的目標や展望がある。また、その展望は、組織内での実際の行動を方向づけるものであるべきだ。

＊よい社会

よい社会を特徴づけるものは何だろうか？　人々が共に生きている限り、この問いは提起され続け、そこに答えが与えられ続けてきた。古代ローマにはっきりと見受けられた、よい社会に対する展望について考えてみよう。ローマにおけるよい社会の理想は、過去二千年の間に西欧の組織や制度へと広範囲に普及した。実際、制度レベルの美徳を表すのに用いられるラテン語は、西欧の世界ではよく知られるようになった。

ローマ人は、私が「強みとしての徳性《キャラクター・ストレングス》」と呼ぶ個人の美徳を認めていた―たとえば「グラヴィタス」（当面の問題に対する重要性の感覚）と「ヴェリタス」（正直さ）がそれだが、さらにまた市政の美徳（すなわち制度レベルの美徳）が社会全体を特徴づけていた。つまり、豊かさとは、社会の全メンバーたちに食料が十分に行き届くべきことを意味していた。社会自体が「コンコルディア」（調和）と「パックス」（平和）によって特徴づけられる。ここに、よい制度に関する現代的な特徴づけから想起される、他のいくつかのローマの市政の美徳について記してみよう。

・公平……社会における平等な取引
・幸運……大切なポジティブな出来事の記憶
・正義……分別ある法と支配
・忍耐……危機を乗り越える力
・摂理……社会には運命があるという感覚
・安全……公衆衛生と福祉

＊よい宗教？

「よい」宗教について語ることは可能だろうか？　「よい」宗教を語るならば「悪い」宗教、つまり私が関わり合いたくない危険な領域が含意されることになる。

ある制度がよいか悪いかという結論については、それがいかなるものであっても慎重に明言すべきだとここで再び指摘しておきたい。ここで私が引用するのが議論の必要のない例であることを望むが、自分たちの信仰に反するとして従来の医学的治療を拒否する「クリスチャン・サイエンス」の信者は、平均してアメリカの他の宗教の信者たちより長生きしないものの、一般的に言って宗教は健康に恩恵を与えるものだ。「クリスチャン・サイエンス」の信者であることで長寿は手に入らないが、この信仰には他の望ましい結果があるのだろうと私は思っている。多くの場合、私はよい宗教か悪い宗教かという条件つきの公式見解さえ示すことができないので、ここではただ心理学者たちが過去一世紀にわたって宗教について学んできたことを述べるにとどめたい。

アメリカで最初の偉大な心理学者はウィリアム・ジェイムズであるが、彼は宗教的な現象に深い関心を寄せていた。彼の一九〇二年刊行の著書『宗教的経験の諸相』は、初版から一世紀以上経った今でもまだ出版され続けている書物であるが、宗教の主観的経験について重点的に取り組んだことで有名だ。ジェイムズは、特に回心や神秘主義、トランス状態、聖性と悔い改めといった主題に興味を持っていた。

もう一人のアメリカにおける初期の心理学者であるG・スタンレー・ホールは、宗教心理学を専門とする学術誌を創刊して、一九〇四年から一五年の間に発行した。ホールは「青年期」という概念を考案したとしてよくその功績が評価される発達心理学者であり、研究手段として他に先駆けて質問紙を使用した。ホールは青少年たちの道徳的かつ宗教的教育に最も興味を持っていた。

だが、宗教は一九三〇年から六〇年まで、心理学の範疇からはほとんど抜け落ちてしまった。この事実をめぐってはいろいろな理由が引用される。行動主義が影響力を持つようになり、研究者や理論家は「人間と動物の共通性」について注目する傾向にあったわけだが、そこには明らかに宗教は含まれなかった。論理実証主義と結びついた哲学的見解によって事実と価値観との厳格な区別が生まれたが、宗教があまりに大きな価値観を担っていることから、科学的客観性に基づく心理学では宗教を適切な主題として扱えない、と心理学者の多くは考えていた。

一九五〇年、ハーバード大学の心理学者ゴードン・オールポートは、**外発的宗教性**（他の目的のための手段としての宗教）と**内発的宗教性**（それ自体を目的とする宗教）との重要な区別を行ったが、これは今日でもまだ宗教心理学の理論や研究の基盤を大きく支えている概念だ。外発的宗教を持つ人は、安心感を与えてくれ、社会的欲求を満たし、社会的地位を授与してくれる制度化された宗教に関与する。対照的に、内発的宗教を持つ人は、宗教的信仰を内在化し、信仰と他の欲求との調和を図る。

これら二つの方向性を測定するために、オールポートらは、今日でもまだ広く使われている短い自己報告式質問紙を開発した。多く引用された調査結果の一つは、外発的宗教を持つ人は偏見にとらわれている可能性が最も高い、というものだ。大きく見すごされているのは、内発的宗教を持つ人は偏見にとらわれている可能性が最も低い、というさらなる調査結果だ。

研究者が自分の研究に宗教を加えたときには、宗教はおよそ中心的な関心事ではなく、教会への出席率のようなほんの一握りの簡単な指標を確かめること以上のことはしなかった。これでは外発的動機づけと内発的動機づけのような重要な区別ができない。結果的には、宗教に関するあいまいな叙述しか得られず、さらなる研究を触発するのにほとんど何も貢献しなかった。

状況は一九六〇年頃に変わり始めた。「宗教研究概説」や「宗教に関する科学研究ジャーナル」などの学術誌は、実証的研究の論文のための表現の手段として創刊され貢献してきた。宗教心理学に関する教科書が執筆され、授業が開講され始めた。一九七五年、アメリカ心理学会では、宗教心理学のための専門領域別分科会が設置された。

宗教が、心理学のさまざまな領域で具体的に有益であることを示す研究結果が集まり始めた。人々が問題に対処する際に宗教的信仰が役に立つこと、そして何よりも、身体的な病を回避するのにも宗教的信仰が有効であるという可能性に皆の関心が高まった。信仰に基づく組織は、社会的かつ地域的な奉仕活動を遂行するのに効果的であることが分かった。

アメリカ文化がより大きな広がりを見せるのに伴って、心理学者も**宗教性**と**スピリチュアリティ**とを区別し始めた。宗教性は聖性や超越を経験する伝統的な（宗教に基づく）方法を包含するものだが、スピリチュアリティの定義は絶えず拡大しており、宗教的な経験を含むこともあるが、自然や人類に心を寄せる経験をも含む。

ポジティブ心理学の影響から、強みとしての徳性と美徳に対する関心が高まった。そこには明らかに神学的な要素（信仰、希望、愛）、そしてもっと世俗的だが宗教に関連する要素（感謝、寛容）が含まれる。

最後に、宗教的およびスピリチュアルな経験における神経生理学を調べる一連の研究があるのだが、これは宗教的経験に関係する脳の構造とそのメカニズムを特定しようとする研究だ。こうした研究は、宗教とスピリチュアリティについて広く生物学的（通常は進化論的）な言葉で説明を試みようとする理論的研究へと広がりを見せた。そこでの議論は、人々は生まれつき（生物学的な傾向によって）聖なるものを探求するようになっている、というものである。たとえば、人類学者のライオネル・タイガーは、一般に宗教的信条に組み込まれている**「希望」**について、人間が死について考える能力が発達した結果生じたもので、絶望を中和するために人類が生み出したものであると提唱した。

現代の宗教心理学に対しては、もっと現実的な批判が可能だろう。宗教心理学の傘下にある大半の研究はアメリカで行われているが、最も正確な言い方をすれば、主流派のプロテスタンティズムの心理学であるわけで、調査対象者の典型的標本の性質が反映されたものとなっている。研究者はほとんどの場合、異なる宗教を信仰する人々について比較するのを嫌がったのだが、これは結果として得られたデータがまったく粗いデータであることを意味する。

アメリカは特に宗教的な国であると特徴づけられた。アメリカ人の四〇パーセント以上が毎週の礼拝に出席するが、日本では成人のたった四パーセントと対照的だ。こうしたデータを額面通りに受け取るとすると、アメリカの大部分の人は、自ら望む通りの信仰の自由を求めて、宗教難民としてヨーロッパから移住した歴史の事実を反映していることになる。

だが、もう一つの解釈としてあるのは、こうしたデータというものが、西欧（キリスト教）

による宗教概念や信心深さが意味するところを用いて研究者が作り上げた人為的な結果によるものだとする見方である。日本人は、その大半がキリスト教徒ではなくて神道の信奉者か仏教徒であるため、日常において神聖なものを探求する傾向が一層強いと言われている。日本人がどれくらい信心深いかを判断するのに教会への出席率を用いるのでは、間違った範《はん》疇《ちゅう》の指標を使用していることになってしまう。

いずれにせよ、宗教心理学は宗教の全形態にまで広げられる必要がある。アメリカのプロテスタントを対象に成立した研究結果が、アメリカ国内でも国外でも、ユダヤ教徒、ムスリム、ヒンドゥー教徒、仏教徒、またその他の宗教の信徒に対して一般化されるかどうかという問題は、今までよりもっと注目されてもよい、極めて重要な問題だろう。

今日の主要な宗教心理学者の一人であるケネス・パーガメントは、もっと明晰な調査質問の必要性について述べた。

宗教とは、心理学者が想像する以上にもっと豊かで複雑な作用であるが、それは有益であるのと同時に有害となる可能性をも含むものである。宗教の一般的な効力についての質問は、より難解だが適切な質問に取って代えられるべきだ。それは、有益または有害という特定の基準にしたがって、特定の社会的文脈における特定の状況に置かれている特定の人間にとって、特定の宗教的表現の形態とはどれくらい有益または有害なものか、という質問である。

要するに、今日の宗教心理学とは変化し続ける分野なのだ。パーガメントによって示されたような分析的質問に対して答えが与えられるようになるにつれて、この分野は今後ますます大きな研究分野に包含されるようになるだろう。

＊結論

ここまでの小節から、広く重視されている制度レベルの美徳について一致する要素が見えてきたことと思う。

・目標……想起して称賛することで補強される、組織における道徳的目標に関する共有された展望。
・安全性……脅威や危険、搾取からの保護。
・公平さ……賞罰によって支配される公正な規則、およびそれらを一貫して実施する手段。
・人間性……相互の思いやりと気遣い。
・尊厳……組織において、あらゆる人を地位に関係なく一人の人間として扱うこと。

労働搾取工場や強制労働収容所では、これらのどの基準からしても「よい」組織ではあり得ない。だが、家族、学校、職場、社会、そして（おそらく）宗教については、美徳が存在する度合いに伴って充実感に貢献する傾向にあるといえるだろう。

私は、よい組織というのは、メンバーたちを現状よりも元気にすることのできる場所なのではないかと思っている。目覚めていない強みとしての徳性を前面に打ち出すか、さもなければ新しい強みを作って、組織にとって重要と見なされる局面でそのような力を発揮できるようにするのだ。ポジティブ心理学が目指すべき、未来の価値ある目標とは、制度的慣行をどのようにしたらうまく進められるかに注目することによって、組織の全メンバーが自分の道徳的な強みを発揮して、個人の充実感を図ることを可能にすることだろう。

差し当たっては、心理学者のハワード・ガードナー、ミハイ・チクセントミハイ、ウィリアム・デーモンによる重要な著書である『よい仕事』（Good Work）から優れた知見を得ることができる。彼らの名前には馴染みがあるのではないだろうか。**多元的知能**（ガードナー）、**フロー**（チクセントミハイ）、**道徳性発達理論**（デーモン）における彼らの貢献度は大きい。

『よい仕事』では、遺伝学とジャーナリズムという二つの異なる職業について、よい仕事という観点から詳細な調査が行われた。およそ一〇〇人の優秀な遺伝学者と、一〇〇人の優秀なジャーナリストが著者らによって面接された。この著書の大部分にはこれらの面接から学び取ったことが書かれているのだが、主に物語形式で書かれており、主要な結論は代表的な調査対象者たちによる多くの引用で構成されている。

これら二つの職業分野を選んだもともとの動機は、身体を変えようとする職業分野（遺伝学）と、頭脳を変えようとする職業分野（ジャーナリズム）との演繹的な対比にあった。だが、この研究過程において、著者らにもっと重要であるような印象を与えたもう一つの対比があった。それは、職業が緊密に連携しているのかいないのか、という問題だ。つまり、職業における抽象的価値観は、人々が実際に仕事で行っていることと緊密に連携しているのだろうか？

「このような状況が存在するとき、各専門家は自分の最高の状態で自由に機能することができ、士気が高まり、その専門領域が活気づくことになる。このような状況を真の**連携一致**と呼ぶ」

著者らによると、連携一致が見られるのはまれであり、たやすく脅かされるものであるという。専門分野内の異なる領域では、互いに文化的覇権と社会的資源をめぐって争うようになる。たとえば、宗教と科学、臨床心理学と精神医学、ポジティブ心理学と従来の心理学、というように。

著者らは連携一致を脅かす三つの要因について、それぞれの要因がどのようにジャーナリズムの連携一致を阻み、また将来的に遺伝学の連携一致を阻む可能性があるかについて詳述した。

一つ目には彼らが「プロメテウス的技術」と呼ぶ問題と、その結果もたらされる予期しなかった問題とがある。二四時間放映のテレビのニュース番組、トーク・ラジオ、インターネットのデジタルマガジンやブログの激増はジャーナリズムの水準を蝕《むしば》んだ。人間の遺伝子工学が理論的な可能性以上のものになったとき、ありとあらゆる問題が前面に噴出する。私たちは遺伝子組換え果物や野菜についての過熱した議論をすでに見てきたわけだ。

二つ目は、これらの職業に利益動機が侵入することだ。ジャーナリストはスクープを取るために常に競争をくり広げてきたが、今日ではその競争は容赦のないもので、価値観など隅に押しやられてしまいそうだ。だが、利益追求型メディアコングロマリットはこの問題のありふれた症状の一つにすぎない。遺伝学では、研究者は特定の遺伝子の機能を突き止めるだけではなく、特許権を取得する狙いがある。そのため研究は最重要機密であり、早まった結論に飛びつくことはほぼ避けられない状況となっている。

連携一致を阻む三つ目の脅威は、さまざまな利害関係者たちにおいて最小公分母に働きかけるために、職業が担う課題のレベルを下げることだ。レベルの引き下げは今日のジャーナリズムにおいて明らかに見られる。一世代前、「サウンドバイト」という言葉は音響工学の専門家たちにしか意味を持たない言葉であったし、くっついたり離れたりをくり返す映画スターたちのゴシップ記事が、戦争と平和に関する話題を新聞の見出しから締め出してしまうこともなかった。遺伝学におけるレベルの引き下げが意味するものはもっと微妙であるが、著者らによると、富裕層の人々の病気だけを調査するとか、外見上のうわべだけの変化に関与する遺伝子だけを操作するとか、そういったことでいつかマスコミに登場するかもしれない。

著者らはこれら二つの職業だけではなく、他の職業分野においてもよい仕事を促進するのに何ができるかを記述したのだが、彼らの貢献で大きかった部分は次の通りである。新しい制度は作ることができるが、この場合、技術は連携にとって敵ではなく味方とすることができる。既存の職業的機能を拡大することも可能だし、制度のメンバーを再編成することも、伝統的な価値観を再確認することだって可能だ。最後に、著名な専門家たちが、個人的立場から仕事での優れた点を明確にすることも可能だが、これはひいては制度としての成果につながる。

「優秀さというのは通常、師と弟子とのつながりを通して、一個人からまた別の一個人へと受け継がれていくものである」

私がくり返し述べてきたように、ポジティブ心理学の新しい自明の理の一つに**「他者は大切だ」**というのがある。『よい仕事』では実際に人々が最善を尽くせるよう、遺伝学者やジャーナリストが人々を鼓舞したという多くの例が引用されている。

以上のような、よい仕事を可能とする条件を作り出すか回復させるかという考えに対する私の最初の反応は恥ずべきものであった。そのような考えを実行に移すのは不可能ではないにせよ難しいのではないか、として取り合わなかったからだ。よく考えてみたら、よい仕事を促進するのが難しいのは当然のことだと分かった。かといって何か他のことを期待するのは、「よい人生を生きる」ということが意味することのレベルを引き下げるのと同然の行為である。

エクササイズ11――制度のために働くということ

あなたが支持する制度の一部である集団や組織について考えてみよう。それは自分の学校かもしれないし、職場、政党、教会、または地元の少年野球チームかもしれない。地元の消防団や、子供のためのボランティア団体など、あなたの価値観に近いボランティアプログラムもあるかもしれない。

こうした集団がより優れたものとなり、ひいては制度および制度が支持する目標が一層強化されるよう、あなたは可能な範囲で貢献しているだろうか？　何もしていない、というようであればこのエクササイズをやってみよう。このエクササイズでは今後数ヶ月の間、一週間につき三時間、今までやったことのない方法で制度のために働いてみることを奨励するものだ。あなたが最も役に立つために何ができるかを知るために、その制度の責任者と話してみる必要があるかもしれない。その他には、たとえば職場の同僚の誕生日祝いのためのランチを企画してみるなど、率先して動いてみることもできるかもしれない。とにかく自分にできることを存分にやってみよう。そうすることで自分自身について、また制度について、自分がどのように感じるかを記録してみよう。

このエクササイズは私が第2章で紹介した「楽しい活動と慈善活動」エクササイズと重複する部分があるかもしれないが、両者の違いは、このエクササイズが具体的な制度において行われ、その制度のメンバーたちと協力して働くことが求められることだ。このエクササイズはまた、同じく第2章で扱った「よいチームメイトになる」エクササイズとも重複するところがある。

一部の批評家は、アメリカの「共同体」が崩壊して、個人的な活動が共同体としての活動を無力化したと批判している。『独りボウリング』(Bowling Alone)というふさわしい題名が付された本の著者であるロバート・パットナムは、アメリカにおいてボウリング・リーグが消滅したことを取り上げ、共同体が崩壊した例として引用した。ボウリングは相変わらず人気があるのだが、今日の人々は一人孤独にボウリングに興じる。同様に、ビデオゲームも一人で楽しむし、ネットサーフィンも一人でやる。読書やテレビといった長年人気のある余暇のすごし方でさえ、たいていは孤独なものばかりだ。

このエクササイズでは、制度のメンバーとなること、また制度に関与することがよいことであるかどうか、あなたが自分自身でよく考えてみることをお勧めしているが、私はよいことであると思っている。そうすることが社会を活性化する可能性があるのみならず、個人の活動では得ることのできない充実感の一因となるからである。

このエクササイズはまた、制度の問題に対して分析的に検討する機会を与えるものでもある。この章で確認した目的、安全性、公平さ、人間性、尊厳といった制度レベルの美徳について思い出してみてほしい。あなたが関与する集団についてもっとよく理解できるようになったら、これらの五つの美徳が集団の実情を特徴づけるものであるかどうか自問してみよう。実情が違っている場合、集団に対してあなたが働きかけることのできる方法はあるだろうか？

第12章　ポジティブ心理学の未来

我々は物質的に豊かになればなるほど、
道徳的に、また精神的に貧しくなっていった。
我々は鳥のように空を飛び、
魚のように海を泳ぐことを学んだが、
兄弟として共に生きていくという
簡単な技法は学ばなかったのだ。
――マーティン・ルーサー・キング・ジュニア

ポジティブ心理学はこの先どうなっていくのだろうか？　その成否は次の一〇年にわたって生み出される科学的成果にかかっているのだろうが、詳しいところを予測するのは不可能だろう。最も生きるに値する人生を構成するものは何か、その答えとなるような新しい発見、理論、応用が明らかになるのだろうか？　それは興味深くて、かつ意味のあるものだろうか？　またそれは正確で一般化できるものだろうか？　時間――そしてもちろんポジティブ心理学者たちの努力――は、この新しい分野が一時的な流行なのか、それとも定着している最中なのかを明らかにしてくれることだろう。

一つには、将来的に完全に成功を収めたポジティブ心理学がその見解を徐々に弱めていき、ポジティブとネガティブの両方の側面、そしてもちろん両者の相互作用をも認めるという**「バランス心理学」**として決着するという見方がある。本書で述べてきたように、ポジティブ心理学はネガティブな面を否定するものではない――人生の最大のピンチが、最高の充実感をもたらすチャンスとなることだってあるのだ。

ここまで議論してきたのは、複雑な**感情的経験**によってポジティブな面とネガティブな面とがどのように混ざり合うのか、挫折や失敗について考えるときに**楽観性**が最も意味あるものとしてどのように明らかになるのか、**強みとしての徳性**が危機に際してどのように浮き彫りになるのか、今取り組んでいる挑戦課題がどのような瞬間に**フロー**を経験させ、人生で重要なことを成し遂げるための前提条件となるのか、さらには、問題がないことではなく、問題を解決する姿勢によってどのように**人間関係の成功**が予測されるのか、といった事柄である。

ポジティブ心理学が取り組む必要のある厄介な問題の一つは、なぜネガティブなことがそんなに魅力があるのかということなのだが、これは単なる社会科学的な研究テーマとしてではなく、人生の他の領域においても当てはまる問題である。人は他人がうまくいっていることでうわさしたりはしない。時間通りに運行する列車よりも衝突事故を起こす列車の方に興味がある。なぜ悲劇的な人生観はそんなに魅力的なのだろうか？　勝利と充実感に満ちた人生観は、悲劇的人生観をどのように補完できるだろうか？

じっくり吟味してみよう。本書では、ポジティブ心理学における現在の関心事について、快感や幸福感から始まって、楽観性、徳性、価値観、興味、能力、達成、健康、愛、そして最終的にこれらすべての望ましい状態や、特性を可能にする制度に至るまでカバーした。今後まだまだ数多くの研究が行われる必要性があるが、私はここで、後々にではなく、すぐにでも答えられるいくつかの問題に触れることで本書を締め括りたいと思う。

＊快感の神経生物学とは？

第1章で述べたように、ポジティブ心理学は、心理学の自然科学系分野よりも社会科学系分野から数多くの研究者を惹きつけてきた。これは、心理学的観点から見たよい人生に関する生物学的基礎について、ポジティブ心理学者たちが知りたいと望んでいながらも、そのほとんどが解明されていないことを意味する。

脳のいくつかの領域が、その他の領域に比べてポジティブな経験に密接に関係していることが知られており、神経伝達物質のドーパミンが何らかの形で関与していることも科学的に何度も証明されている。面白いことには（もしかすると気がかりなことかもしれないが）、よい人生に関する神経生物学が、中毒に関する神経生物学と酷似しているかに見えることだ。

研究者たちはおそらく、「よい」快感と、もっと危険な関連物を識別するまでは十分に詳しく調べなかったのだろう。あるいはおそらく、生物学向きの研究者たちは、情愛のような激しい感情には注目したが、まったく異なる神経生物学的根拠を持つ可能性のある穏やかな感情（充実感など）には注意を払ってこなかったのだろう。けれどもそこには本当は違いがないことを発見したときはどうだろうか？　ハイになるために麻薬を使用するような快感の求め方は、最終的には不毛であると予測される。人は快感に慣れるだろうが、その結果、ますますネガティブな感情に襲われるのが特徴だ。

＊快楽のセットポイントは本当にあるのか？

第3章と第4章では、主観的ウェルビーイングの標準値が、遺伝的特徴によって決定されるという考え方に対する証拠の是非について概説した。人が快楽の経験に適応するかどうかは問題ではない。問題なのは、一生の間にどれくらいの変化を遂げられる余地があるのか、ということだ。幸福度とは背丈のように基本的に固定したものなのだろうか、または努力すれば伸ばすことのできるスキルのようなものなのだろうか？

極端な例だが、ひどく落ち込んだり、不安でいたりする人でも回復できるし、また実際に回復するのだ。そしてそのような人の人生の満足度も、人生がいつもそれなりに楽しかったような人の満足度と少しも違わない。そのような人はおそらく自分の世界を変え、健康を回復させるような何かを途中で学び取ったのだろう。

人々がどこでどのように生きているのか、人々の外側を観察することで快感のセットポイントに関する知見が得られる。何年も前、心理学者のウォルター・ミッシェルは、パーソナリティ特性の明らかな安定性について、人を取り巻く環境が普通は安定しているという事実によって説明されると主張した。主観的ウェルビーイングは、大半の人にとっておそらくほぼ同じ状態にあるものかもしれない。幸せを実現するかしないかを決定する環境も、ほぼ同じ状態にあるものだからだ。

ウェルビーイングの硬直性の原因がどうであれ、幸せの標準レベルを変えようとすれば、それは応急処置や、一回限りの介入を通してどうにかできるものではないことは明らかだろう。自分の体重や、有酸素運動のレベルを変えようとするように、自分の人生とライフスタイルを永久に変える必要性が出てくるだろう。

＊よい人生の博物学とは？

ポジティブ心理学は、心理学的観点から見たよい人生の展望を示している。よい人生の展望には、さまざまな人の持つ文化的な多様性や、そのニュアンスも考慮に入れる必要性があるものの、よい人生を構成する要素として、次のことに関してはほとんど意見が一致している。

- ・ネガティブ感情よりもポジティブ感情を多く持っている。
- ・現在の生き方に満足している。
- ・未来に希望を持っている。
- ・過去に感謝している。
- ・自分が得意なことが分かっている。
- ・自分の才能や強みを活かして、充実感や、やりがいのあることを追求している。
- ・他人との密接な関係を持っている。
- ・集団や組織に対して有意義な関わり方をしている。

そしてもちろん、安全と健康は、よい人生を送るのに必要な環境を整えるものだ。

一人の人間がこうした環境のすべてを同時に備えるということはあり得ないし、よい人生を構成する要素はその程度によってもさまざまなようである。だが**構成要素が多く、しかも大きく存在すればするほど、その人は順調に生きていることになる**のだ、と自信を持って結論づけることができる。

そうはいっても、こうした構成要素がどのように成立したのかはあまり知られておらず、氏と育ち（そしておそらく運）が現実的に混ざり合ったものなのだろう。心理学者は何十年もかけて、人生においてうまくいかないことに関する博物学を追跡してきたのであり、病気や、欠陥や、絶望をもたらす状況について特定できるようになった。「成人期の発達に関するハーバード大学研究」のような二、三の例を除いてだが、今日まで欠けている研究とは、よい人生に関する似たような縦断的研究なのだ。

ポジティブ心理学によると、人生で何がよい方向に向かうことなのか、その決定要因について理解したければ、人生で何がうまくいかないことなのか、その決定要因を裏返す以上のことをしなければならない。

ここで重要な問いが提起されなければならない。たとえば、よい人生を構成する要素のいくつか、またはそのすべては、悪影響を及ぼす出来事が見当たらない場合にのみうまく生じるようになっているのだろうか？　あるいは、それらの要素は何か特別なことが起きるから生じるだけのことなのだろうか？　私が推測するとすれば、一般的な人生の満足度や安全な愛着は、ほとんどの人に元来備わっているものであるが、特別な才能や節制に関する強みなどは、慎重に育まれる必要があるだろう。

＊「いい人」が誰よりも早く成功することは可能か？

ここまで、ポジティブな特徴が通常は望ましい結果をもたらすことを示す数多くの研究について解説してきた。だが、**「いい人であること」**が、人生においてあることを達成するのに障壁となるかもしれないとの疑いはなかなか消えないかもしれないし、私自身、この懐疑論を支持していると認めざるを得ない。

場合によっては、とりわけ冷たい人が仕事や恋愛において勝利を収める、ということはないだろうか？　この問いに答える唯一の方法は、大勢の人を対象とした縦断的研究、つまり私がつい先ほどお薦めした博物学の研究だ。よい人生を構成するあらゆる要素を同時に調べるために既存の研究の枠組みを超え、そのような構成要素においてトレードオフがあるかどうかを観察することで、たくさん得ることが常によいことであるかどうかを見極める必要があるのだ。

アリストテレスの中庸論では、あらゆる美徳は不足と過剰の両極端の間に存在すると提唱している。つまり、勇敢なのはよいことであり、臆病なのは悪いことだが、向こう見ずもまたよくない、ということだ。よい人生を構成する他の要素にもこの中庸論は当てはまるだろうか？　おそらくいくつかの構成要素には最適な度合いというものがあり、その度合いがあまりに過度になってしまうと、他の構成要素が助長され、発現するのを妨げてしまうことになるのかもしれない。

＊人々はなぜ自分を幸せにすることを追求しないのか？

第3章で私は、今日までまだ答えが得られていない重要な問いへと読者の皆さんの注意を促したつもりだ。フローとは、望ましい長期的結果を伴う活力を与えるような状態のことだ。それならばもっと頻繁に自分をフローの状態へと導くような活動を追求してみようではないか。もっと平たく言えば、自分が本当に幸せになれる可能性のあることをもっと実行してみようではないか。

親しい友人を持つ方が、ネットサーフィンをするよりももっと充実感があるはずだ。ボランティア活動は、テレビにかじりついているよりも多くの利益を生み出す行為だ。しっかりとした価値観と調和するように生きる方が、絶えず妥協をくり返す生き方よりも高い満足感が得られる。ならば人々は、なぜ今のような生き方をしているのだろうか？　それはただ、現代の世界では痛ましいほどよく見られる不安障害や抑うつのせいで、人々がよい人生を求めることから阻害されている、ということであるのかもしれない――つまりこれは、人間の条件を理解した上で向上させるためにも、ポジティブ心理学が従来の心理学と連動する必要性を示唆しているといえるだろう。

人生を最も生きる価値のあるものにする活動の多くは他人が関与するものであるが、その他人が必ずしも協力的とは限らない。いずれにせよ、肝心なのは見知らぬ他人ではなくて、家族や友人、近所の人、職場の同僚など、自分の人生において本当に大切な人たちだろう。だが、このような人たちでさえも必ずしも協力的ではないため、結局は自分一人でものごとを行うことになりがちだ。それはその方がものごとをコントロールしやすいのと同時に、その分確実にリスクを回避できるからだ。

こうしたことから得られる道徳的な洞察とは、私の愛する人たちがときどき私をイライラさせるのと同じくらい、今度は私が愛する人たちをイライラさせることになるだろうということ、そしてその人たちのよい人生を助長するためにも、聖書で言う「(自分にしてもらいたいことはそのように)他の人にもしなさい」にしたがうべきで、人によく接していると、いつの日かどういう形であれ報われると願って希望を持つべきだ、ということである。

＊心理学的観点から見たよい人生を意図的に作ることは可能か？

心理学者というのは、少なくともアメリカでは、プラグマティズムに基づく集団である。ジョン・ワトソン、B・F・スキナー、マーティン・セリグマンをはじめ、心理学者は本質的に実験主義者であり、実験室の中だけではなく現実の世界でも実験を行う。人間の状態は、学習したことを知的に応用することで改善できるというのが多くの心理学者にとっての信条である。

心理学者による最も有名な引用の一つに、ジョン・ワトソンによる宣言がある。

私に、一〇人あまりの健康で五体満足な赤ん坊と、その赤ん坊たちを育てるための私仕様の世界を与えてください。そうすればその中から赤ん坊をランダムに取り出して、赤ん坊の才能、好み、傾向、能力、動き、天職、先祖の人種に関係なく、私が選定したどんな専門家にでも――医師、弁護士、芸術家、商店主、それに乞食や泥棒にでさえも――育て上げることを約束いたしましょう。

今日の心理学者は、ワトソンが仮定したような形で、人間がまったく白紙の状態であるとは考えていない。だがポジティブ心理学がこの仮定を拡大して、ランダムに人々を選び、その人々をもっと幸せで希望に満ち溢れ、徳の高い、成熟した、社会に積極的に関与するような人間に育て上げることができると主張することを想像しても行きすぎではない。各章で私が提案したエクササイズはこの確信を具体的に表したものであり、あるエクササイズは厳密な研究によって支持されたものでもある。

意図した通りに機能する介入と機能しない介入とがあるが、それを知ることのできる唯一の方法は証拠を見ることだ。朗報としては、心理的な問題に関する心理療法の研究から推定できるとすれば、それはいろいろな介入が効果的であり、それもたいてい等しく効果的である、ということだ。けれども、最も有用なポジティブ心理学的介入は、**特定の課題を個々人の特徴と適合させる介入**であるという可能性を考慮する必要がある。ちなみに、この適合のパラメーターについては、現時点ではまったく未知である。

ポジティブ心理学的介入に関しては、インターネットで配信されているもので実験されてきたが、それは極めて費用対効果が高く、一区画先にポジティブ心理学者が住んでいないような地域の人たちも含めて、原則的に世界中の多くの人が利用できる。疑い深い人たちは、インターネットによる介入は人間味に欠けており、セラピストとクライアントとの緊密な関係、いわゆる治療同盟が、治療の効果を出すために必要不可欠な条件となっている、という心理療法の分野からの議論を引用している。おそらくポジティブ介入は、克服すべき抵抗が少ないため事情が異なるのかもしれないが、これは何とも分からない問題だ。いずれにせよ、インターネット介入を使う次世代は、対話式でバーチャルカウンセラーを備えることになるかもしれない。

＊心理学的な理想郷《ユートピア》は可能か？

個人に注目するポジティブ心理学的介入についてここまで述べてきたが、それは心理学者としての自分のスタンスにしたがったものだ。問題なのは、人々をもっと幸せにするための計画的な取り組みから恩恵を受けるであろう多くの人がいることなのだが、一人ずつ変えていくことで世界を変えていくというのは気が重たいことでもある。たぶん、患者へのこのアプローチは、心理学的な理想郷《ユートピア》を作るのには十分だろう。十分な数の人が変わった途端、おそらくはその他の人々をもよりよい世界の実現へと一緒に引っ張っていくような臨界質量が達成されることだろう。

あるいはもっと効率的な手法を考えることができる。ペンシルベニア大学ポジティブ心理学センターで実施していることの一つに、コーチやカウンセラー、臨床心理士たちにポジティブ心理学を教えている（いわば指導者に指導する）ことが挙げられるが、これがおそらくポジティブ心理学の成果を急激に押し広げることになっている活動だ。また、心理学的観点から見たよい人生を可能にする社会的状況を作り、グループもしくはコミュニティレベルで介入を始めることも可能である。そのためには一致団結して協力することと、「これはやる価値のあることだ」という社会的な信念が必要となる。

理想郷を含め、どんなものにでも対価がある。この本で概説されている研究によって、ポジティブ心理学において関心対象となっているテーマが、人々をよりよい気分にするためだけではなく、より創造的で健康にするためにも重要であることが示されている。これらの研究の成果が十分に広まれば、民間ならびに公共部門における政策立案者にも、ポジティブ心理学が大変真面目に考慮すべき価値のあるものだと確信してもらえるだろう。

実際、公然と認められている「幸せ」について、それが人間の条件の改善を判断するための唯一の基準であると考えるのは危険だ。人生の満足度に関する人々の言説が究極的には相対的なものであること、つまり人々の主観的な標準は変化する目安であるという可能性を忘れてはならない。そのため、よい人生の達成について判断するためのより客観的な基準を考慮する必要があるだろう。

*平和は幻想か?

差し当たり理想郷については忘れて、なぜ人々は皆ただ仲良くやっていくことができないのか、と問うてみたい。二〇世紀における主要な教訓とは、「彼ら」が存在せず、「私たち」だけが存在することだと言われている。したがって、二一世紀における課題とは、**私たち全員がどのように「私たち」であることができるか**と問うことである。

人々ならびに集団間における対立は、ときに資源と、その資源を利用する機会、つまり「もの」をめぐって起きる。こうした「ゼロサム紛争」がどれほど遺憾なことでも、それはすぐに理解できる現象ではある。両者が最後まで戦った場合、少なくとも一方は満足した状態で終わる。しかし、敗者だけを後に残すような紛争はどうか？　世界にはそのような状況があまりにも多く見受けられるようだ。読者の皆さんも個人的な、または世界的なレベルでさまざまな実例を挙げることができるだろう。ポジティブ心理学は何を提供しなければならないのだろうか？

従来の心理学が「人生におけるよいこと」というテーマを避けてきたとすれば、それは悪に対しても、少なくとも悪の存在を認め、正面からまともに取り組むことに怖気づいていた、ということだ。心理学者は、人々の悪い行いについて、無知や認知的誤謬などにその原因を帰着させることでごまかそうとしている。悪について、心理学者は、それが本物の現象であり、緊急に調査する必要があることを認識すべきだろう。

哲学者のピーター・シンガーは、何千年にもわたる道徳的進歩とは、個々人の興味関心が自分自身や自分の家族のことから始まり、一族、村、州、国、大陸、そして最終的には世界全体に匹敵するような形で扱われることでその「輪」が広がったものだと主張した。今日、民主主義国家に属するほとんどの人は、地球上のあらゆる人間集団における人間性を認めているわけだが、これは二〇世紀の国家間の二〇〇以上もの武力紛争において、なぜ民主主義国家で対抗した国家がどれ一つとしてなかったのか、という事実を説明する理由となるかもしれない。

アフリカ民族会議の仲間たちに限らず、アパルトヘイト、および自分自身の何十年にも及ぶ投獄に対して責任のあるアフリカーナ（南アフリカ系白人）たちをも自分に関係する道徳の輪《モラルサークル》へと招き入れた南アフリカのネルソン・マンデラのことを考えてみよう。アパルトヘイトの廃止について何が素晴らしいかといえば――私はこれはとても励みになることだと思うのだが――それが実際に終焉した、ということだろう。

あるいは、アブラハム・リンカーンが一八六五年三月四日に行った第二期の大統領就任演説で、北部の人々に対して南部の同胞たちへの寛大な措置を要求した演説について考えてみよう。

誰に対しても悪意を抱かず、慈悲の心を持ち、神が我々に正義を見つめるよう与え賜うた正義を固く信じて、我々が今取りかかっている仕事、すなわち国家の傷を癒し、戦いに耐えてきた者や、夫を亡くした未亡人や、親を亡くした孤児をいたわり、我々市民全員の間に正しく永遠に続く平和を実現して、それを大切にしていく仕事を仕上げるべく、全力を尽くしていこうではないか。

リンカーンは南部連合国に対して大規模な報復や仕返しを要求することもできたが、そうはしなかった。リンカーンのゲティスバーグ演説にあまり細かい解釈を加えることはしないが、彼が簡潔に、単に戦死した北軍兵士だけではなくて、戦いで命を落としたすべての人に敬意を表明したことは重要なことであると思われる。

「彼ら」が全員「私たち」であるにすぎず、したがって彼らを殺すことは選択肢にはないという単純な信念と比べたら、世界にあまねく流布している情報や宗教の説く慈悲といったものは、最終的な平和実現とはあまり関係がないのかもしれない。心理学者として、そして世界の市民として、自分自身において、また他の人々において、ポジティブ心理学者は皆この信念を受け入れて育んでいかなければならない。

訳者あとがき

この度、クリストファー・ピーターソン著、*A Primer in Positive Psychology*, Oxford University Press, 2006 の邦訳『実践入門ポジティブ・サイコロジー』（二〇一〇年刊）を、新たに『ポジティブ心理学入門』と改題し刊行する運びとなった。同時に、原著の雰囲気を保ちつつ、一般の読者にとって特に有益であると思われる箇所を掘り下げる形で全面的に訳文を改訂した。

最終章を訳し終えて、改めて、著者ピーターソンの、ポジティブ心理学者としての一貫した誠実さ（authenticity《オーセンティシティ》）と、その誠実さから溢れ出るポジティブ心理学に対する情熱に圧倒される思いがした。また、この著作は、やはりポジティブ心理学の入門書の決定版にふさわしい一冊であるとの確信を新たにした。本著は、ピーターソンというポジティブ心理学の権威をもってこそ可能となった偉業であるとも重ねて実感した。

原著は決して易しい本ではない。しかし、冒頭で著者が語るように、徹頭徹尾「ポジティブ心理学は心理学であり、心理学は科学である」という言葉に何か響くものを感じていただけるようであれば、ぜひ本著を手にとっていただきたいと願っている。そして、この事実に基づき、ポジティブ心理学を、これまでの様々な心理学的知見の基盤の上に成り立つ、心理学における新しい一分野として示教しようとする著者の強い意志を感じ取っていただければ幸いこの上ない。

最後になったが、改めて、本著をさらに広く世に送り出すお手伝いをする機会を与えてくださった著者のクリストファー・ピーターソン教授と、春秋社編集部の江坂祐輔氏に、前回と変わらぬ謝辞を示したい。

二〇一二年六月吉日　初夏のフィラデルフィアにて

宇野カオリ

著者略歴：

クリストファー・ピーターソン（Christopher Peterson）

ポジティブ心理学の創始者の一人。ミシガン大学心理学部教授、ペンシルベニア大学客員教授。VIA インスティチュート（VIA Institute on Character）サイエンス・ディレクター。強みの分類法および強みのアセスメント VIA-IS の開発者。楽観性と健康、強みとしての徳性、ウェルビーイング等の研究で著名。

イリノイ大学で心理学の学位を、コロラド大学で社会心理学、人格心理学の修士号および博士号を取得。ミシガン大学最優秀教授賞を含め、教育分野における受賞多数。*The Journal of Positive Psychology* ほか、学術誌編集の実績多数。研究論文が最も多く引用される世界の心理学者 100 人に名を連ねる。

2012 年 10 月、62 歳で急逝。生前の研究業績と人柄から、今もなお多くの人々に慕われ続け、ポジティブ心理学の大会等でもその名を聞かないときはない。ペンシルベニア大学では「クリストファー・ピーターソン・メモリアル基金」が設立され、卒業生たちの寄付により、マイノリティの学生や、経済的困難を抱える学生に、毎年、奨学金が授与されている。

訳者略歴：

宇野カオリ

兵庫県芦屋市生まれ。幼少期より海外諸国に在住。ポジティブ心理学創始の地、ペンシルベニア大学で学び、著者ピーターソンやマーティン・セリグマン等、第一線のポジティブ心理学者たちに師事する。

ペンシルベニア大学大学院修了（応用ポジティブ心理学修士）。同大学ポジティブ心理学センター研究員、ミシガン大学ロス・スクール・オブ・ビジネス ポジティブ組織学センターフェローを経て、現在、一般社団法人日本ポジティブ心理学協会（JPPA）理事長。協会に加え、法政大学、放送大学、跡見学園女子大学でも教鞭を執る。

国内外でポジティブ心理学の研究と教育活動に従事する。本書をはじめ、『ポジティブ心理学の挑戦』（M. セリグマン著、ディスカヴァー・トゥエンティワン）等、ポジティブ心理学に関する主要著書の邦訳書や、自著、寄稿記事多数。

ペンシルベニア大学ポジティブ心理学センター：
www.authentichappiness.org（「日本語」を選択）
VIA インスティチュート（VIA Institute on Character）
www.viacharacter.org（「日本語」を選択）
上記両ウェブサイトに関する最新情報は、日本ポジティブ心理学協会ホームページを参照のこと：
www.jppanetwork.org

ポジティブ心理学入門
――「よい生き方」を科学的に考える方法

2012年7月25日　初版第1刷発行
2023年5月30日　　第9刷発行

著　者――クリストファー・ピーターソン
訳　者――宇野カオリ
発行者――小林公二
発行所――株式会社 春秋社
〒101-0021　東京都千代田区外神田2-18-6
Tel　03-3255-9611（営業）
03-3255-9614（編集）
振替　00180-6-24861
https://www.shunjusha.co.jp/
装　幀――岩瀬　聡
印　刷――株式会社シナノ
製　本――ナショナル製本協同組合

ISBN 978-4-393-36520-5